当代中国行政法

第 一 卷

应松年 主编

人民出版社

策　　划：娜　拉
责任编辑：娜　拉　舒　月　史　伟
封面设计：石笑梦
版式设计：韩宪保

图书在版编目（CIP）数据

当代中国行政法. 1—8 卷/应松年主编. —北京：
人民出版社，2017
ISBN 978－7－01－017926－1

Ⅰ.①当…　Ⅱ.①应…　Ⅲ.①行政法学–研究–中国
Ⅳ.①D922.104

中国版本图书馆 CIP 数据核字（2017）第 171389 号

当代中国行政法

（1—8 卷）

DANGDAI ZHONGGUO XINGZHENGFA

应松年 主编

人 民 出 版 社 出版发行

（100706　北京市东城区隆福寺街 99 号）

北京盛通印刷股份有限公司印刷　新华书店经销

2018 年 1 月第 1 版　2018 年 5 月北京第 1 次印刷
开本：710 毫米×1000 毫米 1/16　印张：219.5
字数：3175 千字

ISBN 978－7－01－017926－1　定价：720.00 元（全八卷）

邮购地址 100706　北京市东城区隆福寺街 99 号
人民东方图书销售中心　电话（010）65250042　65289539

应松年教授简历

　　应松年教授是我国著名行政法学家，现任中国政法大学终身教授、博士生导师，第九届、第十届全国人大代表，内务司法委员会委员，全国人大法工委行政立法研究组副组长，北京市第卜届、十一届、十二届、十三届人大代表、法制委员会副主任，第十四届北京市人大常委会法制建设顾问。享受政府特殊津贴。兼任中国行政法学研究会名誉会长，国家减灾委员会专家委员会成员，中国法学会学术委员会委员，最高人民法院、最高人民检察院专家咨询委员，北京市、四川省、福建省人民政府法律顾问，浙江省"法治浙江建设"专家咨询委员会委员等。曾两度获北京市优秀教师奖，并获中央国家机关"五一劳动奖章""百名法学家百场报告会最佳宣讲奖""2006年度法治人物"、中国行政法学"终身成就奖"，获日本名古屋大学名誉法学博士等。

　　应松年教授出生于浙江宁波。1960年华东政法学院本科毕业，1961年被分配到新疆伊犁。1981年调西北政法学院国家法教研室。

1982年在司法部法学教材编辑部从事行政法统编教材的撰写、编辑工作。1983年起执教于中国政法大学，先后担任行政法硕士生导师组副组长、组长，博士生导师，中国法制研究所所长。1995年，调入国家行政学院，担任法学教研部主任。2009年至今，受聘为中国政法大学终身教授。

应松年教授是我国最早从事行政法学理论研究和教学的工作者之一，是新中国行政法学科的创始人和带头人。五十多年来在理论研究、培养人才、行政法制建设、提高干部和群众的行政法律意识以及国际学术交流方面作出了开创性的贡献。应松年教授已发表文章三百余篇，部分收入《中国走向行政法治探索》和《应松年文集》。撰写和主编著作数十种，主要有《行政法总论》《行政行为法》《行政法学新论》《行政程序法立法研究》《当代中国行政法》《国家赔偿法》《行政诉讼法学》等。此外，还主持完成"行政行为法研究""行政程序立法""行政组织法研究""行政诉讼法修改""行政复议法修改"等多项重大研究课题。

应松年教授作为全国人大法工委行政立法研究组的负责人，长期从事并积极推进行政立法研究。先后组织或参与《行政诉讼法》《国家赔偿法》《行政处罚法》《立法法》《行政许可法》《行政强制法》等法律的研究起草和修订工作，并参与众多法律、法规草案的咨询论证。热忱倡导制定《行政程序法》，并主持起草《行政程序法（专家试拟稿）》，正在组织修改《行政复议法》等。

应松年教授还是一位活跃的法学活动家。从中国法学会行政法学研究会成立伊始，先后担任研究会副会长兼秘书长、会长职务。创办国内第一份部门法学刊物《行政法学研究》，成立国内第一个行政法研究机构——国家行政学院行政法研究中心以及国内第一个行政法援助中心——大道行政法援助中心。与海内外同人一道，发起和组织东亚行政法学会、海峡两岸行政法研讨会等定期学术交流机制。设有"应松年行政法奖学基金"。

目　录

1

第二编　行政组织法

第三编 行政行为

第四编　行政程序

第五编　行政监督与行政救济法

序言一

一

中国当代行政法的发展，已经历了近20个年头，取得了令人瞩目的成就，因而有识之士称之为"中国行政法的全面兴起"。回顾以往历程，首先感到中国行政法发展"恰逢其时"。时代和现实的需求为行政法的勃兴提供了丰腴的土壤。自20世纪80年代以来，中国开始了一场由计划经济体制向市场经济体制转型的伟大革命，其目的不仅要重塑市场的地位和作用，而且要高扬法治和规则的价值和意义。计划经济向市场经济的转型呼唤着法治国家的萌生和构建。中外的实践充分表明，政府守法从来都是法治国的关键与核心。没有法治政府，法治国就是一句空话。法治首要的是公法之治。中国的法治国之路即是法治政府之路。不仅如此，正如中国的市场经济没有也不可能经历一个漫长的、自然的、渐进的发展过程，而是从计划经济直接向市场经济转型；它遵循的不是渐进式，而是跨越式的规则。中国的行政法治建设，适应这一要求，与市场经济发展同步，同样也遵循跨越式发展的规则。这也正是中国行政法能在短期内取得很大成就的客观基础。对市场经济发展有较大影响的行政处罚和行政许可制度的生成，就是典型的例证。西方各国都是与市场经济和法治的渐进发展相适应，逐步形成了处罚和许可制度，因而单独制定处罚法的并不多，许可法则根本阙如。但我国为了迅速建立与市场经济相适应的处罚和许可制度，就不能不先制定法律，由此对全国的处罚和许可行为加以规范。在较短的时间内，形成一整套处罚和许可制度。

中国当代行政法的发展走的是一条理论与实践相结合的成功之路。行政法治建设既催生着新的行政法学理论，又为行政法学理论发展提供了生生的活力；理论研究不仅回答实践提出的问题，又指导着实践的发展。行政法治建设与行政法理论研究，如一鸟两翼，紧密联系，良性互动。一方面，行政领域空前规模的改革，为行政法治建设提供制度建设的广阔空间。行政法学研究则为行政法治建设的发展不断提供理论支持；中国行政法治建设的日益拓展，不仅产生了与日俱增的行政法律制度的创新和规范要求，有力地推动行政法律制度体系日趋完善，也向行政法学研究提出了许多新的课题，拓展理论研究的视野和知识体系的更新。另一方面，行政法学研究的拓展和深入，也加快了法治建设的速度，提高了法治的质量。从建立行政救济制度开始，到最近提出法治政府的理论与实践，无一不体现了这种互动关系，这是中国行政法发展的特点，也是其优点。这一特点使中国行政法的实务与理论工作者之间形成了一种远较其他国家更为紧密的联系与合作关系，因而常常引发国外学者的羡慕。这一特点也反映在中国行政法学理论研究上，例如，与实践要求相一致，每一部重要行政法律的制定和实施，都会促进这一方面理论研究的开拓和深入；在行政行为和行政救济方面的理论研究胜于行政法学其他部分的研究，中国学者比其他国家的学者更注意对国外行政法的研究等等。这些，有的已成为我们的强项，但也有很多正反映出我们的弱点，需要重视和加强。

回顾这二十年的发展历程，中国行政法已经迈出了坚实的步伐。

二

近二十年来行政法的发展主要表现在：

（一）行政法治观念与权利意识的确立和强化

意识、观念支配行为。中国有着悠久的人治传统，人们普遍缺乏行政法治观念。重权力、轻权利，权利意识淡薄。改革开放以后，尤其是经过最近20多年行政法治建设的洗礼，行政法治观念和权利意识得以普遍确立，并不断加强。依法行政、行政法治、正当程序、权利救济、行政监督等现代法治观念，正在为人们普遍接受。意识、观念的变化，直接影响我国行政法的发展。

第一，依法行政深入人心，并且成为规范政府活动的基本准则。也许这是我国行政法领域发生的意识、观念上的最重大最根本性的变化。行政法的功能是什么，或者应该是什么？这是长期以来一直困扰着人们的一个难题。在改革开放以前，与计划经济相适应的是，行政法被当作一种专门用来管理老百姓的"治民立法"。但随着社会转型的加速进行和行政法治的迅速发展，人们的认识已经趋于一致，认为行政法的主旨在于治吏、治权，要通过依法行政来"切实保障公民权利"，提升公民价值。人们对行政法功能看法的彻底改变，直接推动着法律权威的逐步确立，法律至上正在渐次代替权力至上，人们对于行政法治的含义和意义的理解变得日益深刻。行政法治的核心是依法行政。依法行政是政府行为的基本准则。依法行政是依法治国的重点与核心。

第二，依法行政的目标是建立法治政府。如果说，依法治国的目标是建设社会主义法治国，那么，依法行政的目标必然是建设法治政府。这是提出和实行依法行政的必然的逻辑结论。同样，法治政府是法治国的重点、核心和难点。自提出并实行依法行政以来，随着认识的逐渐深入，人们开始从不同角度对政府提出要求，诸如服务政府、有限政府、诚信政府、公开政府、责任政府等。这些提法和要求当然都是正确的，但是，这一切都必须依靠法治才能得到牢固、完全的实现，因此，把依法行政的目标确定为法治政府，是最全面和最正确的，它将使我国依法行政的全部努力都统一于建立法治政府的方向，从而使建设社会主义法治国成为现实的内涵和目标。

第三，权利是权力之本。权力、权利关系是行政法的一对核心范畴，行政法的各项制度安排基本上都是围绕着理顺这对关系、推动其理性化而展开，对于这对关系的理解直接关乎行政法的制度构建与价值取向。在传统的经济体制和政治体制下，唯权、唯上意识占据主导地位。经过最近二十多年的发展，这种行政法观念和权利意识发生了翻天覆地的变化，人们逐渐将过去被颠倒的权力、权利关系重新颠倒过来，权力本位观念逐渐被权利本位观念所取代；人们逐渐达成这样一种共识：权力为权利而生，为权利而存，为权利而息。人们对权利与权力关系认识的变化，推动着人们对现代政府的功能定位提出了新要求，要求从全能政府和规制政府向有限政府、责任政府、诚信政府转变。也就是说，行政权力的行使必须以民为本。执政为民正在成为对所有执政者的共同要求。

第四，对公共行政的看法发生重大改变。就公共行政的范围而言，随着权力社会化趋势的日益明显，人们逐渐倾向于不再将公共行政完全等同于国家行政，开始将社会行政视作一种公共行政类型，推动着公共治理格局发展为由国家治理加社会治理的公共治理方式。就公共行政的行为方式而言，随着民主政治进程的推进，人们倾向于不再将行政行为狭隘地理解为行政处罚、行政强制、行政征用等强制性行政行为方式，逐渐认识到行政奖励、行政规划、行政指导、行政合同等非强制性行政行为方式在公共治理中的地位。就公共行政的属性而言，人们不再将公共行政的功能定位为消极维护社会秩序、纯粹实施公共管理，倾向于将生产公共物品、提供公共服务看成公共行政的核心功能，服务行政日益发展为主导性公共行政理念。

第五，行政法律制度的变迁必须与经济和社会的变化、发展同步。行政法律制度变迁是否有规律可循？推动行政法律制度变迁的因素主要是领导人的主观看法还是来自外在社会结构的客观约束？这两个问题都与人们对行政法治建设规律的认识有关。经过二十多年的制度试验与经验总结，人们的行政法治建设观念逐渐趋于理性，不再将其视作不受外在社会条件限制的纯粹人为产物，开始认识到行政法治建设不可能置现实的政治、经济、社会因素的刚性约束于不顾而主观决定。就中国当代行政法治建设而言，只有与当前经济转型和社会转轨及其发展进程保持同步，才有生命力，才具有正当性，才有前途。

第六，行政权力的行使必须符合正当程序要求。与其他部门法不同的是，行政法不仅包含诉讼程序，还有独立的规范行政权行使的行政程序法。但是，重实体、轻程序，甚至无程序，是曾在我国行政法中长期存在的问题。随着行政诉讼和行政法治实践与理论研究的进展，人们对行政程序的地位和价值日益重视。程序不仅是实现实体目标的基本保障，而且体现了法治社会的重要价值。正当程序是行使行政权力必须遵循的程序底线的理念，正在日益成为社会共识。

第七，"有权利必有救济"。这句至理名言正日益为我国行政法治所证实。中国现代行政法的发展，从一定意义上说，始于行政诉讼和行政复议制度的建立，事实已经证明行政救济制度在保护公民权利和推动依法行政方面的巨大作用。近几年的行政立法，包括行政处罚、行政许可等，都将救济作为原则与制度详加规定，并对我国现有救济体系进行检讨。建立完善而健全的救济体系，将影响公民权利的保护和国家、社会的安定与内部和谐。

第八，"有权力必有监督"。这句至理名言也已为人们普遍接受。没有监督的权力是危险的权力，为此，必须建立完善的监督体系和强有力的监督制度，尤其是司法监督、政务公开、权力制约机制等制度。对一切行政违法行为都必须追究法律责任。建设责任政府已成为人们的共识。

（二）行政法律制度体系初步形成

行政法治首先是法律之治，没有完善的法律制度就不可能实现行政法治。经过最近二十多年的不断努力，一个合理的、与社会主义市场经济体制和中国特色的民主政治建设基本相适应的行政法律制度体系已基本确立，它具有以下特点。

1. 中国的现代行政法律制度建设以行政诉讼制度的确立为起点和开端

1989 年 4 月颁布的《中华人民共和国行政诉讼法》（以下简称《行政诉讼法》），是中国现代行政法制建设的第一块里程碑。

首先，它标志着现代权利保障制度的建立。有权利必须有救济，1982 年宪法强化了公民的基本权利，行政诉讼制度则是保障公民宪法权利的强有力的制度。从 1989 年以来，我国已受理行政案件达百万件，并且一直呈上升趋势。其中至少有三分之一的案件以公民、法人和其他组织胜诉而告终。行政诉讼制度已经而且必将继续发挥保护公民权利的巨大作用。

其次，行政诉讼制度同时也是保证和促进行政机关依法行政的重要制度。保障权利和促进依法行政实际上是一个事情的两个方面。《行政诉讼法》第一次明确了行政机关的行政行为也是执行法律的行为，同样要以事实为根据，以法律为准绳，并必须遵循法定程序。这与传统的执法机关——公、检、法的执法行为并无二致。《行政诉讼法》进一步明确划分了行政行为合法与违法的标准，并授权司法机关可以撤销违法的行政行为。这就使行政诉讼的发展必然有力地促进行政机关重视其行为的合法性。正是在这一基础上，"依法行政"的要求被适时提出，1993 年，时任国务院总理李鹏就在其政府工作报告中提出了依法行政的要求；1997 年，与依法治国、建设社会主义法治国的方略一起，将依法行政写入十五大报告，成为对各级政府行使行政权的基本要求。行政诉讼制度的建立，构成了促进我国依法行政、建立法治政府的起点。

2. 中国的行政法治建设特别重视对共同行政行为的规范

继《行政诉讼法》《中华人民共和国行政复议法》和《中华人民共和国国家赔偿法》的颁布实施，中国的行政法制建设自然转向对政府行为的规范，为行政机关合法行政提供依据。值得注意的是，中国的行政法制建设将重点放在了共同行政行为的规范上。这一特点，可能与中国缺乏行政法治的传统有关。我们必须在短期内适应市场经济和民主政治迅速发展的需要，把这些直接影响市场经济建立和发展的共同行政行为的规则，通过加强立法使之建立和完善起来，并与国际接轨。经过十余年的努力，我们已经取得了巨大进展，规范行政立法的《中华人民共和国立法法》（以下简称《立法法》）；规范最重要的行政行为，即所谓"不利处分"和"授益处分"的两大行政行为法：《中华人民共和国行政处罚法》（以下简称《行政处罚法》）和《中华人民共和国行政许可法》（以下简称《行政许可法》）都已相继问世（这三部法律中，《立法法》和《行政许可法》是我国独有的，《行政处罚法》也只有少数国家才有。这种情况说明了中国行政法制建设的特殊性）。目前，行政强制法和行政收费法正在制定，一部全面规范政府行为的行政程序法也正在研究起草。与此同时，许多相应的涉及各行政领域的单行法，有些已经出台，有些正在制定，中国正在构建一个结构合理的，较世界各国更加完备的适应中国需要的行政法律体系。

3. 我国的立法体系经历了一个从单一到多层次的变化

1954 年《宪法》规定的立法权属于全国人民代表大会，此后，根据实践的需要，特别是改革开放实践的需要，立法权逐步向多层主体发展，至 2000 年《立法法》颁布，形成全国人大和人大常委会制定法律，国务院制定行政法规，国务院各部门制定规章，省、市人大和较大市人大及其常委会制定地方性法规，省、市政府和较大市政府制定地方规章，民族自治地方人大制定自治条例和单行条例的多层次、多位阶的立法体制，《立法法》对多位阶立法的权限和程序都作了规定。毫无疑问，这种从单一向多层次、多位阶立法的变化，影响最深的是行政法。一方面，是拥有立法权的行政机关大量增加；另一方面，多位阶立法主体所立之法，大部分是行政法。这种变化无疑有利于在法制统一的前提下，解决不同部门和不同地区之间存在的实际差别问题，使行政法律制度更符合实践的需要。

但是，从单一到多元的变化，又不可避免地会产生某些不协调。下位法与上位法抵触、冲突；同位法之间保护主义倾向严重等等，被称为"立法无序"。《立法法》试图解决这一问题，划清了多位阶立法主体的权限，根据《宪法》确立了法律优先和法律保留原则，构建了违宪、违法审查制度等等；力求建立起一个和谐的法律体系。这一过程还在继续。

（三）依法行政，建设法治政府的法治实践进一步迅速推进

法律制度建设是理性的法律实践的前提，但从根本上说，法律的生命主要在于其实践性。法治也正是通过实践来完成的。最近二十多年来，伴随着大规模的行政法律制度变革，中国的行政法律实践也生动活泼，欣欣向荣，获得了长足的发展。依法行政，建设法治政府正在从一种理性企盼、价值追求、政治宣言，转变为社会、政治、经济发展的内在需求和一种看得见的实实在在的具体行动。

1999 年，国务院召开了全面推进依法行政工作会议，通过了《国务院关于推进依法行政的决定》，将依法行政的要求具体化。时隔 5 年，2004 年，国务院根据推进依法行政已经取得的经验，又制定颁发了《国务院全面推进依法行政实施纲要》，提出要在 10 年时间内，在我国基本建成法治政府。人们追求的法治政府的愿望，已成为有期限的目标。据我所知，世界上似尚无一个政府自我明确提出过建设法治政府的目标，且为此制定了 10 年实施纲要。这样的自觉行动应该成为世界法律发展史中的美谈，受到人们充分的尊重和赞扬。

在确立上述目标时，回顾十几年来我国行政机关在依法行政实践方面所作的努力，至少已经在下述几个方面取得显著成绩，依法行政的能力和水平有了很大提高。其一，依法行政已成为各级政府和所有工作人员的共识，成为衡量其工作好坏、能力高低的基本标准，这是一个带根本性的、将长期起作用的重要因素。其二，依法行政的基本要求是治吏、治权，已为行政机关领导所普遍接受。其三，对执法主体合法化的要求越来越严格。执法主体资格一般都只能依法取得，行政授权和行政委托只能依法而为；执法人员持证上岗成为普遍现象；通过继续教育，执法人员的法律素质普遍提高；为适应政府转变职能和精简机构的要求，综合执法等新的执法方式正在积极试验和推进。其四，作为行政管理的一个重要环节，行政立法和行政决策的合法性、民主性、科学性要求正变

得越来越高，"民主科学决策"是本届政府工作的第一准则。其五，行政管理从主要是依政策、依命令行政转变为主要是依法行政。法律权威逐步确立，行政法律制度的实效明显增强。其六，行政行为合法性程度明显提高（尤其是在主要行政执法领域所常用的诸如行政处罚、行政许可、行政征收、行政强制等执法形式），依法行政的要求和依法行政的程度更有了较大提高，现代执法观念公平、公开、公正、便民、效率、正当程序等原则正在成为行政管理的基本要求。最重要的是，行政执法的合法性、人文精神和服务意识都有普遍提高。

依法行政实践所取得的成就是令人鼓舞的。当然，尚有诸多问题需要探索和解决。

三

行政法治建设不仅是一部行政法制发展史，同时还是一部行政法学研究的发展史。行政法学研究是行政法治建设的总结和反映，同时，行政法学研究也为行政法治建设提供理论依据，明辨已有制度的成败得失，指出发展的方向。因此，行政法学理论从来都是作为行政法治的一个不可或缺的部分，中国行政法学与行政法治的发展充分证明了这一点。

中国当代行政法的发展，是从1981年编写新中国第一部行政法学教材开始的，在此基础上，各高等学校纷纷设置行政法学课程，编写教材，开展学术研究。所有这些，都为1986年成立行政立法研究组奠定了人才基础，也为制定行政诉讼法创造了条件。此后，中国行政法治实践的每一步发展，几乎都是在行政法学理论工作者的积极参与下实现的。反之，中国的行政法学也在极为丰富的行政法治实践的发展中吸取营养，这种理论与实践的紧密联系和良性互动，是中国行政法发达史的重要特色，它使中国当代行政法学利用这短短20年时间，成功地构建了一个与中国行政法治相匹配的行政法学体系，通过对中国行政法治的推动做出了自己独特的贡献。

行政法学的发展，首先表现为我国已经培养出了一支研究行政法学的队伍。这支队伍包括高等院校、研究机构的理论研究人员，以及全国众多行政法博士点、硕士点培养出的许多新的年轻的行政法学者，也包括政府、司法等实务部门中许多对理论研究有兴趣有成就的实务工作者。此外，还有许多有志于行政法学研究的年轻人也正在加入这支队伍。这些是我们行政法学得以持续发展的最重要的人才基础。

这支队伍的特点之一是老中青结合，且各展其长，因而有助于积累一套有中国特色的行政法知识体系，有利于行政法学知识进步的连续性。尽管三代行政法学者之间的知识差异较同代学者之间更为显著，但这并不妨碍三代学者在行政法学研究的核心问题上分享共同见解，达成基本共识，实现优势互补。

这支队伍以中青年为主，因而在理论研究上充满生气和活力，富于创新精神。

其次，通过20年的努力，一个适应中国特点，又力图与国际接轨的研究格局基本形成，并初具规模，其中某些部分的研究还颇有特色、深度。从目前情况看，中国的行政法学体系和学术范畴，已经初步形成，为中国行政法学研究的开拓和深入奠定了基础，同时，在中国行政法学者之间，学者与实务工作者之间，法律人与普通公众之间，已基本发展出一套通用的公共行政法话语体系，为中国法治建设提供了知识平台。

行政法学研究的视野更为开阔。一些以前较少研究的领域，诸如行政法的功能定位、价值取向、机制设计、理论基础、研究方法等都有可喜的收获。某些重大的行政法律制度，诸如中介组织、社会组织的建设，国家赔偿制度的建设等，其研究成果引人注目。这些都为行政法的进一步发展奠定了基础。

再次，由于中国行政法学研究是在缺乏知识积累的基础上迅速发展起来的，因此，对外国行政法的介绍、学习、研究和借鉴尤显重要。近20年来，翻译和介绍外国行政法的著作陆续出版，其中以王名扬教授的《英国行政法》《法国行政法》和《美国行政法》三部巨著为代表，用中国人的眼光、思维模式和语言习惯，根据中国人的需要，综合众多资料和专著，写出给中国人看的介绍外国行政法的著作，这在国外也不多见。近几年来，研究外国行政法的青年学者大量增加，研究的国别与领域也更为宽广，这些是 20 年来中国行政法学取得丰硕成果不可缺少的组成部分，也是推动中国行政法学发展的重要力量，并为中国行政法治建设的发展做出了贡献。

四

当前，中国行政法治建设正处于新的起飞的历史时刻，行政法学要为这种起飞提供燃料，行政法学也将迎来更为辉煌的春天。

首先，要对法治建设的现实需求作出积极的回应，并努力为行政法治建设提供强有力的理论支持。

行政法学是一门实践性和应用性极强的学科，回应现实需要，为法治建设提供有益的见解和思路，既是行政法学研究的重要使命，也是行政法学研究不断获得新的发展动力的基点。立足于实践，从中国现实中的新问题、新现象、新情况出发，积极探索新的出路和解决方案，将始终是中国行政法学界的重要使命。正处于转型之中的中国法治发展需要理论界的支持。

2004 年，我国《宪法》第四次修改。保护人权、保护私有财产，对私有财产的征收征用进行补偿、赔偿，建立社会保障体系等，都写入了《宪法》。人们常说，行政法是动态的《宪法》，2004 年《宪法修正案》这些将对经济、社会生活产生巨大影响的新规定，同时也为行政法的发展提供了新的契机。《宪法》的这些规定，只有具体落实到行政法层面，才能成为切实可行的法律制度，人权保护、公共利益、补偿、赔偿等理念和制度应该成为行政法学界长期关注的重点课题。毫无疑问，行政法的进一步发展在很大程度上取决于宪政体制的改革与完善，未来的行政法将与中国的宪政一起成长，真正成为宪法的实施法。

法治政府，中国行政法学者共同追求的灿烂前景，已经不仅是一个理论上的企盼，现实正呼唤全国所有行政法的理论与实务工作者，为在

10年内基本建成法治政府而贡献我们的力量。建设法治政府是一项艰巨的系统工程，涉及行政法领域的各个方面。《全面推进依法行政实施纲要》已对法治政府的基本框架作了描绘和规范，但仍然迫切需要理论的探索与现实的细化，最终化为建设法治政府的努力。关于法治政府的总体思考和研究，涉及建设法治政府的理论基础和历史进程，中国与西方法治政府的比较研究，建设法治政府的动力与现实途径，法治政府的检验标准等有关法治政府建设的一系列深层问题需要我们研究和回答。

20年来，我国的行政法已形成行政组织法、行政行为法和行政救济法结构体系，但三部分的发展很不平衡，研究力量和研究水平差别也很大，而且即使研究相对深入的领域也尚无法适应和满足现实需要。关于行政组织法的研究，涉及职权法定，政府转变职能，行政管理体制改革、机构设置、行政权力的纵向与横向配置，地方组织、编制管理、非政府组织等诸多方面，不仅领域宽泛，而且关系复杂，这些方面的研究力量一直不强，迄今仍是薄弱部分，亟须加强。

近年来对行政行为的研究是行政法研究中最活跃最丰富的领域，但行政行为的深度理论研究仍显单薄。我们已经有了《立法法》《行政处罚法》《行政许可法》，但对市场经济发展影响较大的行政强制法和行政收费法尚未制定，作为行政法的基本法，一部覆盖全部行政法领域的行政程序法正在研究和起草中。完成这些立法项目仍需理论与实务界的共同努力，而行政执法实践的理论总结和指导更显匮乏，迫切需要更多的关注。

行政救济制度的建立曾经是促进依法行政的巨大动力，但我国法治建设的发展速度如此迅速，以今天的眼光来评价，行政救济制度，包括行政复议、行政诉讼与国家赔偿，都已无法适应现实的需要，三项制度中存在的缺陷已十分明显，亟须加以修改和完善。所有这些，都需要强有力的理论支撑！

当今，"法治"在中国已不只是写在《宪法》上的纸面文字，而正在成为我们实实在在的具体的奋斗目标。它是行政法理论与实务工作者的共同希望，行政法的前途也正系于此。

其次，要加强行政法基本理论问题的研究。

以指导行政法实践为重要使命的中国行政法学，必须有充分、厚重的理论作依靠，尤其是深厚的基本理论作支撑。无论从整个法学的学科发展史，还是从我国法学学科发展史看，我国行政法学毕竟是一门比较年轻的学科，基本理论研究的范围和深度都远嫌不足，很多领域尚未进入我们研究的视野，有些领域的研究仅限于表层。实证研究更为缺乏。从事行政法学理论研究的力量，与其他一些学科相比，也有差距，且也受到当前学术领域中浮躁之风的侵袭。在我国市场经济发展中，行政权在其中起着很大作用，这是我国行政法治实践的特殊性，相对于这一实践的特殊性，行政法学研究更显单薄。为了完成历史赋予的使命，需要我们作出更大的努力！

可以毫不夸张地认为，未来 10 年的行政法学研究，与建设法治国家和法治政府同步。随着中青年研究队伍的进一步扩大，研究的广度与深度较之前 20 年必将有巨大的变化。未来的 10 年，将是人才辈出的 10 年，将是硕果累累的 10 年，将是向法治大踏步迈进的 10 年。

2004 年 12 月

序言二

十年前，为了总结和反映当时我国行政法理论与实践发展的现状和水平，我组织了国内近四十位行政法学者撰写了《当代中国行政法》。全书约二百余万字。时隔十年，这本书已经到了该修改的时候。我在该书序言中最后一页，曾抒发了我对未来十年法治进展的憧憬和希望，但现实的发展是中国法治建设十年来跨出了巨大的步伐，取得了丰硕的成果，因此有必要根据实际情况修订再版《当代中国行政法》。

十年来，全国人大在立法方面制定和修改了几部重要的行政法。2005 年制定了《公务员法》和《治安管理处罚法》，2010 年修改了《国家赔偿法》，2011 年制定了《行政强制法》，2014 年修改了《行政诉讼法》，2015 年修改了《立法法》。这些重要法律的制定和修改，对行政法的理论和实务都产生了重大影响。

国务院为建设法治政府作出了巨大努力，从 2004 年国务院在《全面推进依法行政实施纲要》提出建设法治政府的目标和基本要求，随后又于 2008 年发布《加强市县政府依法行政的决定》，2010 年发布《加强法治政府建设的意见》，对建设法治政府作出了全面部署。2007 年国务院制定的《政府信息公开条例》，是奠定法治政府建设基础的重要立法，2011 年制定了《国有土地上房屋征收与补偿条例》等等，大大提升和加快了法治政府建设的步伐。2015 年，中共中央和国务院印发《法治政府建设实施纲要（2015—2020）》，确定要在 2020 年建成小康社会的同时，法治政府基本建成，并对法治政府建设的目标、指导思想、基本原则、主要任务等做了全面规定，使全体行政法理论和实务工作者有了明确的努力目标和研究方向、任务，共同为建设法治政府而奋斗。

地方立法方面，影响最大的是许多地方行政程序规定的出台，为全国统一行政程序立法奠定了基础。

在理论研究上，应该说，确实是一片繁荣景象：学术组织纷纷成立，学术刊物也大大增加，学术会议更是日益增多，对外交流的范围不断扩大，频率也极大地提高，研究的队伍人才辈出，研究成绩硕果累累。这些现象的本质是行政法学理论研究的深入和拓展。

最重要的是，党的十八大及十八届三中、四中全会提出了全面建设小康社会和法治中国、法治政府的要求和规划。把建设法治政府的目标提升到一个新的高度，而且有了进展的日程。面对中国行政法如此重大的变化，作为反映当代行政法理论与实践的著作，也就应该必须作出新的修改。

除了上述这十年来中国行政法治的发展情况外，还有一点值得我们特别关注和思考，这就是我国在建设行政法律制度方面的创新和特点。道路自信、制度自信显然与制度创新相联系。而法律制度创新则是与反映和联系中国的社会和文化特色相关联的。

我国的行政法制从行政救济制度的建立开始，这一点与各国行政法的发展相似。但根据中国的特点，有许多新的创造。如行政诉讼的体制。英美法系是普通法院制，行政、民事诉讼不分。大陆法系则是以另设行政法院为特点。法国是在行政系统内，德国是法院系统内的专业法院，而我国采取的则是在普通法院内部设行政庭。我国的行政法制既有司法共性，又有专业性、特殊性，为世界所仅有。不过，最近英国也在普通法院内设置了行政庭。我国《行政诉讼法》明确提出被告承担举证责任，这对行政诉讼实现保护公民权利、监督行政机关依法行政是关键性的一项制度，行政审判就是审被告。西方有些国家实际上也是这样做的，但没有像我们这样明确规定。《行政诉讼法》明确规定了我国的行政强制执行体制以申请人民法院强制执行为原则，行政机关自行强制执行为例外，极富中国特色和独创性。一是除法律授权行政机关可以自行强制执行外，其他都须向法院申请，经法院审查裁决，才可强制执行，以控制行政机关违法行政；二是向法院提出申请，经法院审查，而不是提起诉讼，以提高效率，取两大法系之长而避其短。

我国的国家赔偿制度包括了行政赔偿与司法赔偿，这与西方国家赔偿仅为行政赔偿不同。因为我们在制定《国家赔偿法》之前没有冤狱赔偿法，将两类赔偿在一法中解决，对加速我国赔偿制度的建立和完善起了很好的作用。我国的国家赔偿归责原则，既不是过错原则，也不是过错加非法，而是违法原则，这是一个以违法这一客观标准建立的归责原则，有利于保护公民权利。修改后的《国家赔偿法》，将法院和检察院的归责原则修改为结果责任，这就更提高了保护公民权利的力度。

在完成行政救济法律体系之后，立法机关注意到改革开放以来，一些对经济社会发展影响较大，属于政府各部门共同性的行政行为，缺乏实体和程序的规范。当时列出四项，即行政处罚、行政许可、行政强制和行政收费。在处罚、许可、强制等行为方面，西方各国都存在和运用着。但这些行为大都随着社会发展而由单行法规定，形成制度，没有制定统一的行为法，如许可。各国都没有行政许可法。只有少数国家制定了处罚法和强制法。我国的情况不同。为与我国经济社会跨越式迅速发展相适应，亟须对这些影响很大的行政行为，在根据我国的实际情况、吸收各国经验的基础上，作出统一立法，及早形成全国统一制度。事实证明，这一立法思路，对规范政府行为、促进经济社会的发展是起了良好作用的。

第一个制定的是《行政处罚法》。因为当时行政处罚相当混乱，根据我国的实际情况，行政处罚规范了几个重点。一是处罚性质。二是处罚种类。将名目繁多的处罚种类，归为六类。三是处罚的设定权。规定处罚只能由法律设定，确立了法律保留原则。经法律授权，行政法规、地方性法规和规章可以在授权的范围内设定处罚权；人身自由的处罚权，除法律外，其他法规范一律不得设定，不得授权。此为绝对保留。其他处罚则由法律授权。对行政法规、地方性法规、规章，作了不同内容的授权，此为相对保留，并强调其他规范性文件一律不得设定。这一设定权的确立，使行政处罚的混乱状态得到了极大的改善，也促进了《立法法》的制定。四是关于程序。处罚的决定程序，规定了简易程序和正当程序，使处罚程序进入规范。处罚的执行程序，规定了裁执分离和收支两条线制度，《行政处罚法》对行政处罚的这些规范，在实践中收到了良好的效果，处罚混乱的局面，基本上得到控制，也为其后的共同行政行为立法奠定了模式基础。

随后是《行政许可法》，西方也有行政许可制度，但由众多法律分别规定。我国则单独制定了《行政许可法》，在国际上这是第一次。我们需要一部统一的《行政许可法》，来解决此类行政许可行为中的一些不合理的混乱状态。行政许可法按照处罚法的模式，先是性质，对此有争议，然后是种类。许可的种类也远比处罚复杂。行政许可的设定权独具特色，规定法律、行政法规可以设定许可，地方性法规可以设定地方需要的许可，部门规章不得设定许可，地方规章只能设定临时许可，明确贯彻了法律的公正原则。由于我国的行政许可大都由规章设定，这就引发了一场许可制度改革的大震动，至今尚在继续。在许可的程序方面，最重要的是简政和效率，方便群众办理许可。这方面有很大改进，突出的如各地设立的行政大厅，很有效率。《行政强制法》的制定，由于争论激烈，拖得时间特别长。行政强制，包括了行政强制执行与行政强制措施。这一分类是根据行政强制实践中存在的不同性质和特点作出的。把行政强制措施单独列出，并全面加以规范，是符合行政强制实践的。国外、境外有即时强制，但并不完全相同，且规范简略。应该说，这是具有中国特色的一大贡献。行政强制的设定权较之处罚和许可，都收得高。行政强制执行只能由法律设定，行政强制措施也应由法律设定，只有在尚未制定法律，且属于国务院职权范围时，行政法规可以设定。地方性法规也要在尚未制定法律、行政法规，且属于地方性事务时，才可设定。

与《行政诉讼法》的规定一致，《行政强制法》对行政强制执行的体制作了同样的独具中国特色的规定。行政强制的程序，分为行政强制措施的程序和行政强制执行的程序，行政强制执行又以不同主体分为行政机关强制执行程序和申请人民法院强制执行程序。我国的行政强制立法，从世界范围看，也是比较完善的。

《立法法》是一部富有中国特色的法律。《立法法》明确细致地规定了法律保留的内容。新修改的《立法法》对地方性法规和规章的立法内容和规则作了规定。《立法法》还对富有中国特色的有关行政法规和地方性法规的违宪违法审查作出了规定，建立了我国的立法审查规则。

按照立法机关的规划，"我们要进一步加快行政立法的进程，在抓紧制定《行政许可法》《行政强制法》《行政收费法》等法律的同时，着手研究制定我国的统一的行政程序法。" "争取早日制定一部符合我国国情的完备的行政程序法。"（李鹏在主持九届全国人大常委会第二十三次法制讲座时的讲话）但这一任务至今尚未完成。法律可分为实体与程序两部分。民法、刑法的程序法是诉讼法。但行政法不同。行政法不仅有诉讼程序法，还有行政程序法，用以规范行政活动。程序是实体的保障，实践上，不仅保障实体的正确实施，而且保障能作出正确的实体目标。行政决策程序就起这种保障作用。因此可以说，"法治就是程序之治"。我国缺乏程序的意识和经验，对程序也研究不足，因此，在完善行政救济法以后，先制定《行政处罚法》《行政许可法》和《行政强制法》。在规范这些行为的实体要求的同时，也对相关程序作了探索和规范，并加强了对国内外行政程序的调查和研究。为使程序规定能更符合实践的要求，又开始在地方先探索行政程序规定。目前，已有四省十余市制定了地方行政程序规定。无论是在理论研究上或实践试点上，制定统一行政程序法的条件已经成熟。从我国未来的行政程序法的内容和我国制定行政程序法的历程来看，我国行政程序法将是富有中国特色的立法。此外，在数量众多的涉及各部门专业的单行制度方面，富有中国特色的创造性制度就更多了，这里就不一一赘述了。

中国提出和推进行政法治，建设法治政府，本身就是适应经济社会发展要求的极富中国特色的创新之举，学术界正在对此进行深入研究。

本书这次修改，体例上，我觉得目前尚无大动的必要，仍是总论、主体、行为、程序与监督救济几部分。因为行政法的客观实践就是由这些部分组成。但对各章的具体内容，都按几年来法治发展的实际情况和理论研究的深入，作了较大修改。同时，又按照新发展、新情况和新认识，请一些作者增加了一些新的章节，力求使全书更全面地反映我国行政法的新面貌，因而全书章节增加至四十六章，字数增加到三百余万字，作者队伍也扩大到四十八位。

还是一句老话，欢迎读者提出批评意见。

谨以此书献给正在努力推进法治中国、法治政府建设的战士们！

应松年

2015 年深秋于世纪城春荫园

第一编　通论（绪论）

第一章

行政法概述

马怀德　中国政法大学副校长，教授。中国行政法研究会会长，中国监察学会副会长，最高人民法院特邀咨询委员、最高人民检察院专家咨询委员，十人杰出青年法学家，享受国务院颁发的特殊津贴。主要研究方向为行政法和行政诉讼法、国家赔偿法。发表论文百余篇，出版专著数部，主要有《行政许可》《国家赔偿法的理论与实务》《行政诉讼原理》等，参与《国家赔偿法》《行政处罚法》《行政许可法》等起草工作。

第一节　行政的概念和分类

一、行政的概念

简而言之，行政法是关于行政的法。在给行政法下定义之前，有必要先了解"行政"的概念。关于"行政"，学术界有许多观点，但始终未能达成共识。最具代表性的观点有下面几种。

（一）"扣除说"

"扣除说"又称"排除说""蒸馏说""除外说"，是对行政的一种消极定义，认为"行政是指国家立法、司法以外的国家的职能。"① 它是建立在分权思想基础上的学术观点。在行政法学发展历史上，持"扣除说"观点的学者不在少数。② 他们普遍认为，积极定义行政的概念十分困难，它虽然能够说明现代行政的各种特征，但不能形成包括全部特征的定义。而"扣除说"是在比较立法、行政、司法三种作用后对行政下的定义，即从国家作用中扣除法规制定行为之立法作用、国家司法权之判断作用及依一定之裁判程序判断人与人权利义务之民事司法作用，所剩余者即为行政作用。该学说虽然未说明行政的本质是什么，但对行政的范围作了形式上的界定。从某种意义上说，这种定义是有一定价值的。然而，随着现代行政的不断发展，委任立法及行政裁判等现象大量出现，造成了立法、行政、司法三种职权的交叉、混合，行政已不是单纯立法、司法以外的剩余活动的称谓，而是同时包含三种职能的特殊概念。所以，用"扣除说"表述行政的含义已不够恰当准确了。

---

① 罗豪才主编：《行政法学》（新编本），北京大学出版社 1996 年版，第 2 页。
② ［日］室井力主编：《日本现代行政法》，吴微译，中国政法大学出版社 1995 年版，第 9—10 页。［日］盐野宏：《行政法》Ⅰ，刘宗德、赖恒盈译，月旦出版社股份有限公司 1996 年版，第 4—8 页。

（二）"目的说"

所谓"目的说"，是针对"扣除说"存在的种种问题而提出的积极定义。这种观点认为"扣除说"不承认行政作用整体上的内在统一性，从而难以得出行政法为统一法律部门的结论，因而有必要对行政下一个积极定义。日本学者田中二郎认为，"近代行政，可理解为于法之下，受法之规制，并以现实具体地积极实现国家目的为目标，所为之整体上具有统一性之继续的形成性国家活动"。① 行政之特色，在通常为实现其目的，而依法享有相当广泛之裁量余地。② 日本行政法学者南博方则认为，行政是"为适应国家社会的需要具体实施公共政策的过程及行动"。③ 这种观点虽然试图从正面给行政下一个定义，但仍存在诸多不足。有学者认为，"行政虽可谓存有许多裁量活动，然却不能谓行政之本质即在裁量。甚至免于法律拘束之实质自由此一意义，亦可见诸法院之活动"。至于"积极实现国家目的"，行政与立法、司法职能并没有区别；所谓具体性，并不能概括像行政计划等行为的特征；所谓整体统一性也并未描述出行政的实际状态④。看来，给行政下一个积极定义并非易事。

（三）"组织管理说"

持该观点的学者认为："行政是指国家行政机关对国家与公共事务的决策、组织、管理和调控。"⑤ 德国学者汉斯·沃尔夫等更进一步地发展了"组织管理说"，将行政从实质意义、形式意义和组织意义等方面予以界定。其中，实质意义强调行政的内容，即公共事务的处理；组织意义和形式意义上的公共行政指专门负责实施实质公共行政活动机构的所有

---

① ［日］田中二郎：《行政法》（上卷），弘文堂1974年版，第5页。

② ［日］田中二郎：《行政法》（上卷），弘文堂1974年版，第5页。

③ ［日］南博方：《行政法》（第六版），杨建顺译，中国人民大学出版社2009年版，第4页。

④ ［日］盐野宏：《行政法》Ⅰ，刘宗德、赖恒盈译，月旦出版社股份有限公司1996年版，第4页。

⑤ 罗豪才主编：《行政法学》（新编本），北京大学出版社1996年版，第3页。

活动的总称，无论其采用的是实质行政、立法还是司法方式。① 与此相似的观点还有"政务管理说""国家事务管理说"等②。"组织管理说"实际上把行政分解为主体、对象和功能三部分。它把行政等同于组织管理的结论虽然不错，但未能揭示行政与立法、司法职能的本质区别，因为立法与司法也可以表现出决策、组织、管理、调控等功能。最为关键的是，这种定义忽视了行政应当包含的执行权力机关或立法机关意志的特征，割断了行政与立法（决策）的天然联系。

我们认为，行政法学研究的行政是指为实现国家的目的，运用制定政策、法规、规章，组织实施管理、命令、监督、制裁等方式执行国家法律和权力（立法）机关意志的活动。具体而言，行政具有以下内容和特点。

首先，行政法学研究的行政是为实现国家目的，执行国家法律及立法机关意志的活动。它不同于一般意义上的"管理"，更有别于企事业单位内部的"行政"，是对国家事务与公共事务的特殊管理活动。

其次，这里所说的行政是现代国家权力分工体制的产物。没有立法、司法与行政职能的适当分工，就不存在执行法律和立法机关意志的行政。

再次，行政法学研究的行政是执行国家法律和权力机关意志的活动，相对于立法而言，处于从属地位。没有现代意义上的法治原则为背景，就不存在行政法学所研究的行政。

最后，行政与立法的本质区别在于，行政是执行法律的活动，而立法是创制法律的活动；行政与司法的区别在于行政是为实现国家目的而主动执行适用法律的活动，而司法是追诉犯罪、裁判纠纷的被动适用法律的活动。虽然当今行政活动中也不免有制定政策、规则的活动，但都

---

① ［德］汉斯·沃尔夫、奥托·巴霍夫、罗尔夫·施托贝尔：《行政法》（第一卷），商务印书馆 2002 年版，第 19—28 页。

② "政务管理说"主张"行政为国家事务的管理"，如《美国社会科学辞典》的解释；"国家事务管理说"主张"行政是政府事务的管理和指导"，见萨佛里兹：《公共行政辞典》，转引自罗豪才主编：《行政学学》，中国政法大学出版社 1999 年版，第 2 页。

是为执行法律和实现国家目的而进行的，且此类行政大多基于权力机关的授权而为，随时可能被收回，并非原本意义上的行政；同样，现代行政虽然也包括一部分制裁违法、裁决争议的活动，但这种活动不过是组织管理命令监督活动的一种方式而已，且也需得到立法授权，并非自身的固有职能。对行政裁决争议的活动不服的，当事人仍可诉诸法院，行政机关一般无最终裁决权。

需要强调的是，行政是一个动态的概念，在不同的国家、不同的时期有不同的内涵。传统行政仅指国家行政，其领域狭窄，一般仅限于维护社会治安、税收等领域；主体单一，国家行政机关是唯一主体；在行政方式上表现为权力行政。此时为"夜警国家"时期。随着经济的发展与社会的进步，国家的职能大为扩张，行政权力急剧膨胀，行政的活动范围随之扩展，涉及社会生活的各个方面，"行政国家"开始出现。但是，国家仅凭自身无法承担愈来愈繁重的任务，因而不得不或授权，或委托社会组织分担一部分行政事务，行政主体呈多样化，公私部门合作治理以及行政概念的扩张越来越受学者关注。① 行政方式也不再完全是权力行政，非权力行政蓬勃发展。所以，对行政的认识必须与时俱进。② 我国正处于社会转型、体制转轨、政府职能转变的变革时期，准确地认识行政尤其困难，但因此也更具有重大现实意义与理论价值。有学者对此已有较深入的探索，③ 行政审判实践也作出了积极回应，"田永诉北京科

---

① 参见［美］朱迪·弗里曼：《合作治理与新行政法》，毕洪海、陈标冲译，商务印书馆 2010 年版，第 137—144 页；另可参见章剑生：《现代行政法专题》，清华大学出版社 2014 年版，第 1—8 页。

② 在法国，"公务"理论曾一度取代"公共权力"理论作为行政法的基本观念反映了对上述现象的认识。参见［法］莱昂·狄骥：《公法的变迁法律与国家》，郑戈、冷静译，辽海出版社、春风文艺出版社 1999 年版，第 50—58 页。

③ 参见马怀德：《行政法制度建构与判例研究》，中国政法大学出版社 2000 年版，第 301—315 页。

技大学拒绝颁发毕业证、学位证行政诉讼案"① 及 "溆浦县中医院诉溆浦县邮政局不履行法定职责案"② 的判决充分体现了这一点。

二、行政的分类

为了有效地规范行政活动，有必要通过分类了解行政的不同表现形式，把握其固有的规律，从而达到准确规范的目的。根据不同标准，可以对行政作不同的分类研究。依其目的不同，可以将行政分为积极行政与消极行政；依其性质不同，可分为规制行政与给付行政；依其方式不同，可分为权力行政与非权力行政；依其内容不同，还可分为负担行政与授益行政。

（一）积极行政与消极行政

行政的目的是多元的，既有维持社会经济秩序、保障公民人身财产安全的目的，也有促进社会经济发展和增进人民生活福祉的目的。就不同行政领域而言，根据行政的目的可以把行政分为积极行政与消极行政。所谓积极行政，是指积极主动地实施管理活动，例如环境保护一类的行政就属于积极行政。所谓消极行政是指作为管理者的行政机关尽量控制自己的积极判断，尽可能少地实施具体行政，例如警察行政就属于消极行政。③ 但是，关于行政的这种分类是相对的，例如警察行政在总体上是

① 《最高人民法院公报》1999 年第 4 期。该案后经最高人民法院审判委员会讨论决定，于 2014 年 12 月 26 日，作为指导性案例发布。该案确认了高等学校作为法律法规授权组织的行政主体地位，可以成为行政诉讼被告。
② 《最高人民法院公报》2000 年第 1 期。该案确定国有电信企业在行使行政管理职权时，应视为法律、法规授权组织，具有行政诉讼的被告资格。
③ 有学者提出，现代行政可以分为两类，一类对相对方的权利义务产生直接影响，如行政命令、行政处罚、行政强制措施等，此类行政应受到严格的法律规制，可以说 "没有法律规范就没有行政"，可称之为 "消极行政"；另一类对相对方权利义务不产生直接影响，如行政规划、行政指导、行政咨询、行政建议、行政政策等，对这类行政则要求行政机关在法令、职权内积极作为，"法无明文禁止即可作为"，可称之为 "积极行政或服务行政"。参见罗豪才、甘雯：《行政法的 "平衡" 及 "平衡论" 范畴》，《中国法学》1996 年第 4 期。

消极行政，但为了确保公民的人身与财产安全，有时也要求采取积极的措施，此时称之为积极行政亦可。区分积极行政与消极行政的意义在于，不同性质的行政有不同的目的和特征，不能一概而论，应当采用分门别类的方式对其加以规范。对积极行政重点控制其作为性违法，防范越权行为；对消极行政重点防范其不作为。

（二）规制行政与给付行政

根据行政的性质不同，可以将行政分为规制行政与给付行政。所谓规制行政是指以限制规范公民法人等的权利、自由的方式达到行政目的的行政活动，例如经济规制、食品药品规制、交通规制、建筑业规制就属于这一类行政。所谓给付行政是指政府通过给予公民法人利益和便利等方式实现行政目的的活动，例如政府提供社会福利、社会保障，设置道路、桥梁，建造公园、住房等活动。规制行政与给付行政是近几十年来对西方国家行政职能的形象总结，对于分析不同领域行政的特征有一定意义。当然，这种分类也不能适用于所有行政领域。以税务行政为例，从征收税金的方式的角度而言，它属于规制行政，从税金的使用目的而言，它又是给付行政。无论是规制行政还是给付行政，行政法都有规范的必要。

（三）权力行政与非权力行政

根据行政方式的不同，可以把行政分为权力行政与非权力行政。所谓权力行政是指通过强制性的支配力量实现行政目的的行政类型，在多数情况下，行政机关的行政活动属于权力行政。例如，税务行政、警察行政、土地行政、食品药品行政等均属权力行政。所谓非权力行政是指通过非强制方式，诸如劝告、建议、指导、契约等实现行政目的的行政类型。例如，学校、医院及公共工程的建筑提供，邮电、自来水、液化气的提供等均属于非权力行政。非权力行政的扩张是现代行政的一个发展趋势。这给行政法学界也提出了不少问题，"如何授权或如何使之合

法；如何强制，或如何划分界限"① 以及如何保护与救济权利的问题，②
都是行政法学所必须回答的。

权力行政与非权力行政的划分是以行政方式为标准的，与规制行政
和给付行政有某种相对应的关系。当然，并非所有的规制行政均采用权
力方式，例如交通规制中也常采用指导、劝告等非权力方式；也并非所
有给付行政均采用非权力方式，例如行政机关核发执照、许可证，恰恰
采用的是权力行政方式。

（四）负担行政与授益行政

以行政机关与相对一方之间的权利义务关系为标准，可以把行政划
分为负担行政与授益行政。所谓负担行政是指剥夺、限制公民法人等人
身财产权益的行政，如税收、处罚、强制、收费等行政均属负担行政，
它给相对人设定了义务和负担，从而影响了相对人的人身自由和财产权
利。所谓授益行政是指给予公民法人等某种权益的行政，例如，提供社
会补助金、实施许可、减免税金、建设道路等均属于授益行政。由于负
担行政与授益行政对公民法人等的权利义务调整方式不同，所以对之应
采取不同的权力设定、程序运行等规则。当然，有些行政对某一特定人
是授益行政，对另外一些人则是负担行政。如核发土地使用证，对持证
人而言是授益行政，但对相邻者而言，则是不得使用此处土地的负担
行政。

随着社会经济的发展，行政手段呈现出多样化趋势，因此关于行政
的划分方式也不断增多。如根据行政机关享有和行使权力的自由度，可
以将其划分为羁束行政与裁量行政；根据行政机关有关行为的方式，可
以将其划分为作为行政与不作为行政；根据行政方式可以将其划分为公
权力行政与私经济行政；根据内容还可以将其划分为治安行政、人事行
政、工商行政、环保行政、税务行政、资源行政等等，不一而足。无论

---

① ［日］室井力主编：《日本现代行政法》，吴微译，中国政法大学出版社 1995 年
版，第 13 页。

② 余凌云：《行政法讲义》（第二版），清华大学出版社 2014 年版，第 249—285 页。

哪一种形式的划分，都可以为我们提供一个认识行政、掌握其规律、发现并解决问题的新视角、新思路，同时还可以为立法规范行政提供参照系。

第二节　行政法的概念、调整对象和特征

一、行政法的概念

关于行政法的概念，中外理论界有很多种定义方式。概括起来，大致有以下几种。

第一种从行政法的目的出发定义行政法。由于对行政法的目的认识不一，形成了"控权论""管理论"和"平衡论"三种定义。例如，英美学者普遍认为"行政法是控制国家行政活动的法律部门，它设置行政机构的权力，规范这些权力行使的原则，以及为那些受行政行为侵害者提供法律补救"①。"行政法定义的第一个含义就是它是关于控制政府权力的法"②。"无论在普通法国度还是在大陆法国度，贯穿于行政法的中心主题完全是相同的。这个主题就是对政府权力的法律控制。"③ 持"管理论"观点的学者认为，"行政法就是管理法"，它是"国家进行各方面管理的全部法规的总称"。④ 其目的是维护社会公共秩序和公共利益。持"平衡论"观点的学者认为，"现代行政法实质是平衡法"⑤，强调在行政

---

① ［美］伯纳德·施瓦茨：《行政法》，徐炳译，群众出版社1986年版，第1页。

② ［英］威廉·韦德：《行政法》，徐炳等译，中国大百科全书出版社1997年版，第5页。

③ ［印］M.P.赛夫：《德国行政法——普通法的分析》，五南图书出版公司1991年版，第4页。

④ 张尚鷟：《行政法基本知识讲话》，群众出版社1986年版，第1页。

⑤ 罗豪才等：《现代行政法的理论基础——论行政机关与相对一方的权利义务平衡》，《中国法学》1993年第1期。

机关与相对方的权利义务关系中，权利义务总体上应是平衡的。此外，从目的论角度给行政法下定义的还有"服务说""公共利益本位说"等。

第二种根据行政法的调整对象定义行政法。鉴于人们对行政法调整对象及范围的认识也不统一，根据这种方法给行政法下的定义也略有差别。有学者认为，行政法"是调整行政关系的法律规范的总称，或者说是调整国家行政机关在行使其职权过程中发生的各种社会关系的法律规范的总称。"[①] 还有学者认为，"行政法是调整行政活动的法律规范的总称，它主要规范国家行政权力的组织、行政权力的活动以及对行政活动的后果的救济。"[②] 还有人认为，行政法是人们根据它所调整的特定社会关系，对具有共同性质和特征的法律规范进行科学划分的结果。"行政法的调整对象，是一定范围的行政关系。"[③] 亦有学者从两个角度对行政法进行定义，即"行政法是调整行政关系，规范和控制行政权的法律规范系统"。[④] 随着行政法学研究的不断深入，有些学者对原有定义也作了修正，如《行政法学》（新编本）作者提出了行政法的新定义，行政法"是调整行政关系以及在此基础上产生的监督行政关系的法律规范和原则的总称。"[⑤]

第三种根据行政法包含的主要内容下定义。日本学者多采用此种方式，例如室井力认为，"行政法是指行政组织、作用以及处理与此有关的纠纷乃至行政救济的法"。[⑥] 我国学者近年来也出现以此对行政法进行定

[①] 罗豪才主编、应松年副主编：《行政法学》，中国政法大学出版社1989年版，第2—3页。

[②] 张树义、方彦主编：《中国行政法学》，中国政法大学出版社1989年版，第11页。

[③] 杨海坤主编、于安副主编：《行政法与行政诉讼法》，法律出版社1992年版，第1页。

[④] 姜明安主编：《行政法与行政诉讼法》（第二版），法律出版社2006年版，第38页。

[⑤] 罗豪才主编：《行政法学》（新编本），北京大学出版社1996年版，第7页。

[⑥] ［日］室井力主编：《日本现代行政法》，吴微译，中国政法大学出版社1995年版，第14页。

义的方式，"行政法是关于行政权的授予、行使以及对行政权进行监督和对其后果予以补救的法律规范和原则"。①

上述三种定义方式各具特色，分别从不同角度把握了行政法的实质内涵，为我们进一步认识行政法的作用、调整对象及内容结构奠定了理论基础。必须承认，在目前情况下，由于学者们各自对行政法的认识及理解不同，很难形成一个大家公认的行政法定义。但这并不妨碍我们对行政法含义的继续探索。我们认为，行政法的作用和目的是多重的，从单一目的出发定义行政法失之偏颇；而行政法的调整对象、范围不一，有人认为是社会关系的一部分，有人认为是行政活动，以此作为定义方式也不够准确。比较而言，行政法涉及的内容则相对稳定，容易把握，以此作为定义的方式更接近行政法的本质，所以，我们倾向于根据行政法包含的内容给行政法下定义。据此，我们认为：行政法是关于行政权力的授予、行使以及对行政权力进行监督和对其后果予以补救的法律规范的总称，用以调整在行政权力的授予、行使以及对其监督过程中发生的各类社会关系，尤其是行政权与其他国家权力和个人权利之间发生的社会关系。对于这一概念，可作如下理解。

（一）行政法是设定行政权力的法

所谓行政权力，就是一个国家权力体系中负责执行权力机关意志、维护社会经济文化秩序、增进社会福利、管理社会事务的支配力。行政法是用来设定行政权的法律规范。这包括两部分内容：一是行政权必须授予一定的载体，并形成一定的体制，以及这些权力组织内部活动的各种规则；二是规定哪一类行政组织享有哪些行政权力、其权限如何、不同权力之间界限何在等问题。在一国的法律体系中，凡是创设和分配行政权力的法律规范均属于行政法范畴。这类规范有不同的表现形式。第一种是统一规定于某一法律，如《地方各级人民代表大会和地方各级人

---

① 杨海坤、章志远：《中国行政法基本理论研究》，北京大学出版社2004年版，第24页；另可参见应松年主编：《行政法与行政诉讼法》，中国法制出版社2009年版，第14页。

民政府组织法》规定了行使行政权力的地方各级政府的设置、体制、职权等；第二种是分散在各单行法中，如《行政监察法》《矿产资源法》等，相当一部分单行法律都规定了本领域内行使行政权力的主体及其职权；第三种是专门法律中的授权规范，如权力机关通过《行政处罚法》将行政处罚的部分设定权授予有规章制定权以上的行政机关，并明确规定了行政法规制定机关和规章制定机关在行政处罚设定权方面的范围和限制。因为行政处罚权是一项对公民、法人的人身、财产权利产生重大影响的行政权力，并非任何行政机关均可设定，只有那些依法享有此项权力的行政机关才能享有并应在法定范围内行使。据此我们可以判断，所有规定行政机关享有处罚权的法律规范均是行政法律规范，因为正是这些法律规范创设了行政权力。

（二）行政法是规范行政权力如何行使和运用的法

行政机关或某一组织依法取得行政权并不意味着能够顺利有效地行使该权力，要保证行政权力被有效行使的同时防止出现侵害公民、法人合法权益的现象，还需要一整套规范行政权运用及行使的规则。这类规则是行政法的核心内容，包括实体规则和程序规则两部分。就存在形式而言，它们又可以分为两大类。一类是分散在各个特别法、部门法中的规则，如《治安管理处罚条例》《海关法》《税收征收管理法》等，分别是规范警察权力、海关权力、税收权力行使的具体规则。另一类是统一规定于某一法律，由各行政机关普遍适用的规则，如《行政处罚法》《行政复议法》等，这类法律统一规范行政权力的运用及行使。

（三）行政法是监督行政权力的法

行政权力的行使必然改变或重新确立行政机关与公民、法人或者其他组织之间的权利义务关系，必然会影响到公民、法人的合法权益。如果行政机关违法或不当地行使权力，不仅损害相对人的利益，而且会破坏统一的法律秩序，从而影响公共利益。因此，必须建立一套规则，对行政权力的取得、运用等加以监督，使之更加符合公民、法人的合法权益和公共利益。这类规则也是行政法的重要组成部分。对行政权力的监督方式和途径不是单一的，因而监督规则也是多样的。例如，国家权力机关对行政权力的监督由宪法规定，因此宪法中的某些条款就成为行政法的重要渊源。司法机关对行政权力的监督是由《行政诉讼法》《刑法》中的某些条款规定的。行政机关对行政权力的监督是通过监察、审计及上下级之间的层级监督等方式进行的。因此，诸如此类的监督规则均是行政法律规范。

（四）行政法是对行政权力产生的后果进行补救的法

行政权力是国家公共权力，享有个人私权利无法比拟的特权。由于行政特权的存在，必然要给权力的服从者即公民、法人或者其他组织的人身、财产权利造成影响乃至损害。如果行政主体违法或不当地行使行政权力，那么相对人遭受的损失就可能更大，为此必须对行使行政权力产生的后果予以补救。从这个意义上来说，行政法是对行使行政权力产生的后果予以补救的法，《行政诉讼法》《国家赔偿法》等均属于此类规范。一旦发生行政权力侵犯或损害相对人合法权益的情形，就应当赋予相对人通过有关途径维护自己合法权益、制止侵权行为、获得损害赔偿的权利。这部分行政法规范更具有重要的现实意义。

二、行政法的调整对象

行政法是调整行政权力的取得、行使以及对其监督过程中发生的各类社会关系的法，它着重调整行政权与其他国家权力和个人权利之间发生的社会关系。从内容上看，行政法所调整的社会关系主要包括以下几类。

（一）行政权力取得过程中权力机关与行政机关的关系

例如，权力机关制定的行政机关组织法、编制法等规定了权力机关对行政机关权力的授予，明确行政机关的性质、地位、职责权限、活动原则、法律责任、成立、改变、撤销的程序，以及行政机关相互之间的关系，这些社会关系都属于行政法的调整范围。

又如，权力机关通过《行政处罚法》授予行政机关一定的行政处罚设定权和规定权，并具体规定了设定和规定的范围。调整这些关系的法律当然也是行政法。

行政机关行使职权是通过人来实现的。因此，调整行政机关与公务员的关系，规定公务员的法律地位、权利义务等内容的法律，自然也是行政法。

（二）行政权力行使运用过程中行政机关与利益相关的公民、法人或者其他组织所发生的关系

这类关系是最常见的行政关系，也是最需要法律规范调整的关系。利益相关的公民、法人或者其他组织，又称利害关系人，既包括行政权力直接针对的相对人，也包括与行政权力行使具有利害关系的其他公民、法人或者其他组织。例如在行政许可过程中，作为行政相对人的被许可人与行政机关的关系和与被许可人具有竞争关系的其他主体与行政机关的关系，均应当受到行政法调整。由于行政权力与利害关系人权利之间并不完全是对等关系，因而如何保障行政权力的顺利行使，同时又不过多妨碍相对人的合法权利和自由是十分重要的。行政法调整这类关系的方式通常是规定双方行使权力或权利的原则，明确各自在活动中享有的权力、权利和承担的义务，以及违反规定应承担的责任等。

（三）对行政权力实施监督的过程中发生的社会关系

这类关系主要指权力机关与行政机关及其公务员之间发生的监督与被监督关系；人民法院与行政机关及其公务员之间的监督与被监督关系；人民检察院与行政机关及其公务员之间发生的监督与被监督关系；社会团体、公民个人、舆论媒体与行政机关的监督与被监督关系；以及行政系统内部专司监督职责的审计、监察等部门，上级行政机关进行专门监督、层级监督时所发生的监督与被监督关系。

需要指出，并不是行政机关参与的所有社会关系均受行政法调整。例如，行政机关购买办公用品、建筑办公场所、行政机关公务员与邻里争斗等发生的社会关系均不是行政权力参与的结果，因而不属于行政法调整的范围。行政法只调整那些以行政权力形式出现时所产生的社会关系。

非行政机关行使行政权力形成的社会关系有时也受行政法调整。当法律法规授权的组织行使行政权力时形成的社会关系就受行政法调整，例如《学位条例》授权高等院校颁发学位证，由此所形成的学校与学生之间的关系便受行政法调整。

三、行政法的特征

行政法与其他部门法相比，无论在形式上还是内容上都具有自己的特征。

（一）形式上的特征

1. 行政法尚未有统一完整的实体行政法典

通常情况下，每个部门法均有一部相对统一完整的法典，如《民法通则》《刑法》等。然而，虽然曾有国家作过制定统一实体法法典的尝试，但至少目前还没有标以行政实体法的法典。行政法是没有统一法典的部门法。这是因为行政法涉及的社会生活领域十分广泛，内容纷繁复杂，技术性专业性又比较强，且规范的变动性也很强，制定一部全面又完整的统一法典相当困难。由于没有统一的行政法法典，以至认为中国不存在行政法的观点是对行政法的误解。

行政法不是以统一完整的法典形式存在，而是散见于层次不同、名目繁多、种类不一、数量可观的各类规范性文件中。凡是涉及行政权力的规范性文件，均存在行政法规范。其数量之多，居各部门法之首。

2. 行政法有统一的行政程序法典

19 世纪末以来，很多国家制定了行政程序法典。应该说，除相对于实体法的诉讼法典外，还有一部与行政实体法相对应的行政程序法典的存在，是行政法形式上的重要特点之一。实际上，在一些国家的程序法典中，融入了大量的行政实体法规范，将来有无可能形成统一的行政法典，目前下结论还为时过早。如此纷繁复杂的民事关系可以形成民法典，为什么行政法就不能有统一的法典？至少在理论上还不能排除这种可能性。

(二) 内容上的特征

1. 行政法涉及的领域十分广泛，内容非常丰富

现代国家的行政权力急剧膨胀，其活动领域已经不限于治安、外交、军事、税收等方面，而是扩展到社会生活的各个方面，人类的衣食住行已须臾离不开行政权力。因此，各领域所发生的社会关系均需行政法调整，这就决定了行政法适用领域的广泛性和内容的丰富性。

2. 行政法具有很强的变动性

由于社会经济关系变动不居，行政权力以及因行使权力形成的行政关系也必须随之变动，因此，与其他部门法相比，作为行政关系调节器的行政法律规范具有较强的变动性，需要经常地废、改、立。

但必须强调的是，行政法的变动性只是相对于其他部门法而言。稳定性是法律规范的基本特征。因强调行政法的变动性较强而主观恣意、朝令夕改，只能造成社会的不安定。那将是对行政法的极大误解。

3. 行政法常集实体规范与程序规范于一身

在一个法律文件中，规定行政权力的取得、运行及对相对人产生的后果等内容的规范往往是紧密相连的。如果仅规定行政权力的取得，而不同时规定其行使的程序是不可能的，这不仅是科学与效率的要求，也是行政活动本身的特点决定的。行政实质上就是管理、执行，因此，享有权力与行使权力是一体的。当然，行政法律规范集实体与程序于一身的特点并不影响把共通的程序独立出来，作为统一的行政程序法加以规定，更不影响行政诉讼法的独立存在。但是，第一，在一些国家的行政程序法中，已融入大量实体规范。这说明行政实体与程序的难分难解。第二，在已有统一行政程序法的情况下，一些以实体内容为主的行政法中，仍常常需要规定一些特殊的程序规范。

第二章

行政法的渊源

何海波　北京大学法学博士，清华大学法学院教授。留学英国杜伦大学（University of Durham），访学美国耶鲁大学中国法中心。主要研究方向为行政法，旁及宪法和法理。发表论文 30 余篇，出版专著数部，主要有《法治的脚步声》《司法审查的合法性基础》《实质法治》《行政诉讼法》《法学论文写作》。

依法行政是行政法最基本的信条。行政机关应当依的究竟是什么样的法？这些法又来自哪里？在法学理论中，这一主题被归为"法律渊源"的范畴。主流的法学理论认为，中国法律的渊源有：宪法，法律，法规（包括行政法规、地方性法规和自治法规），规章（包括国务院部门规章和地方政府规章），法律解释等。虽然不同文献表述的法律渊源范围稍有差异，但都是特定级别的国家机关依照特定程序制定和颁布的规范性文件。它们的效力则根据制定机关的级别高低错落排列，法院在审判时分别作为依据、参照或参考。

与主流观点不同，本章认为，法律渊源的范围并非局限于权威机关制定的有数的几种，它们的效力也难以不分情境地一一确定。在实际的法律议论和司法推理中，多种多样的论据都可能被考虑和引用，它们在具体情境中都有一定的说服力。为此，本章将把法律渊源这一范畴重新定义为：阐述一种法律制度或者争辩一条法律规范时可以使用的具有说服力的各种论据。据此，除了主流观点所认定的几种制定法，我国的法律渊源还将包括一般法律原则，民间习惯、行政惯例和司法判例，法律学说，行政政策，公共道德，比较法等制定法以外广泛的因素。

本章最后一节探讨各种法律渊源之间的优先规则。结论是，除了制定法内部的位阶，各种法律渊源很难预先排列一个效力优先顺序；当不同渊源互相冲突时，需要根据具体情境进行衡量。

第一节　我国行政法渊源的主流观点

如果在 21 世纪的开初查阅中国的行政法学教科书，你会发现，在法律渊源问题上的论述高度一致。很少有教科书提到法律原则、司法判例等非成文渊源，主张我国行政法渊源应当包括法律原则等非成文因素的则更加罕见。① 此后十几年来，这种景象有了很大的变化。但了解过去并非没有意义。在法律渊源理论的背后是一个时代的治理方式，法律渊源理论的变迁浓缩着时代的变迁。

本节就从梳理当代"法"概念的变迁史开始，讨论法律渊源理论的社会背景，它所产生的困惑，以及行政法学界晚近的回应。

一、行政法渊源主流观点的形成

围绕法律渊源的范围，中国法学界曾有过激烈争论，而主流的法学观点也经历了变迁。本书将首先梳理三十多年来的各种法律渊源理论，分析主流观点的产生与定型的过程。我们将发现，当前流行的法概念有着两个明显不同的理论源流。在法律文本中，法最初被看作最高权力机关制定的法律，这种权力不断分化，止于法规、规章。而在法学理论中，法一开始被定义为各级国家机关制定的各种规范性文件，随后，范围不断收缩，止于法规、规章和司法解释。两个源流殊途同归，汇流成今天流行的法概念。

（一）法律文本层面上的源流

中华人民共和国建立并制定《宪法》后，依照新的国家学说和政治理论，全国人民代表大会成为最高权威，一切权力由它而生，法律自它而出。这种理念在"54宪法"中得到鲜明的体现。它规定，"全国人民

---

① 参见罗豪才主编：《行政法学》（高等政法院校规划教材），中国政法大学出版社1996年版；叶必丰：《行政法学》，武汉大学出版社1996年版；王连昌编：《行政法学》（高等政法院校规划教材），中国政法大学出版社1997年版；马怀德编：《中国行政法》（全国司法学校法学教材），中国政法大学出版社1997年版；应松年编：《行政法学新论》，中国方正出版社1998年版；姜明安编：《行政法学》（全国律师资格考试指定用书），法律出版社1998年版；方世荣编：《行政法与行政诉讼法》（高等政法院校法学主干课程教材），中国政法大学出版社1998年版；陈端洪：《中国行政法》（中国法海外推荐教材），法律出版社1998年版；杨解君：《行政法学》（全国高等院校法学专业核心课程教材），中国方正出版社2002年版；胡建淼：《行政法学》（高等学校法学教材），法律出版社2003年版。

代表大会是行使国家立法权的唯一机关。"不单国务院和地方没有赋予立法权，连全国人大常委会都没有国家立法权，可谓"法不二出"。

唯一法源的观念在中外法律传统中都能找到根据。中国古代强调"法自君出"："生法者君也"（《管子·任法》），"法者，君之命也"（《潜夫论·衰制》）。无论刑、法、格、式、律、令、例、敕，都由皇帝颁布，绝对不容僭越。在西方古典法治时期，"议会至上"已经确立，作为议会授权立法的行政立法还未出现，议会是唯一的立法者。法院只是"发现"和适用法律，不是创立法律，法院更不被认为是立法者。如果议会制定的法律还不够明确，那只是一个"解释"的问题。作为中国"54宪法"直接思想来源的苏联"1936年宪法"，更是明确规定苏联立法权专由最高苏维埃行使，它甚至没有赋予最高苏维埃主席团制定临时立法文件的权力。在讨论宪法草案时，斯大林认为，由多个机关立法同法律稳定性原则相抵触，终究必须铲除。①

不管唯一法源在观念上如何根深蒂固，一个显见的事实是，"54宪法"刚出，立法权旋即发生了分化；从70年代末以来，国务院、省级人大、省级政府、最高法院和最高检察院、国务院部委、省会城市和一些较大市的人大和政府相继取得了立法权力。每一次权力下放，都被以后的法律所承认："82宪法"确认了以前的授权，2000年《立法法》进一步确认了"82宪法"以来的授权，2015年的《立法法》修正案（草案）再次下放了地方立法权。这些连续扩大的授权，显然不是一个个偶然的事件和心血来潮的冲动。它一方面说明"通过法律来治理"的思路和进程；另一方面也说明只凭权力机关的立法或者中央机关的立法无法应付一个大国在当代的治理需要。

---

① 《斯大林文集（1934—1952）》，人民出版社1985年版，第125页（"立法权在苏联应该由最高苏维埃一个机关行使"）。

立法权演变的时间表

时间	授权机构、形式	授权对象	授权内容
1955 年	全国人大决定	全国人大常委会	制定法令（1978 年后改为制定"法律"）
	全国人大常委会决议	最高人民法院审判委员会	法律具体应用的解释
1959 年	全国人大决定	全国人大常委会	修改全国人大制定的法律
1979 年	全国人大制定地方组织法	省级人大及其常委会	制定地方性法规
1981 年	全国人大常委会决议	国务院及其工作部门，最高人民法院，最高人民检察院	解释法律
1982 年	《宪法》	国务院	制定行政法规
		国务院部、委，省级人民政府	制定规章
1984 年	全国人大决定	国务院	在实施国营企业利改税和改革工商税制的过程中，拟定有关税收条例（2009 年废止）
1985 年	全国人大决定	国务院	在有关经济体制改革和对外开放方面，制定暂行的规定或者条例
1986 年	全国人大常委会修正地方组织法	省会市和较大市的人大	制定地方性法规
		省会市和较大市的政府	制定行政规章
1988、1992、1994、1996 年	全国人大决定，或者全国人大常委会根据全国人大的授权决定	海南省以及深圳、厦门、汕头和珠海四市的人大及其常委会	遵循宪法的规定以及法律和行政法规的基本原则，制定法规，在各自的经济特区实施
		深圳、厦门、汕头和珠海四市人民政府	制定规章，在各自的经济特区组织实施

23

（续表）

时间	授权机构、形式	授权对象	授权内容
2000 年	《立法法》	国务院具有行政管理职能的直属机构	制定规章
2015 年	《立法法》修改	设区的市的人大及其常委会	制定城乡建设与管理、环境保护、历史文化保护等事项的地方性法规
		设区的市的人民政府	制定城乡建设与管理、环境保护、历史文化保护等事项的地方规章

虽然学界对上述机关制定的规则是否叫"法"曾有些许争议，规则制定权在不同性质、不同层级的国家机关之间分化则是不争的事实。以最高权力机关为"唯一立法机关"的制度，演变成多级多元的立法体制。从此，宪法、法律（包括基本法律和非基本法律）、地方性法规、行政法规和行政规章、自治条例和单行条例，构成了法律文本意义上的法。①

主流的法律概念层层退守，但还没有到一溃千里的地步。直到今天，以制定机关的身份来识别法的属性还是颠扑不破的观念，立法仍属于少量高层级机关的专营。几乎没有一个宪法或行政法的学者同意把县人大、县政府制定的规范性文件叫作法，尽管它可能具有实质上的约束力。

（二）法学理论层面的源流

在理论上，当代中国的法概念可以追溯到苏维埃的法学理论。苏维埃法学中对法的经典定义强调，法是统治阶级集体意志的体现，同时把法与统治阶级意志作了相对的区分，但对于法的形成过程和存在形式并不着力关注。对于法是如何形成的问题，一般只是泛泛地说是由"国家"

---

① 由于对法规、规章是否为法还存有争议，出现了对立法概念的多种理解。第一种是法仅指全国人大及其常委会制定的法律，第二种是法律和地方性法规，第三种是法律、地方性法规和行政法规，第四种是法律、法规和规章。

制定或者认可①，而不注意国家机关之间的职能区分；在阐述法的渊源时，异口同声地把法的渊源"理解为国家机关制定法律规范的各种文件"②。它们强调国家权力在法生产中的唯一性，强调法在执行统治阶级意志、实现国家当前任务的功能。至于哪些国家机关可以制定或者认可法，国家机关应当遵循什么程序制定或者认可法，没有特别要求。它们也没有正视各种法渊源可能的冲突，没有强调如何解决可能的冲突。虽然苏联宪法规定了法律监督的机关，但前述问题在高度一元化的社会里，实际上是基本不存在的，是可以被忽视的。③

如果说 20 世纪 50、60 年代中国是以译介苏联理论为主要任务，那么在 70 年代末、80 年代初我国法学恢复时期，我们仍然承袭苏联理论。当时虽然强调"有法可依、有法必依"，但法学理论对法并没有更多的形式上的要求：只要是国家机关制定的规范性文件，无论哪个机关制定，也无论以什么方式制定，都是法。④ 不同人的不同利益需求、人们对法可能产生的不同理解、法所可能产生的冲突的解决，都被消解在统治阶级意

---

① 苏联科学院法学研究所编：《马克思列宁主义关于国家与法的理论教程》，中国人民大学出版社 1955 年版，第 132—136 页。

② ［苏］玛·巴·卡列娃：《国家和法的理论》（下册），中国人民大学出版社 1956 年版，第 388 页。另一本翻译成中文的行政法学教科书说："苏维埃行政法的渊源包括国家政权机关和国家管理机关颁布的、含有行政法规范的那些法律规范性文件"，其中主要是条例章程、法典、工作指示规则、现行立法文件。参见［苏］B.M.马诺辛等：《苏维埃行政法》，黄道秀译，群众出版社 1983 年版，第 46—51 页。同样的说法又见［苏］瓦西林科夫主编：《苏维埃行政法总论》，姜明安、武树臣译，北京大学出版社 1985 年版，第 12—15 页。

③ 也许直到 20 世纪 80 年代，"在改革的条件下，对规范性文件，尤其是那些涉及部门性规范创制的文件是否符合宪法［法律］实行监督的制度的意义正在变得特别瞩目"。参见［苏］B.A.图曼诺夫：《对规范性文件合宪性的司法监督》，《法学译丛》1988 年第 5 期，原文载于苏联《苏维埃国家和法》1988 年第 3 期。

④ 罗玉中：《什么是法?》，《中国法制报》1980 年第 8、9、11、13 号；孙国华编：《法学基础理论》（高等学校法学教材），法律出版社 1982 年版，第 257 页。

志的经典命题中。① 从 80 年代早期延续到 90 年代，围绕法的社会性与阶级性的问题，法学界进行了较多的讨论。② 这场讨论面对现阶段我国统治阶级（人民）内部的利益分化现象，强调法调整人民内部利益的功能，但在法的本质问题上，同样承认法是依靠国家强制力自上而下推行的意志（只不过强调对各种利益的全面调整、周全考虑），同样体现出对法作为国家意志的崇拜和对制定法本身合法性的迷信。③

中国行政法学出现在 80 年代初期。在行政法的著作出现前，权威的法学辞书在介绍行政法时，完全是与法理学相同的口吻。④ 萌发于 80 年代初期的中国行政法学，在行政法的概念上基本照搬了法理学的定义。

---

① 郭宇昭在阐述法的概念时，注意到我国除了工人阶级外，还存在农民和其他劳动者。但是作者用"广大劳动人民的意志"消除了可能的利益冲突带来的潜在紧张，圆通地维护了"法反映的统治阶级意志具有统一性"的经典命题。参见郭宇昭：《试论法的概念》，《法学研究》1981 年第 2 期。

② 参见周凤举：《法单纯是阶级斗争工具吗？兼论法的社会性》，《法学研究》1980 年第 1 期。其他相关争论文章，可参见许彭华编：《法学基础理论若干争论问题选编》（上）（中国人民大学法律系校内用书），1987 年版。

③ 刘星教授对法的概念，特别是它作为统治阶级意志的命题有过精致的分析。参见其《中国"法"概念与现代法治观念的关系》一文，载高鸿钧主编：《清华法治论衡》第 1 辑，清华大学出版社 2000 年版。另有学者研究指出，从马克思主义经典作家的论述中引申出来的关于法律本质的定义可能并不仅仅是流行的"统治阶级意志说"；之所以后者被确立为中国法理学教科书上的"法的本质"，而马克思主义经典作家论述中所蕴含的其他关于法的理论被忽略，是与中国传统的社会结构相联系，特别是与中国传统文化中对"法"和"法治"的特殊界定和人们习惯性理解相联系的。参见朱苏人：《法本质理论的接受与中国传统的"法"和"法治"》，《比较法研究》1997 年第 2 期。

④ 1980 年出版的《法学辞典》对行政法的定义是："有关国家行政管理活动的各种法规，在法学上总称行政法。散见于宪法、法律、法令、决议、命令和其他各种规范文件中……" 1984 年出版的《中国大百科全书·法学》还认为行政法的渊源包括：宪法，由国家权力机关根据宪法制定的国家行政管理活动方面的单行法和各种行政法规，中央和地方各级国家行政机关根据并为执行宪法、法律和法令而制定或者颁发的决定、命令和各种规范性文件、条约。

朱维究教授早期的一篇文章认为，行政法的法源包括了"党和政府机关联合发布的行政法规和规章（这类法规较多，中央、地方及各部门都有）"和"行政机关和群众团体联合发布的行政法规和规章（这类法规也较常见）"。① 第一本全国行政法学统编教材《行政法概要》在论述行政法的渊源时称，"行政法是由各种含有行政法规范性质和内容的法律文件和法规所组成的"。该书列举了我国行政法的主要法源——宪法，基本法律，法律，行政法规，决定、命令、指示和规章，地方性法规，自治条例和单行条例，认为"较大的市和县级以上的政权机关"，在其职权范围内发布的各种具有行政法规范性质的文件，也是我国行政法的一种法源。② 这里没有列举较大市以下行政机关和乡镇政权机关制定的规范性文件，但与现今流行的说法相比，行政法的渊源明显宽泛。同期或者稍后的行政法著作观点基本相同。

80 年代中后期，行政法的概念和法源被重新讨论。多数作者把行政法渊源限定在宪法、法律、行政法规、地方性法规、自治条例和单行条例以及行政规章范围，反对把行政规章"排除在行政法之外"，也反对把行政法的范围扩大到乡或者县一级人民政府的规范性文件。从一些专著、论文和教科书中，我们不难看到这场重述行政法渊源的努力。③ 1989 年出版的第二本全国行政法学统编教材《行政法学》，可以视为这种重述在行政法学中占据了主流地位。④ 此后，这种观点在行政法学界一统天下。

---

① 朱维究：《略论我国行政法的法源》，《北京政法学院学报》1983 年第 1 期。需要注意的是，在作者当时所用的概念中，行政法规和规章并不像今天那样严格限定。

② 王珉灿编：《行政法概要》，法律出版社 1983 年版，第 7—10 页。

③ 参见应松年、朱维究：《行政法总论》，工人出版社 1985 年版，第 37—44 页；姜明安：《行政法概论》，北京大学出版社 1986 年版，第 15—20 页；罗豪才、姜明安：《我国行政法的概念、调整对象和法源》，《法学研究》1987 年第 4 期。

④ 罗豪才主编：《行政法学》，中国政法大学出版社 1989 年版，第 6—8 页。

（三）不同源流带来的概念混乱

需要顺便说明的是，法律概念的变迁造成了原有"法律"和"立法"这两个词在使用上的混乱。

随着法律从单指全国人大及其常委会制定具有普遍约束力的规范性文件，扩张到包括多重机关制定法律、法规、规章和最高人民法院司法解释在内的各种规范性文件，原有的法律概念不能准确地反映现实，而新的概念又没有被创造出来。为了区分，人们把前者称为"狭义的法律"，把后者称为"广义的法律"，不一而足。在各种法律用语中，有时用"法律"指称各种法律、法规和规章文本，有时则以"法规"指称（如"中华人民共和国法规汇编"），有时则以"法律法规"指称（如"中华人民共和国法律法规大全"）。

由于对法规、规章是否为法还有争议，对立法概念的理解也五花八门。有的把立法仅仅理解为全国人大及其常委会制定法律的行为，有的认为是制定法律和地方性法规，有的则认为是制定法律、地方性法规和行政法规，还有的则把制定法律、法规和规章的行为都看成立法。[①]《立法法》大体上接受了广义的理解。一方面，《立法法》对法律、行政法规、地方性法规和规章都作了规范；另一方面，在叙述该法的适用范围时，又对规章作了单独处理，把它打入另类。[②] 这一规定折射了立法者使用"法律"和"立法"概念时的矛盾心态和妥协立场。

细心的读者还可能会发现，对法律解释属性的说法也存在微妙的差

[①] 相应的，对于我国的立法体制应当归纳为一元多级、二元多级还是三元多级也众说不一。相关的讨论可以参见吴大英、刘瀚：《中国社会主义立法问题》，群众出版社1984年版，第9页；张根大：《法律效力论》，法律出版社1999年版，第97页。

[②]《立法法》第二条规定，法律、行政法规、地方性法规、自治条例和单行条例的制定、修改和废止，"适用本法"；国务院部门规章和地方政府规章的制定、修改和废止，"依照本法的有关规定执行"。

异。在讨论我国法律渊源时，大家一致认为法律解释属于法。① 但如果说最高法院进行司法解释也是立法，就会引起很多人反对，尤其是一些宪法学者的反对。这种分歧正是法和立法概念演变留下的痕迹。

二、主流观点的社会背景

对于前述行政法的概念和渊源，今天的行政法学者们可能过于熟悉，而把它当成一件当然的事。但在一个法律的初学者眼里，它们可能如此新奇和复杂，令人如坠云雾之中：为什么国务院制定的行政法规算法律，而国务院"通知"不算法律？两个同样"级别"的城市，一个市（例如宁波）的政府可以制定法律，另一个市（例如温州）在很长时间内政府制定的规定却不算法律？省政府可以制定法律，而省法院却不能制定法律？甚至，为什么法律必须是制定出来的？而学习西方法律时常见的司法判例、行政习惯和法律原则，为什么不是法？本节通过分析学者的论述及其社会背景，试图说明，我国行政法渊源理论体现了中国当代行政法学者建构行政法治的初步努力。它不仅是继受传统理论的产物，更是面对国家治理难题的应对之策。

（一）为什么"法律是制定出来的"

在前面关于行政法渊源的变迁中，不管各种观点差距有多大，有一点却是完全一致的：法律都是国家机关"制定"出来的白纸黑字的文本。我们不承认自然法，基本上也排除习惯、判例、学说等非成文法律渊源。我们争论的仅仅是哪一个级别、哪一种性质的国家机关制定的哪一类形式的文件可以作为法。

为什么法律必须是制定的？为什么我国行政法不包括法律原则等其

---

① 有学者认为抽象解释具有立法和法律实施的双重属性，从而把抽象解释归入立法和法律实施的"交叉领域"。参见张志铭：《法律解释操作分析》，中国政法大学出版社1999年版，第16—23页。其实，不管是说制定，还是解释，在生产和宣告规则这一点上，功能是相同的。

他渊源？这一问题在我国没有展开深入探讨，只有一些教科书和论文零星提到。

国内一本权威的法理学教科书在解释这一观点时，认为它主要是由于："第一，中国实行人民代表大会制度，国家行政机关、审判机关和检察机关都由人民代表大会产生，对它负责，受它监督；第二，在中国历史上，制定法一直占有主导地位。"① 这一说法也许能够解释制定法的主导地位，但没有能够解释制定法的垄断地位。另一本教科书的阐述值得注意："我国是社会主义国家，为了维护社会主义法制的统一，我们一般不承认习惯法和判例法，也不承认法理。只有经过有关国家权力机关和行政机关依法制定的行政管理方面的规范性法律文件，才是我国行政法的渊源。"② 这使我们想起苏维埃法学中的一场争论。当彼昂特考夫斯基提出法不但是法律规范也是社会关系，从而含蓄地、有条件地主张承认现存的社会关系为法，他当即遭到了另一位法学家法儿别尔的痛斥。法儿别尔意识到每个人的理解不同，为了避免"个人专断和目无法纪"，主张用国家机关制定的法来统率人们的思想。③ 这种想法与两千年前李斯提出的"以法为教、以吏为师"的主张何等地相似！

但从逻辑上讲，承认习惯、判例和法理为法的渊源，并不必然损害

---

① 沈宗灵编：《法理学》（高等学校法学教材），高等教育出版社1994年版，第306、307页。虽然作者只说当代中国法渊源以制定法为主，但并没有举出当代中国制定法以外的法律渊源。

② 刘占英等编著：《行政法学》（郑州大学法律系教材），1987年版，第14页。

③ "彼昂特考夫斯基的设想将削弱法的规范能力，与社会主义法制原则相抵触。……如果使我们的审判员和人民陪审员认为，不仅苏维埃国家制定的法律规范是法，而且他们自己的艰苦的、光荣的活动也是法，那么，为了审理复杂的重大的案件，是否还用得着在苏维埃国家的法律中寻找答案呢？如果法学家说，法律关系也是法，那么，法律关系的参与者就有了按照自己的理智来判决案件的理论根据，这样就离个人专断和目无法纪不远了。每个人对法律事实、重大事件和行为的看法可能是不同的，但是法律对一切人都是一个标准。"［苏］法儿别尔：《关于法的概念问题》，《政法译丛》1957年第4期。

法制统一。外国的经验证明，在一定条件下，它反而可能有助于法制统一。民国时期的行政法著作在讨论法律渊源时，借鉴外国学说，都肯定非成文法因素。① 问题是，为什么我们一旦承认不成文法就损害法制统一？是什么社会需要使我们拒绝把非成文法作为法律渊源？是什么样的共同背景使我们的法概念能够与千年的传统保持基本一致，或者使我们能够接受苏联的新传统？下面将以习惯、判例和法理这几个被经常提及的不成文法律渊源为例，尝试作一番解释。它试图表明，排斥非成文法不是由于法学传统断裂而导致的遗忘，也不全是出于防止行政专制、保护公民自由的考虑②，而是满足特定时期国家治理需要的一种策略。

首先，社会变革就意味着旧的习惯难以维系。借用《共产党宣言》的话说："一切固定的僵化的关系以及与之相适应的素被尊崇的观念和见解都被消除了，一切新形成的关系等不到固定下来就陈旧了。"20 世纪 80 年代以来，中国法治的成长时期正是这种社会变革时期。习惯的形成恰恰需要较长时期的社会稳定。旧的习惯被打破了，或者成了变革的对象，新的习惯还未形成。行政法由于面对变动不居的社会管理问题，较

---

① 参见钟庚言：《行政法总论》，朝阳大学 1923 年版，第 50—56 页【作者称为"惯习法［包括人民间之惯行、法院之判决例、政治上之惯习及行政上之处置］"和"理法［条理］"】；白鹏飞：《行政法大纲》，好望书店 1935 年再版【作者概括为"行政习惯法［包括民众的习惯法、行政先例法、判例法］"和"条理法"】；马君硕：《中国行政法总论》，商务印书馆 1947 年版，第 18—21 页【作者概括为"行政习惯法［包括行政判例、行政先例、地方习惯］"和"法理"】；范扬：《行政法总论》，商务印书馆 1947 年再版，第 14—20 页【作者称为"习惯法［包括行政习惯法、法院判例法、民间习惯法］"和"理法［条理］"】。

② 有学者认为，行政法的成文主义与刑法上的罪刑法定主义约略同其含义。为防止行政专制，行政机关必须有法律明确规定时才可以行政，不得根据习惯和法理行事。王云五编：《云五社会科学大辞典·行政卷》，"台湾商务印书馆"1971 年版，第 270 页，转引自关保英：《论行政习惯法》，《甘肃政法学院学报》2000 年第 3 期。这种观点混淆了行政的依据与行政法的渊源。即使能够解释 19 世纪欧美的严格法定主义倾向，也与当今中国的状况似乎相去甚远。

之民事和商业领域更难以在短时期形成习惯。虽然不能绝对地说我国行政法中不存在习惯和惯例（这还有待细心的观察），但我们确实很难指出几条像样的习惯。前几年我国学者对"民间法"的讨论，目光几乎都集中于私法领域而很少谈及行政领域，原因恐怕就在于此。

如果说行政习惯是一个太奢侈的要求，那么俯拾皆是的行政先例（包括有关行政的司法先例）为什么也不能成为法律渊源？其实，20 世纪 80 年代以来关于我国"实行"判例法的呼声不绝于耳，但一直是少数派；即使是近几年搞出来的案例指导制度，也跟判例制度相去甚远。反对引入判例制度的一个有力理由是，我国法院——在一定程度上适用于行政机关——的素质太差，遵循先例将导致遵循错误的决定。素质差还不是全部的原因：法律条文不是也可以同样因为素质差而被歪曲？关键在于，当前社会面对的诸多矛盾使得高层机关也常常不得不出于各种现实考虑而无法遵循法律。我们也许能够容忍对法律条文的一时违背，但不能容忍因遵循先例而一错到底。

说到法理，我们的法学本身还非常幼稚，还缺乏独立性。尤其是在法学恢复初期，它基本上停留在政治命题和政治话语的论证，或者对法条的简单诠释，几乎没有能够提供对法律实践真正有用的思想资源。直到 80 年代末的行政法学教科书，论及行政法原则，几乎都是基本原则（合法性、合理性）或者基本法律价值（效率、公平、正义等）。问题还不这么简单。把法理引入法律渊源，意味着法律学者在正式立法程序之外直接分享了法律的制定权，意味着一般民众也可以对法律问题按照自己的理解进行争辩。法律问题就可能异说纷呈，产生"无穷之辞"。只有断然摈弃可能产生各种异说的法理、原则、道德，把各方思路统一到制定法条文中，才能避免纷争。[1]

相比之下，制定法因其能最明快地体现国家的意志，最迅速地统一各方认识，成为国家推行变革的有效工具。于是，国家垄断了法律规则

---

[1] 季卫东：《法律解释的真谛》，《中外法学》1998 年第 6 期、1999 年第 1 期，后收录作者论文集《法治秩序的建构》，中国政法大学出版社 1999 年版。

的生产。各种先例（行政先例或者司法判例）、惯例和习惯不管得到同行多么广泛的认同，也不认为是法律，除非在今后的立法中被采纳；法学家的理论，不管影响多么巨大，也不是法律，除非在立法中能够被采纳；大众的意见，不管多么盛行，也不是法律，除非被立法采纳。尽管经常听到立法要"体现人民意志""符合客观规律"之类的呼声，但是，按照这样的理论，各种民间的行为和意见不可能自动成为法律，除非它们通过官方的行为编织到立法中去。这种纯粹以制定法为法的观念，反映了对国家权威的膜拜，更反映出对国家权威的倚赖。

（二）哪个级别的规定才叫法

在排除了非成文法律渊源后，我们注意到我国通行的法概念的特点：一是法的制定机关限于特定的高层机关，而排除了低层级机关制定法律的说法，从而法的生产成了高层级机关垄断的事业。二是必须是以特定形式表现的法律文件，从而与以决定、决议、通知等形式发布的规范性文件区分开来。相关的争论在两个路线上进行：一是，对法的形式应当限制（扩张）到哪个级别？例如，县人大制定的规定是不是法？省政府的规章是不是法？二是，法应当具有什么形式？例如，国务院的决定、命令是不是法？对后一个问题的讨论，将放在下一部分。这里先讨论前一个问题，并聚焦于一个具体的方面：为什么县人大的决议不是法？

有人认为，宪法和组织法规定只有特定机关才能制定法律、法规和规章，所以，只有法律、法规和规章才是法。可是，同样是宪法和组织法规定的其他权力机关和行政机关制定的命令、决定、指示等，它们同样包含了具有普遍约束力的行为准则，为什么就不算法？至少从文字表述上，行政法规、规章与其他的行政方式（命令、决定、指示等）相比，看不出有什么特殊的地位。例如，我国宪法规定，国务院"根据宪法和法律，规定行政措施，制定行政法规，发布决定和命令"；国务院"各部、各委员会根据法律和国务院的行政法规、决定、命令，在本部门的权限内，发布命令、指示和规章"；县级以上地方各级人民政府"依照法律规定的权限，管理本行政区域内的经济、教育、科学、文化、卫生、体育事业、城乡建设事业和财政、民政、公安、民族事务、司法行政、监察、计划生育等行政工作，发布决定和命令，任免、培训、考核和奖惩行政工作人员"。如果不带某种先见，从字里行间我们很难读出它们的区别。宪法刚刚制定时的一些宪法学和行政法学著作也显示，这种区分至少在当时并没有特殊的意义。① 前面提到的《行政法概要》是在"82宪法"颁布后才出版的（书中还提到"82宪法"），但并没有像我们今天理解的那样把法限定于法律、法规和规章。

可见，今天主流的法观念并不是"82宪法"规定的结果。事实上，行政法概念的转折是"82宪法"出台几年后的事情。我们似乎应当把它看成法律理论回应现实需求而发生的转变。问题是，这一概念改造的背景是什么？它传达了学者怎样的价值立场？

有学者在解释"为什么不是所有机关的规范性文件都被视为法"这个问题时说："法必须具有普遍性和统一性……如果每个行政机关，以至于乡镇一级政府都能制定行政法，那就无普遍性和统一性可言，国家法制的统一就无法保障。"② 又是"法制统一"的问题！这使我们再次想起，学者阐述为什么要把非成文法排除在法的家族之外，主要也是基于这个理由。它可能道出许多人的忧虑：如果也承认它们是法，大量的低层级机关的规范性文件五花八门，各行其是。在另一本著作中，姜明安教授称："有关地方人民政府制定的行政管理法规必须通过备案的形式接受最高国家行政机关国务院的审查。如果县或者乡都能制定行政管理法规，国务院统一审查势必成为不可能。"③ 这是迄今所见的最具体的理由。当时行政诉讼制度基本上还是纸上谈兵（即使到今天，行政诉讼制度也还无法有效地维持法律统一），没有一个系统能够对各种规范性文件的合法性进行有效的审查，法律统一就不得不倚赖"一级管一级"的层级控

---

① 参见肖蔚云：《论新宪法的新发展》，山西人民出版社1983年版；许崇德：《新宪法讲话》，浙江人民出版社1983年版；王叔文等编：《宪法讲话》，湖北教育出版社1984年版；王叔文：《宪法是治国安邦的总章程》，群众出版社1987年版。

② 罗豪才、姜明安：《我国行政法的概念、调整对象和法源》，《法学研究》1987年第4期。

③ 姜明安：《行政法概要》，北京大学出版社1986年版，第19、20页。

制，行政立法的合法性最终寄托于"国务院的统一审查"。由于缺乏一个权威的、高效的、可靠的审查机关，制定机关太多就会管不过来。由于行政部门本位和地方保护主义，就可能出现各行其是而不可收拾的局面。只有在此情况下，法的渊源过于弥散才会危及法制统一。

在上述讨论中一个有意思的现象是，论者既不是主张禁止低层机关制定具有普遍约束力的规范性文件，也不是一概否认其效力，他们仅仅反对把县人大决议乃至行政规章叫作法。用一些学者的话说，就是那些规范性文件"不姓法"①。换句话说，他们争论的仅仅是一个名称问题。法的名称之争反映了人们对法的实际效力的关心和对法制统一的忧虑。从理论上把法的制定者限于高层级机关，表明了对法的合法性问题的关注，同时显示了学者们在制度不敷使用的情况下，通过强化法概念的限制来防止低层级机关滥用权力的微薄努力。对法和立法概念的争夺，既反映了规则形成权分化趋势的步步进逼，也反映了人们对这种现象的忧虑和抗拒。双方把争夺的目标放在法概念上，而不是如何整合不同形式和层次的法，则说明对统合层次繁复、形式多样的法律规范还缺乏新的有效机制，而不得不在旧的法概念框架中节节抵抗。

法的形式问题反映了国家治理的问题，尤其是中央与地方关系的问题。随着法律成为日常的实践，其本身的合法性问题越来越突出。如何确保法制统一，同时应付复杂多变的情况，成为我国的特殊难题。《宪法》第三条第四款规定："中央和地方国家机构职权的划分，遵循在中央统一领导下，充分发挥地方的主动性、积极性的原则。"由于行政部门本位和地方保护主义盛行，我们不能允许立法权过度分化；但在中国这样的大国里，完全依靠中央立法来提供规则显然应付不了各地非常迥异的情况。"一放就乱，一统就死"，是考虑如何分配立法权时面临的一个双重难题。立法权适度分化又相对集中，止于国务院部委和较大城市的政府，是中央与地方博弈的暂时均衡，大致反映了在现有宪政结构下中央控制地方的限度。

---

① 张焕光、胡建淼：《行政法学原理》，劳动人事出版社 1989 年版，第 46 页。

（三）为什么国务院"通知"不是法

除了前面着重讨论的制定机关级别的要求外，我国行政法还有一个有趣的现象：我们承认国务院及其部委、省级政府和较大市政府制定的行政法规和规章是法，但同时把他们以"通知"等形式下发的规范性文件排除在法的家族之外。

为什么要排除这些规范性文件？是因为它们天然"不姓法"吗？至少从宪法文本上看不出来。在"82 宪法"以前，行政法规的概念并无专属。① 在一些法学著作中，其他行政机关的规范性文件也可能被称为"行政法规"。"82 宪法"只有在关于国务院的职权中，使用了"制定行政法规"一语。但宪法没有对行政法规进行实质上或形式上的任何界定；相反，行政法规不过是与行政措施、决定和命令并列使用的一种形式。② 与《宪法》几乎同时颁布的《国务院组织法》也没有对行政法规作任何特别规定。③

那么，是因为它们不直接设定权利义务关系，因而无关紧要吗？也不是。单单从国务院下发通知的数量和内容上，我们就可以感觉出其沉甸甸的分量。它可以决定调整国务院部委职能、设立部委管理的国家局④；它可以调整户口政策、允许部分人进城落户，停止住房实物分配、

---

① 《中国大百科全书·法学》"行政法规"词条解释："中国的行政法规，除由国家最高权力机关发布的具有行政法规范性质的法律、法令以外，也有由各级行政机关发布的具有行政法规，常见的名称有条例章程、纲要、办法、方案、决议、决定、规定、规则、指示、指令、命令、措施、细则、通知、通告、布告、公布、批复、函等。"《中国大百科全书·法学》，中国大百科全书出版社 1984 年版，第 673 页。

② 《宪法》第八十九条规定，"国务院行使下列职权：（一）根据宪法和法律，规定行政措施，制定行政法规，发布决定和命令"。

③ 《国务院组织法》第四条规定，"国务院工作中的重大问题，必须经国务院常务会议或者国务院全体会议讨论决定"。它没有肯定行政法规都属于重大问题。第五条规定，"国务院发布的决定、命令和行政法规"，由总理签署。

④ 《国务院关于机构设置的通知》，国发〔1998〕5 号；《国务院关于部委管理的国家局设置的通知》，国发〔1996〕6 号。

逐步实行住房分配货币化①；它也可以命令立即关闭"两证"俱全且合法生产的煤矿，或者在部分地区禁止砍伐、实行退耕还林②；它甚至可以在缺乏法律明确规定的情况下，规定把哪些人送去最多长达 4 年的劳动教养③。《行政诉讼法》和《立法法》都没有规定国务院其他规范性文件的权限和效力，但反过来说，它们也没有限制后者的权限，否定后者的效力。而最重要的是，除了行政处罚、行政强制等少数领域，国务院制定的规范性文件与行政法规实际上具有几乎同等的效力。综上所述，在行政法学界对行政法渊源进行界定的时候，国务院的"通知"与行政法规的权限并没有清楚的区别，因此不构成区分的原因。

国务院"通知"等规范性文件被排除在法的家族之外的真正原因，恐怕是两者在制定程序和形式上的区别。这一区别部分源于学界对"法"品性的固有看法，部分源于当时法律实践中行政法规与其他规范性文件日益呈现的区别。

人们普遍相信，法应当具有某些形式上的要求。例如，法律文件行文上往往采用章节、条、款、项，应当公开发布，一经制定就应该相对稳定，不能朝令夕改。中国古代和当代那些称作法律的文件，对于人们理解法律起到示范作用。行政法规的名称从一开始就暗示着某种法的属性，在形式上被人们普遍看成行政法规应当具有的品质。20 世纪 70 年代末到 80 年代中期法规、规章制定权步步下放，人们已经普遍接受了这样一个观念：它们应当具有法的品性。当时大量的规范性文件仍被当作"行政公文"来处理，通常以"通知"等红头文件形式发布，并不

---

① 《国务院批转公安部关于解决当前户口管理工作中几个突出问题意见的通知》，国发 [1998] 24 号；《国务院关于进一步深化城镇住房制度改革加快住房建设的通知》，国发 [1998] 23 号。

② 《国务院关于关闭非法和布局不合理煤矿有关问题的通知》，国发 [1998] 43 号；《国务院关于保护森林资源制止毁林开垦和乱占林地的通知》，1998 年 8 月 5 日。

③ 《国务院关于转发公安部制定的劳动教养试行办法的通知》，1982 年 1 月 21 日。

采用章节、条、款、项的结构，有的甚至简单到一句话或者几句话。①
文件所体现的政策朝令夕改也被广泛关注。这些与人们对法的理解相距
甚远。

与此同时，行政法规在实践中正不断趋于规范化，日益显示出与国
务院其他"公文"的明显区别。1987 年国务院发布的《行政法规制定程
序暂行条例》是一个代表。虽然该《暂行条例》没有对行政法规作出一
个区别于国务院其他文件的定义，但它包含的具体规定标志着行政法规
在制定程序、名称、内容乃至结构上与一般"公文"不同的个性②。1988
年，国务院办公厅又发布了《关于改进行政法规发布工作的通知》，规定今
后行政法规由国务院总理签署发布令，新华社发稿，《国务院公报》《人民
日报》全文刊载，国务院不另行文，国务院各部门、地方各级人民政府及
其所属机构都应遵照执行。此后，一些部委和省市政府也相继制定了行政
规章的立法程序。1990 年国务院又发布《法规、规章备案规定》。该规定
把规章的形式限定在"规定、办法、实施细则、规则等规范性文件"。行政
法规和规章与其他规范性文件相比，越来越显示出独立的品性。

20 世纪 80 年代中后期，法学界出现了法律与政策关系的讨论。不管
持什么立场，争论双方都承认：法律与政策在制定机关、程序和形式上
不同，法律有其特定的制定程序和形式，政策则往往等同于"红头文

---

① 对于行政公文的一般要求，可参见国务院或其办公厅先后制定的几个规定：《国
务院办公厅关于发布国家行政机关公文处理暂行办法的通知》，1981 年 2 月 27
日；《国家行政机关公文处理办法》，国务院办公厅 1987 年 2 月 18 日发布，1993
年修正；《国家行政机关公文处理办法》，国发［2000］23 号；《党政机关公文处
理工作条例》，中办发［2012］14 号。

② 在程序上，该条例要求制定行政法规必须遵循规划、起草、审定和发布四个环节。
在名称上，行政法规的名称为条例、规定和办法。在内容上，"行政法规一般应
当对制定目的、适用范围、主管部门、具体规范、奖惩办法、施行日期等作出规
定"（第七条）。结构上，"行政法规的内容用条文表达，每条可以分为款、项、
目，款不冠数字，项和目冠数字。法规条文较多的，可以分章，章还可以分节"
（第八条）。

件"。论战的结果是，法律——一种依特殊程序制定、具有特定形式的文件——取得了更高的正统性和优越性。尽管政策还大行其道，但人们从原则上接受，要从依靠政策和法律治理转变为主要依靠法律治理。中国共产党十三大报告明确表达了这种意图。

综上所述，当中国行政法学者着手重述行政法渊源之时，行政法规已经与红头文件呈现出明显的差异。在这样的背景下，把法规、规章看成法，而排除其他规范性文件，反映了国家治理方式转换的企求，对依靠明确、稳定的规则治理的企求。虽然暂时还承认命令、决定、指示的实际约束力，但概念隐含着一种预测和期待，应当"依法治理"，即通过特定程序和特定形式的文件来治理，而不是随随便便的"红头文件"来治理。它意味着对领导个人意志和红头文件不确定性、易变性的忧虑，希望一种更加稳定可靠的形式把政策固定下来。从这一意义上，把国务院"通知"排除在法律渊源之外，体现了学者建构行政法治的一种努力。

三、主流观点的晚近发展

在我国行政法渊源主流观点确立后不久，大约从20世纪90年代中期开始，行政法学界即开始对其提出轻微的质疑，或局部的修正。

首先，法律、法规和规章以外数量庞大的其他规范性文件引起了学者们的重视。不管是否承认它们是法的渊源，这些规范性文件的实际效力被认为应当予以尊重。一些学者认为，它们在行政审判中也具有"参照"适用的地位，或者换一个说法——"参考"。[1]

其次，宪法的作用开始被重新审视。虽然教科书中大都把宪法列为行政法渊源的一种，但长期以来，援引宪法判案却是法律实践当中的禁忌。但近年，"宪法司法化"，更准确地说是"宪法的司法适用"，呼声日高。最高法

---

[1]　高若敏：《谈行政规章以下规范性文件的效力》，《法学研究》1993年第3期；曹康泰编：《中华人民共和国行政复议法释义》，中国法制出版社1999年版，第126页（作者称，对于行政机关而言，这些规范性文件"都是执法的依据"）；朱芒：《论行政规定的性质》，《中国法学》2003年第1期。

院在有关齐玉苓案件的批复中，一度明确表达了这种意图。① 这一举动以及后来的"停止适用"，激发了学者更多的讨论。

第三，行政法一般原则等不成文渊源被广泛讨论。开始，一些学者小心翼翼地提出，要考虑不成文渊源，不要忽视对它的研究。② 之后，在一部分学者中逐渐达成共识，行政法的渊源不应限于制定法，还要包括非成文因素。罗豪才教授提出，行政法"不仅包括一系列行政法规范，而且理应包括一些重要的行政法原则，它们同样具有法的效力"。③ 大量的论文在比较法研究的基础上，阐述了行政法诸原则，并强调其在实践中的应用。④ 司法判例、行政惯例和习惯对法院审判的效力也得到一

---

① 《最高人民法院关于以侵犯姓名权的手段侵犯宪法保护的公民受教育的基本权利是否应承担民事责任的批复》，法释［2001］25 号。相关评论可参见黄松有：《宪法司法化及其意义：从最高人民法院今天的一个〈批复〉谈起》，《人民法院报》2001 年 8 月 13 日；季卫东：《合宪性审查与司法权的强化》，《中国社会科学》2002 年第 2 期。

② 张树义编：《行政法学新论》，时事出版社 1991 年版，第 17 页（不能完全排斥法的一般原则、判例、惯例的作用）；杨海坤：《中国行政法基本理论》，南京大学出版社 1992 年版，第 114 页（不应该完全忽视对不成文形式渊源的研究）。

③ 王锡锌、陈端洪：《行政法性质的反思与概念的重构访中国法学会行政法学研究会总干事罗豪才教授》，《中外法学》1995 年第 2 期。罗豪才教授据此把行政法的概念表述为"调整行政关系及基于此而产生的监督行政关系的原则和法律规则的体系"。

④ 何海波：《通过判决发展法律：评田永案件中行政法原则的运用》，《行政法论丛》第 3 卷；程洁：《行政程序法中的程序中立原则》，《行政法学研究》1999 年第 3 期；王锡锌：《行政程序理性原则论要》，《法商研究》2000 年第 4 期；应松年编：《依法行政读本》，人民出版社 2001 年版，第 4 章（该书阐述依法行政的原则时，列举了"法律优先与法律保留原则""比例原则""诚信原则""公正原则"等法律原则）；张成福：《行政法治主义研究》，中国人民大学 1999 届博士论文（作者在行政法治一般原则部分，探讨了法律优位与法律保留、平等保护、正当程序、比例、诚实信用几个原则）；李春燕：《行政信赖保护原则研究》，《行政法学研究》2001 年第 3 期；李燕：《论比例原则》，《行政法学研究》2002 年第 2 期；余凌云：《论比例原则》，《法学家》2002 年第 2 期。

些关注。①

在此基础上，越来越多的著作主张明确承认习惯、判例、法的一般原则等具有"非正式法源地位"。②

尽管如此，上述观点迄今仍是一种比较前卫的观点，还没有进入法学院学生的必读教材。直到最近的主流行政法教科书中，非正式法源一般仍是作为域外理论加以介绍，论者往往强调中国法律尚未承认这些非正式法源，或者它们"不能在法律文书中直接作为依据引用"。③ 主流理论正在动摇，新的共识尚未形成。

第二节　行政法渊源理论的重构

我国行政法渊源理论经历了多次演变，目前还在经受挑战。鉴于主流理论的局限，国内学者试图加入各种新的法律渊源类型。对主流理论

---

① 关保英：《论行政习惯法》，《甘肃政法学院学报》2000 年第 3 期；章剑生：《作为行政法上非正式法源的"典型案件"》，《浙江大学学报》（人文社会科学版）2007 年第 3 期；章剑生：《论"行政惯例"在现代行政法法源中的地位》，《政治与法律》2010 年第 6 期；周佑勇：《论作为行政法之法源的行政惯例》，《政治与法律》2010 年第 6 期。

② 关保英：《市场经济条件下行政法的非正式渊源》，《法律科学》1995 年第 2 期；孙笑侠：《法律对行政的控制：现代行政法的法理解释》，山东人民出版社 1999 年版，第 107—116 页；姜明安编：《行政法与行政诉讼法》，北京大学出版社、高等教育出版社 1999 年版，第 31 页；朱新力：《论行政法的不成文法源》，《行政法学研究》2002 年第 1 期；应松年、何海波：《我国行政法的渊源：反思与重述》，载浙江大学公法与比较法研究所编：《公法研究》第 2 辑，商务印书馆 2003 年版；章剑生：《现代行政法总论》，法律出版社 2014 年版，第 3 章；章志远：《行政法学总论》，北京大学出版社 2014 年版，第 2 章。

③ 应松年编：《行政法与行政诉讼法》，法律出版社 2009 年版，第 12—15 页；胡建淼：《行政法学》，法律出版社 2010 年版（行政法通过成文法规形式表达）；姜明安编：《行政法与行政诉讼法》，北京大学出版社、高等教育出版社 2011 年版，第 58 页（不能在法律文书中直接作为依据引用）。

的改良，在思想渊源上主要来自西方国家（尤其是大陆法系国家）已经定型的法律理论。许多人可能认为，一旦我国也确立这样的理论，那么我们就与国际接轨了，法律渊源理论即趋成熟了。也许很少有人追问，一旦我们把上述成文和非成文因素都添加到法律渊源中，原有的法律渊源理论是否能够容纳这些改良？把法律渊源定义为"法律的存在方式"，把它奉为"有约束力的法律依据"，是否还能成立？本节将重新探讨法律渊源的性质，并赋予它一个新的定义。

一、法律渊源作为"依据"的缺陷

迄今为止，不管对我国行政法渊源的类型观点多么不同，对于法律渊源性质的理解仍是主流法理学的观点：法律渊源是法律规范的存在方式，或者说是法律规范的表现形式。

这一论断表明：

第一，法律渊源和法律规范是形式和内容的关系，就像通常所理解的语词与其所指称的对象一一对应一样，每一条法律渊源都包含固定内容的法律规范（至少其核心的意义是确定的）。如果说法律条文的含义还有不清楚的地方，那只是一个解释的问题。解释法律的过程，就是正确地认识和阐述法律条文本来就有的含义，就好比从工具箱里找出预先摆放在那里的合适工具。在这样的意义上，法律渊源和法律规范没有实质区别。

第二，法律渊源的范围由一个权威机构选定，因此是有限的、固定的几种。最高法院专门发文规定哪些规范性文件可以在法律文书中引用、哪些不能引用①，规定什么样的案例可以作为参照②，试图框定法

---

① 《最高人民法院关于人民法院制作法律文书如何引用法律规范性文件的批复》，法研复〔1986〕31号；《最高人民法院关于裁判文书引用法律、法规等规范性法律文件的规定》，法释〔2009〕14号。

② 最高人民法院：《关于案例指导工作的规定》，法发〔2010〕51号。

律渊源的范围。一些学者主张全国人大对非成文法源予以"明确承认"，也暗示法律渊源只有权威机关承认才能算数，权威机关不承认即等于零。

第三，法律渊源具有约束力，是法院和其他执法机关必须遵循的"依据"。反过来，只有具备这个特征才能被承认为法律渊源。从规章和规章以下的规范性文件是否为法律的争论，到主张或者反对我国建立判例制度，都能看到同样立场。"具有约束力"的法律渊源概念在当代世界占据了统治地位。无论是我国行政法中作为法律渊源的制定法，还是英美国家的判例法，乃至古代罗马的"引证法"①，都对法院和其他执法者具有约束力。

这几点相互联系：法律渊源既然是权威机关选定，就不容不服从；既然具有约束力，就不能人人得而主张。上述论断表达了一种国家治理的理想：权威机关框定法律形式的某些范围，然后要求行政机关和法院必须服从法律，而且只能考虑法律。"法律且只能是法律"就是这个信条的简单表达。它们是一种自上而下进行国家治理的努力：由权威机关提供法律，司法机关则负责执行法律。

但这几点都有相当问题。

（一）法律条文是否有固定含义

当代法律解释学指出，法律条文本身并不包含固定的含义。这种不确定首先来自语言本身含义的不确定。奥地利哲学家维特根斯坦通过对日常语言的精细分析指出，语言没有本质，没有统一性。传统的语言观——语言中的单词是对对象的命名，语句就是这些名称的组合——不过是个"纸糊的房子"。语言是在不同语境中针对不同对象、按照不同方

---

① 公元 426 年，东西罗马帝国皇帝颁布敕令，宣布五位著名法学家的著作，以及他们所引用过的其他法学著作，具有法律效力；当各家学说不一致时，则以多数说为准；不能确定多数说时，则以其中的帕比尼安（Papinionus）的学说为准；如果帕比尼安未有意见，则由裁判官自由裁量。此敕令被后世称为"引证法"。

式使用的；只有在多种多样的实际用法中，才能把握语言的含义。① 许多事物只有维特根斯坦所说的"家族相似"，能否被法律文本的语词所包含是大可争议的。法律文本的含义不是不可以界定，但也只有在千变万化的特定情境中才有可能得到界定。泛泛地叙述法律文本的含义（就像法律教科书一样）不是没有意义，但不能代替对错综复杂的案件的具体思考。

法律文本还有着与其他文本不同的地方。除了法律文本在目标（确立普遍性的行为规范）、形式（条文化）和语言风格（语气肯定、语言平实）与一般文本不同外，法律文本的作者与读者都有自己的特点。首先，现代社会中的立法者往往是一个机关，立法过程复杂，法律文本因此是"集体创作"的结果。这使得作者的意思可能变得模糊。其次，由于法律涉及利益，人们在阅读法律文本时很难像阅读其他文本（尤其是文学作品）一样超脱。当事人争夺法律文本的含义，就是为了争夺切身利益。这里存在的问题不是语词本身具有什么含义，而是我们希望它具有什么含义。也就是说，法律文本的"歧义"可能是当事人为寻找对自己有利的论据而人为制造出来的。② 第三，法律要面对流变的现实。我们阅读文学作品时，要求读者走出自我，进入他人的内心，以再现作者的原意。但在法律文本的阅读中，有时作者（立法者）的原意是清楚的，但拘泥

① 参见［奥地利］维特根斯坦：《哲学研究》，李步楼译，商务印书馆1996年版。维特根斯坦是以日常语言为分析对象，包括了口头语言、书面语言和体态语言。而在法律语言中，主要是书面语言；构成法律规则渊源的法律文本，都是书面语言。相对于以言谈方式出现的语言来说，法律文本与其他文本一样，具有两个不同特点：一，在言谈的听—说关系中，说者与听者可以进行直接交流。而在文本的读写关系中，作者的当下性没有了，文本脱离作者而独立存在，读者主要通过文本去了解作者的意思。二，口头语言一般面对的是确定的听者（包括听众），而文本面临的是任何潜在的读者，这就使它面对无限多样的阅读。但维特根斯坦的分析结论对法律解释仍具有启发意义。

② 苏力：《解释的难题：对几种法律文本解释方法的追问》，《中国社会科学》1997年第4期。

原意可能导致荒唐的结果，于是为了现实的合理性，当事人甚至法官可能舍弃立法原意而代之以其他。也就是说，法律解释是带有价值判断的，在很大程度上不是一个事实层面的问题，而是一个正当性的问题。因此，法律规范的内容取决于法律共同体在特定语境中议论、交流后达成的共识。法学的课题不是在绝对的意义上追求"作者—文本—读者"的统一，而是通过建构合理的议论程序实现交流的合理性。试图从法律条文中逻辑地推演出判决结果，只是一种虚妄的幻想。

（二）法律渊源的范围是否限于指定的几种

法律渊源的范围也不像主流观点所要求的那样局限于指定的几种。这一点不但被西方的法律现实主义和法律解释学所揭示，也被中国古代和当代的司法活动所印证。西方法律现实主义揭示了司法活动中法官实际思维的复杂性，当代的法律解释学则论证和阐明法律解释方法的多样性。除了最常用的文意解释，还有历史解释、社会学解释、比较法解释等。[①] 虽然法律解释学并不着眼于法律渊源，但法律解释方法的多样性已经暗示了法律渊源的复杂多样性。在争辩法律规范的时候，多种多样的材料都可以用来作为依据。

有学者通过对中国古代司法实践中适用的法律渊源进行考察指出，在清代，虽然法律要求严格遵守《大清律例》等国家正式法典判案，但实际上成案、习惯法、情理、律学著作等也是法官判案的重要依据。清代法律渊源的表现形式尽管是多元的，但在适用时，多元的法律渊源又被锤炼成一元的规则体系，以维护统一的社会秩序。[②]

如果不拘泥于理论教条，而注意一下我国当前的法律现实，我们将同样看到多种多样的材料和理由被当事人用以争辩自己的主张。其他规

---

① 关于法律解释方法，参见梁慧星：《民法解释学》第 3 编，中国政法大学出版社 1995 年版；张志铭：《法律解释操作分析》，中国政法大学出版社 1999 年版，第 3、4 章；［美］史蒂文·J.伯顿：《法律和法律推理导论》，张志铭、解兴权译，中国政法大学出版社 1998 年版。

② 何勤华：《清代法律渊源考》，《中国社会科学》2001 年第 2 期。

范性文件虽不认为是法律，但大量地被当成一种行为规范，甚至在司法中广为"参照"。甚至非成文法的因素，例如法律原则、司法判例、学说、外国法等等，都被拿到法庭上使用。如前所述，一些学者考虑到制定法的不足，把习惯、学说、原则等列为"非正式渊源"，作为正式渊源的可能的补充。非正式渊源区别于立法机关制定的具有约束力的"正式渊源"，这一观念维护了法律渊源有限的观点。可是，一旦承认"非正式渊源"在一定条件下也可以成为作出法律决定的理由，那么，它与"正式渊源"就不存在不可逾越的区别。既然它已经挤进了法律渊源之门，就无法否认它被作为当事人争辩根据的资格。

行政法教科书在叙述行政法治的原则时，在行政合法性要求之外，还要求行政行为必须满足合理性原则，即行政机关除了遵守法律、法规，还要做到"客观、公正、符合理性"。一些学者在阐述《行政诉讼法》规定的"合法性审查"和《国家赔偿法》"违法"归责原则时也认为，法律要求法院在制定法之外对行政行为实质合理性进行考量。[1] 2014年修改的《行政诉讼法》更是明确规定，行政行为"明显不当"的，法院可以判决撤销。既然行政机关的自由裁量不是任意裁量，而必须遵循一定准则，"依法行政"是否仅仅以遵照法律、法规和规章等制定法为满足？行政机关在制定法之外，是否还要遵循制定法所没有明确规定但大致可循的规则？

---

[1] 虽然理论解说相当迥异，但实践立场几乎完全一致。关于合法性审查的讨论，可参见崔卓兰：《论显失公正行政处罚的不合法》，《法学研究》1990年第6期；姜明安：《行政诉讼法学》，北京大学出版社1993年版，第70—72页；应松年编：《行政诉讼法学》（修订版），中国政法大学出版社1999年版，第59—62页；胡建淼：《行政法学》，法律出版社1999年版，第77页。关于国家赔偿归责原则的讨论，可参见罗豪才、袁曙宏：《论我国国家赔偿的原则》，《中国法学》1991年第2期；皮纯协、冯军：《国家赔偿法释论》，中国法制出版社1995年版，第94页；石佑启：《试论行政自由裁量权所引起的国家赔偿责任》，《法商研究》1996年第2期；刘嗣元：《论我国国家赔偿法的归责原则》，《中国法学》2000年第2期。

（三）法律渊源的效力是绝对的吗

从法律效力角度理解和限定法律渊源是一种广为接受的做法。但主流观点本身不能自圆其说，尤其是在法规、规章和其他规范性文件的效力问题上，将会遇到首尾不能相顾的难题。

虽然有个别异议①，规章作为行政法渊源基本上没有遇到挑战。另一方面，我国《行政诉讼法》规定法院"参照"规章，从而承认法院对规章效力的保留态度。《立法法》一方面把规章列入调整范围，另一方面又在该法适用范围的规定中对规章作了另类处理，以示其"准法"地位。②这对法律渊源理论产生了冲击：有一种法不是法院必须遵循的，或者说有一种不是法的规定却是法院必须考虑的。

如果说人们用一个措辞含混的"参照"暂时解决了规章地位给法律渊源理论带来的尴尬，那么把这一点推演开，"参照"的恐怕就不仅仅是规章。《行政诉讼法》把法律、法规列为法院审理案件必须遵循的"依据"。按通常见解，就是它怎么规定法院怎么判决，不能违背。但依照《宪法》《立法法》等确立的法律监督体制，法院对于法律、法规也不是必然无条件地适用。虽然通常认为法院无权径自决定不适用或者宣告其无效，但如果法院认为其违法，可以提请法定监督机关予以撤销或改变。这种程序设置承认法律、法规的效力并非绝对的、无条件的，并赋予法院对法规含蓄的保留。法规尤其是地方性法规是否实际上也只是一种参照？至于规章以下的规范性文件，主流观点认为根本算不得法律，然而

---

① 有学者认为，规章不是法院判案的"依据"，因此不能算法律，只是"准法"。周旺生：《立法论》，北京大学出版社 1994 年版，第 36—38 页。也有学者秉持"只有立法机关制定的才是法律"的理念，反对把规章叫作法，甚至"行政立法"这个词也应当被废止。王磊：《对行政立法权的宪法学思考》，《中外法学》1998 年第 5 期。

② 《立法法》第二条："法律、行政法规、地方性法规、自治条例和单行条例的制定、修改和废止，适用本法。国务院部门规章和地方政府规章的制定、修改和废止，依照本法的有关规定执行。"

它仍对行政机关和法院具有一定的约束。对于行政机关而言，这些规范性文件的制定主体和效力虽不相同，但"都是执法的依据"。① 对法院来说，这些规范性文件"不是正式的法律渊源"，对法院不具有法律规范意义上的约束力；但同时，对于经审查认为"合法、有效并合理、适当的"，法院在认定被诉具体行政行为合法性时应承认其效力②，并且可以在裁判文书中引用③。在实践中，法院更是频繁地用它来论证具体行政行为的合法性。一些学者和专家认为，它具有"参考"地位或者具有"参照作用"。④ 如果我们承认规章以外的其他规范性文件不应被视若无物，完全不加考虑，那么它们是否也获得"参照"的地位？

最后，也更为复杂的是，假如我们把法律原则、习惯、判例、学说等非成文因素也引进到法律渊源中来，我们更无法把它当作必须遵循的规定来对待。

从前面讨论看到，法律条文可以有通常含义却没有固定含义，法律渊源可以有主要类型却难以划定范围，各种法律渊源的效力也难以排出一个固定的等级秩序。主流的法律渊源理论不能解释这些现象，常常令自己陷入自相矛盾的尴尬境地。

二、重新探讨法律渊源的性质

剖析作为依据的法律渊源理论的缺陷后，让我们重新探讨法律渊源的性质。

---

① 曹康泰编：《中华人民共和国行政复议法释义》，中国法制出版社 1999 年版，第126 页。
② 《最高人民法院关于审理行政案件适用法律规范问题的座谈会纪要》，法〔2004〕第 96 号。
③ 《最高人民法院关于执行〈中华人民共和国行政诉讼法〉若干问题的解释》（法释〔2000〕8 号）第六十二条第二款规定："人民法院审理行政案件，可以在裁判文书中引用合法有效的规章及其他规范性文件。"
④ 高若敏：《谈行政规章以下规范性文件的效力》，《法学研究》1993 年第 3 期。

（一）格雷对法律和法律渊源的区分

最早对法律渊源理论作出贡献的是美国法学家格雷（John C.Grey）。他在 1921 年区别使用"法律"和"法律渊源"这一组概念。格雷认为，制定法和判例白纸黑字的东西，以及道德、政策、法律原则、习惯、法律专家的意见，都不是法律本身，而是法律的渊源。法律适用者结合这些渊源和案件事实得出的适用于具体案件的规则，才是真正的法律。格雷指出："在这个问题上，相互争论的法学流派之间的分歧，主要产生于没有对法律和法律渊源作出区分。"①

格雷对法律渊源和规范的区分是一个重要观点，也是本章探讨法律渊源的逻辑起点。我国的法学教科书一般也提到法律与法律渊源的区分，并往往用专门章节阐述我国的法律渊源。但是，法律和法律渊源的区分在不断的转述过程中变得模糊，乃至被忽略。在主流的行政法学中，那些本来被作为法律渊源的法律、法规文本似乎成了法律本身。"法律"这个术语，既指法律渊源（主要是法律文本），也指法律规范。直到新近的一些法律解释学著作，才重新注意到法律文本与可适用于具体案件的规则之间的区别。② 尽管如此，法律和法律渊源的区分还远远没有获得普遍认识。

（二）哈特的承认规则理论

在格雷区别法律与法律渊源后，一个新的问题是：在一个特定国家里，哪些东西属于法律渊源？这个问题似乎比简单地列举要复杂得多。英国法学家哈特（H.L.A.Hart）的承认规则理论在这方面作出了新的

---

① John Grey, The Nature and Sources of Law, New York：The Macmillan Company, 1921, p.84.

② 例如，梁慧星教授在阐述"广义法律解释"的概念时，把它描述为"从法律规范的探寻即找法开始，直到可依 subsumption 进行三段论推演之前的整个活动过程"。梁慧星：《民法解释学》，中国政法大学出版社 1995 年版，第 192 页。张志铭教授也指出，应该区分法律条文和法律规范。张志铭：《法律解释操作分析》，第 31 页。

发展。

哈特针对法律规则可能的不确定性、静态性和无效性，提出了"第二性规则"的概念，以区别于直接规定行为义务的"第一性规则"。"第二性规则"具体规定"第一性规则"得以决定性地确定、引入、取消、改变以及违反这些规则的事实得以最终决定的方式。① 其中哈特讨论最多的是"承认规则"，即指明哪些形式具有"法的资格"的权威性标准。根据承认规则，可以把法律与道德区分开来。承认规则很少明文制定出来，而是"通过法院或者其他官员、私人或者私人顾问确认的方式显示出来"。哈特认识到，在一个有多种法律渊源的现代法律制度中，确认法的标准是多重的，承认规则相应的比较复杂：通常包括一个成文宪法、立法机关制定的法律和司法判例，可能还包括其他形式。② 在大多数情况下，在这些标准之间可以排列出优先次序，以解决可能的冲突，例如通常将习惯或者判例从属于制定法，制定法是法律"最优越的渊源"。③

哈特关于法的"第一性规则"和"第二性规则"的观点，逻辑上区分了法律的不同层次，为理解法律提供了一个具有重大意义的视角。但是，哈特的理论仍有缺陷。首先，哈特把法律规则视为由某个"承认规则"所确立或者引入的，他似乎暗示一种本体意义上的法律规则固定地存在于某种形式中，只是需要予以"引入"而已。其次，尽管哈特强调在现代社会里确认法的标准的多样性，但在他的叙述中，法的渊源仍是有限的。比较典型的是，他几乎没有提到法律原则这一重要的法律渊源。最后，尽管哈特认识到现代法律制定中承认规则的复杂性，而提出在不同法律渊源之间应当确立的某种优先次序，但哈特还是低估了这种复杂性。哈特提到"制定法优于普通法"的规则，它仅仅解决了英国法院的

---

① ［英］哈特：《法律的概念》，张文显等译，中国大百科全书出版社1996年版，第92页。

② ［英］哈特：《法律的概念》，张文显等译，中国大百科全书出版社1996年版，第101、102页。

③ ［英］哈特：《法律的概念》，张文显等译，中国大百科全书出版社1996年版，第96页。

判例法与议会制定法的关系。而在中国，单是规范性文件层次之繁复，就已经无法用几条规则加以全面解决。例如，地方性法规与国务院部门规章的效力，就无法适用一个笼统的规则。如果仿照哈特的逻辑，在"第二性规则"之上，是否还需要一个"第三性规则"，来解决承认规则本身的适用问题？正是基于"承认规则"的复杂性，德沃金批评道，在美国和英国这样有着复杂法律制度的国家中，不存在哈特所说的辨识哪些是法律规则、哪些不是法律规则的基本检验标准；在法律和道德之间，也不可能像哈特等实证主义者所坚持的那样作出最终的区分。① 正如后面"优先规则"讨论所指出的，这种适用规则虽然在一定范围内存在，但不足以解决全部的问题。

（三）德沃金对法律原则的论证

德沃金很少使用法律渊源的概念，但他阐述了规则、原则和政策的区分，竭力强调法律原则在确定法律规则中的作用。德沃金以此作为批评法律实证主义的有力武器，并始终认为他关于规则与原则的区分"是有创造力的，也是重要的"。②

德沃金所称的政策是指这样的准则：它们规定一个必须实现的目标，一般是关于某些经济、政治或者社会问题的改善。原则则指这样的准则：它应该得到遵守，是因为它是公平、正义的要求，或者是其他道德层面的要求。在大多数情况下，德沃金所说的原则包含了上述两者，用以概称法律规则之外的其他准则。德沃金认为，规则是以完全有效或者完全无效的方式适用的。当一条规则所规定的内容是确定的，它要么完全有效（在此情况下必须接受该规则所提供的解决办法），要么完全无效（在此情况下该规则对裁决不起任何作用）。而原则不是非实施不可，只是作决定时必须予以考虑的。规则可能有例外，但理论上例外能够被全部列

---

① ［美］德沃金：《认真对待权利》，信春鹰、吴玉章译，中国大百科全书出版社1998年版，第47页。

② ［美］德沃金：《认真对待权利》，信春鹰、吴玉章译，中国大百科全书出版社1998年版，第103页。

举出来，一条完全的规则包括了它的全部例外。原则不存在例外，但具有重要性和分量的区别。不同原则冲突时，一条原则可能因为比另一条原则更重要、更有分量而压倒另一条原则。德沃金举例说，"遗嘱非经三人签字无效"是一条规则，"任何人不得从自己错误行为中获利"则是另一条原则。

德沃金承认，在很多案件中，原则与规则不容易区分。例如，宪法禁止"剥夺言论自由"的规定、反托拉斯法"限制贸易的合同一律无效"的规定，是否应当看作规则，常常引起争议。虽然反托拉斯法的规定被解释为"不合理地限制贸易的合同无效"，德沃金仍倾向于认为它是一条规则，而非原则。

相对于法律实证主义而言，德沃金强调法律原则的意义，使法律从实证主义的僵死信条中拯救出来，从而获得阐释性发展，及时回应社会需求。同时，他强调规则效力的刚性，试图在保持法律灵活性的同时勉力维持法律的确定性。

但是，德沃金区分规则与原则的有效性是可疑的，缺乏实际操作的价值。他的理论免除了规则可适用性的争论，却制造了诸如"这是规则还是原则""是规则还是它的例外"之类的新难题。① 一个被他拒之前门的问题，又从后门进入法庭辩论中来。

更大的问题是，德沃金始终没有对规则作出清楚的定义，也没有对规则与原则作出清晰的区分。显然，他说的规则不是法律文本本身，也不是——如他在讨论埃尔默案件中提到的——可以适用于具体案件的

---

① 为此，德沃金遭到他同时代人的一些批评。例如，英国学者拉兹指出，规则与规则之间、规则与原则之间可能发生冲突。对于前者，他举了法律禁止打人，但又在自我防卫的情况下允许打人的例子；对于后者，他举了不利占有的规则与任何人不得从自己错误行为中获利的原则。在此情况下，需要加以衡量、选择。拉兹反对把规则效力看作绝对刚性。[英] 拉兹：《法律原则和法律实证主义》[1971]，转引自 [美] 德沃金：《认真对待权利》，信春鹰、吴玉章译，中国大百科全书出版社 1998 年版，第 72 页。对于拉兹举的第一个例子，德沃金回答说，两者是规则与例外的关系，共同包含在一个"完全的规则"之中。

"实际的法规"。也许他说的规则，是与具体法条相联系，包含在法条中，有某种固定的含义的东西。这种见解已被当代的法律解释学所抛弃。德沃金没有贯彻他本人在埃尔默案中提出的"实际的法规"这一富有洞见的概念，也没有遵循格雷区分"法律"和"法律渊源"的思路。他对规则的理解是似是而非的。

三、作为论据的法律渊源

主流的法律渊源理论把法律渊源看成对行政执法和法院判决有约束力的"法律依据"，导致理论与事实的脱节。德沃金的理论忽视了法律规范与法律渊源的区分，把法律规则和原则相提并论，结果给我们带来更多的困惑。如果想让法律渊源理论能够更好地解释现实，必须区分法律规范和法律渊源，同时放弃法律渊源效力上的决定性和种类上的固定性，采取一种更开放、更灵活的态度。

（一）法律规范和法律渊源的区分

法理学对法律规范和法律渊源的区分，并不是新鲜的事。这里重申这种区分是为了强调，在我们讨论合法性问题时，尽管法律条文常常能够为我们确定应当适用的法律规则提供指南或者依据，但它本身不是法律规范（法）本身，而是探寻法律规范的一种根据，而且只是其中之一。

理解这种区分以后，法律适用的逻辑就不再是从法律条文——结合案件事实——直接推论判决结果，而是即利用各种法律渊源进行法律论证，得出可适用于具体案件的法律规范，再根据这个法律规范进行三段论的推演。虽然在实际的法律推理中，法律条文无疑是最重要的法律渊源，但这个修正后的公式为容纳其他法律渊源提供了空间，并且在逻辑上更加清晰连贯。

大前提：法律条文

小前提：案件事实

结　论：判决结果

传统理解的法律推论过程

法律渊源 = 法律 = 论证 ⇒ 法律规范　⇒

大前提：法律规范

小前提：案件事实

结　论：判决结果

经过修正的法律推论过程①

（二）法律渊源作为论据而不是依据

在解析法律论证的逻辑结构后，我们再来讨论法律渊源的性质。与主流观点不同，本章把法律渊源理解为叙述法律或者争辩法律时所使用的论据。

当我们争辩某个案件事实时，必须使用一定证据来证明。当我们叙述某个法律是什么，或争辩某个事件应当适用的法律是什么时，我们同样必须使用某些论据来论证。在行政诉讼中，行政机关要证明其实施的行政行为的合法性，原告常常要驳斥其合法性，法院在作出判决时同样要向当事人、上级法院乃至社会公众证明其裁判的合法性。除了援引制定法条文，他们也可能参考其他法院的某个先例、某本权威教科书、某个被广泛认可的法律原则，甚至外国法的经验。这些论据并非必定有约束力，但在许多情况下，它们有或多或少的说服力。这些有说服力的论据就是本书所说的法律渊源。

一旦接受这种观点，我国的法律渊源就不再局限于立法机关事先提供的法律条文，而容纳了法律原则、学说、先例等形式各异的非成文渊源。它们的效力也不再是绝对的，而是取决于具体情境的对话和论证。

---

① 托儿敏曾对法律推理的过程做过精细的分析。参见季卫东：《法律秩序的建构》，中国政法大学出版社 1999 年版，第 105 页。

采取这一态度，先前提到的种种矛盾正好得到理论上的统一，困扰我们的很多问题也可以消散。

把法律渊源定义为有说服力的法律论据，并不等于各种法律渊源应当等量齐观，或者可以恣意使用。但是，"有说服力的法律论据"确实给了司法人员更加灵活务实的选择，它"表现为那些负责适用法律的人的辨别自由，选择法律渊源的自由"。①

（三）法律渊源的基本分类

法律渊源可以分为成文法源和不成文法源、主要渊源和次要渊源、正式渊源和非正式渊源。其中，成文法源指由国家机关制定或者批准、以成文方式表达的法律规范性文件。在这种非常宽泛的意义上理解，它包括：宪法、法律、行政法规、地方性法规、自治条例和单行条例等特别法规，行政规章、国际条约、法律解释，其他规范性文件。与不成文法源比较，成文法源常常是法律适用时最优先考虑，也更具权威性。要强调的是，成文法源和不成文法源、主要渊源和次要渊源的区分是相对的。首先，各种形式法律渊源在不同国家中可能地位有别。在普通法国家，上级法院的判例是铁定的正式渊源、主要渊源和强制性渊源。在不实行判例制度的国家里，判例通常只具有说服性效果，是非正式的、次要的渊源。其次，在同一个国家中，不同法律渊源的强制性和说服力也不是截然二分的。即使在制定法当中，不同等级的渊源也只是大致构成一个效力谱系。最后，各种法律渊源的效力还取决于特定情境。不成文法源通常只起到次要和补充的作用，然而，随着实践需要，它们可能取代有约束力的法律而成为判案根据。

---

① ［加］H.帕特里克·格伦：《有说服力的法律论据》，《法学译丛》1988 年第 2 期。"但是"，格伦强调，"不应由此得出结论说，依循非约束性的有说服力的法律论据必定导致专断。因为选择一种实际上有说服力的外部法律论据也许是对武断行为的唯一真正的取代手段。"

第三节　行政法的成文法源

本节阐述行政法的成文法源，着重讨论宪法和国际条约的司法适用问题，法律解释，其他规范性文件等比较特殊的成文法源。

一、宪法

我国现行《宪法》是 1982 年 12 月 4 日经五届人大五次会议制定的，此后分别于 1988 年、1993 年、1999 年、2004 年经过 4 次修正。《宪法》序言宣布，本宪法"是国家的根本法，具有最高的法律效力"。宪法的规定，尤其是它所确立的国家基本政治、经济和社会制度，公民基本权利和义务，以及国家机关的组织、职权和活动原则，是行政法最根本的渊源，也是行政活动最基本的依据。

《宪法》自身只授权全国人大及其常委会监督宪法的实施，授权全国人大常委会解释宪法。对于法院来说，长期以来，援引宪法判决是一个禁区，违宪审查更无从谈起。在法律界"宪法司法化"的呼吁下，最高法院曾在齐玉苓案件的批复中刻意提到"依据宪法规定（所享有的受教育的基本权利）"。① 此举被普遍视为最高法院有意表达对宪法适用的新态度，激发了宪法适用的讨论和期待。② 然而，没过几年，上述司法解释

① 《最高人民法院关于以侵犯姓名权的手段侵犯宪法保护的公民受教育的基本权利是否应承担民事责任的批复》，法释［2001］25 号。该批复称，"根据本案事实，陈晓琪等以侵犯姓名权的手段，侵犯了齐玉苓依据宪法规定所享有的受教育的基本权利，并造成了具体的损害后果，应承担相应的民事责任"。

② 参见黄松有：《宪法司法化及其意义：从最高人民法院今天的一个〈批复〉谈起》，《人民法院报》2001 年 8 月 13 日；季卫东：《合宪性审查与司法权的强化》，《中国社会科学》2002 年第 2 期；沈岿：《宪法统治时代的开始》，《宪政论丛》第 3 卷，法律出版社 2003 年版。

被悄然废止①，法院援引宪法判决更成禁忌。中国法院援引宪法判决的日子，尚未到来。

一些对法院援引宪法怀有戒备之心的人担心，如果任何人都可以解释宪法，那岂不乱套？其实，问题的要害不在于谁援引了宪法，而在于援引宪法做什么用。法院援引宪法作为定罪根据，将使刑法丧失可预测性，有悖于罪刑法定原则，当然不能允许。法院援引宪法宣布国家最高立法机关的法律无效，当然也不符合人民代表大会制这一基本政治制度。在其他情况下，应当允许一个人援引宪法来论证自己的主张。宪法可能因为过于抽象而易生歧义，在具体的法律议论中常常不得要领，在很多情况下无法成为有力的争辩依据。但宪法毕竟提供了某些"底线"。

二、法律、法规、规章

从行政执法和行政审判的角度来说，法律、法规和规章是最主要的行政法律渊源。

(一) 法律

作为行政法渊源的法律，指我国最高立法机关按照立法程序制定的规范性文件。根据我国《宪法》，全国人大及其常委会在立法之外，行使比较广泛的权力。但人大对一些重大问题的决议，例如审查和批准国家的预算，撤销同宪法、法律相抵触的行政法规或者地方性法规，批准省、自治区和直辖市的建置，决定特别行政区的设立，决定兴建"三峡工程"、在公民中基本普及法律常识等，因其内容不具有规范性，不属于法律范畴。此外，法律还应当是由人大或者常委会审议通过，以国家主席令公布。

法律是效力仅次于宪法的规范，也是行政法中最主要的渊源。依照《立法法》的规定，某些事项只能制定法律，例如对公民政治权利的剥夺、限制人身自由的强制措施和处罚，对非国有财产的征收，基本经济

---

① 《最高人民法院关于废止2007年底以前发布的有关司法解释（第七批）的决定》，法释〔2008〕15号。该决定称，法释〔2001〕25号"已停止适用"。

制度以及财政、税收、海关、金融和外贸的基本制度。上述事项尚未制定法律的，全国人大及其常委会也可以授权国务院对其中的部分事项先制定行政法规，但是有关犯罪和刑罚、对公民政治权利的剥夺和限制人身自由的强制措施和处罚、司法制度等事项除外。

依照宪法规定，全国人民代表大会制定和修改刑事、民事、国家机构的和其他的基本法律。全国人大常委会制定和修改除应当由全国人大制定的法律以外的其他法律；并有权在全国人大闭会期间，在不抵触该法基本原则前提下，对全国人大制定的法律进行部分补充和修改。在实践中，全国人大常委会频繁地甚至大幅度地对基本法律进行修改。[1] 对于何为"基本法律"，由于迄今尚无权威机关进行界定，这一问题仍无定论。全国人大制定的"基本法律"在效力等级上是否高于——以及在什么范围内高于——其常委会制定的法律，也没有达成一致意见。

由于历史的原因，全国人大常委会一度无权制定法律，但被授权制定"法令"。法令通常以"条例"命名，例如《治安管理处罚条例》（现已废止）和《学位条例》。全国人大常委会制定的"法令"，在位阶上与法律相同。

（二）行政法规

行政法规是国务院制定的规范性文件，其中绝大多数是行政管理规范，但也有少量属于调整民事关系的规范。

《立法法》规定了行政法规的权限：（1）为执行法律的规定需要制定行政法规的事项；（2）《宪法》第八十九条规定的国务院行政管理职权的事项。此外，应当由全国人大及其常委会制定法律的事项，国务院根据前者授权先制定行政法规。例如，国务院分别根据全国人大常委会《关于授权国务院改革工商税制发布有关税收条例草案试行的决定》（已废止）和全国人大《关于授权国务院在经济体制改革和对外开放方面可以制定暂行的规定或者条例的决定》（1985年），制定了一系列的暂行规定

---

[1] 易有禄：《全国人大常委会基本法律修改权行使的实证分析》，《清华法学》2014年第5期。

或者暂行条例。这些暂行规定和暂行条例经过实践检验，条件成熟时，国务院提请全国人大及其常委会制定法律。

《立法法》还规定了国务院制定行政法规的程序，国务院的《行政法规制定程序条例》对之作了具体规定。根据该《条例》，行政法规的名称一般称"条例"，也可以称"规定""办法"等。国务院根据全国人大及其常委会授权决定制定的行政法规，则称"暂行条例"或者"暂行规定"。除了国务院制定并公布的行政法规，在《立法法》施行以前，按照当时的行政法规制定程序，经国务院批准、由国务院部门公布的规范性文件，也视为行政法规；但在《立法法》施行以后，经国务院批准、由国务院部门公布的规范性文件，不再属于行政法规。①

（三）地方性法规

根据现行规定，有权制定地方性法规的权力机关有：省、自治区、直辖市人大及其常委会，较大的市的人大及其常委会。就立法权限来说，"较大的市"指省、自治区人民政府所在地的市，经济特区所在的市和经国务院批准的较大的市②。随着《立法法》的修改，今后地方性法规的制定权将扩大到所有设区的市。

依《立法法》规定，地方性法规可以就下列事项作出规定：（1）为执行法律、行政法规的规定，需要根据本行政区域的实际情况作具体规定的事项；（2）属于地方性事务需要制定地方性法规的事项。此外，除《立法法》第八条规定的法律保留事项外，国家尚未制定法律或者行政法规的，省、自治区、直辖市和较大的市根据本地方的具体情况和实际需要，可以先制定地方性法规。在国家制定的法律或者行政法规生效后，

---

① 《最高人民法院关于审理行政案件适用法律规范问题的座谈会纪要》，法〔2004〕第96号。

② 国务院先后批准的"较大的市"共19个：唐山、大同、包头、大连、鞍山、抚顺、吉林、齐齐哈尔、青岛、无锡、淮南、洛阳、宁波、淄博、邯郸、本溪、苏州、徐州，其中的重庆已经升格为直辖市。对该问题的讨论，参见李兵：《国务院批准具有立法权的"较大的市"行为研究》，《行政法学研究》2006年第2期。

地方性法规同法律或者行政法规相抵触的规定无效，制定机关应当及时予以修改或者废止。

（四）行政规章

行政规章包括国务院部门制定的规章和地方政府制定的规章。当前，对规章属于法律渊源，已经没有什么异议。

有权制定规章的国务院部门包括：国务院各部、委员会、中国人民银行、审计署和具有行政管理职能的直属机构。涉及两个以上国务院部门职权范围的事项，也可能由国务院有关部门联合制定规章。有权制定规章的地方政府有：省、自治区、直辖市和较大的市的人民政府。

部门规章和地方政府规章的立法权限不尽相同。部门规章规定的事项应当属于执行法律或者国务院的行政法规、决定、命令的事项。依照《行政许可法》，在尚未制定法律、行政法规的情况下，国务院部门不得设定行政许可。对于地方政府规章，《立法法》规定，较大市以上的地方政府为执行法律、法规的规定，或者就属于本行政区域的具体行政管理事项，可以制定规章。《行政许可法》第十五条规定："在尚未制定法律、法规的情况下，省级政府规章可以设定临时性的行政许可……"

（五）其他特别法规

除了上述规定，还有一些适用于特别地区、特别对象或者特别时期的法规、规章。主要有：适用于民族自治地方的自治条例和单行条例，适用于经济特区的法规和规章，适用于武装力量内部的军事法规和规章。

1. 自治条例和单行条例

依据《宪法》和《立法法》规定，民族自治地方的人民代表大会有权依照当地民族的政治、经济和文化的特点，制定自治条例和单行条例。自治区的自治条例和单行条例，报全国人民代表大会常务委员会批准后生效。自治州、自治县的自治条例和单行条例，报省、自治区、直辖市的人民代表大会常务委员会批准后生效。

自治条例和单行条例可以依照当地民族的特点，对法律和行政法规的规定作出变通规定，但不得违背法律或者行政法规的基本原则，不得对宪法和民族区域自治法的规定以及其他有关法律、行政法规专门就民族自治地方所作的规定作出变通规定。

2. 经济特区的法规和规章

全国人大常委会于1992年、1994年和1996年先后授权深圳、厦门、汕头和珠海四市的人大及其常委会"根据具体情况和实际需要，遵循宪法的规定以及法律和行政法规的基本原则"，制定法规，在各自的经济特区实施；授权各该市人民政府制定规章，在各自的经济特区组织实施。

3. 军事法规和军事规章

行政法学者较少研究军事法。原因可能是我国的军事系统与行政系统在组织上有较大的独立性。但通常认为，军事也属于行政的一部分，军事法也可归于行政法。

《立法法》附则对军事法规和军事规章作了原则规定，从而确认了它的合法性。中央军委可以根据宪法和法律制定军事法规，军委各总部、各军兵种、各军区可以根据法律和中央军委的军事法规、决定、命令制定军事规章。军事法规和军事规章在武装力量内部实施。实践中，调整对象属于国防建设领域，涉及地方人民政府、社会团体、企业事业单位和公民的军事行政法规、军事行政规章，分别由中央军委会同国务院，军委各总部、国防科工委会同国务院有关部门联合制定。

三、国际条约

各种教科书都把国际条约（包括公约）列为我国的法律渊源。从原理上，条约既经缔结或者参加并获得权力机关批准，国内机关理应遵守。但对于国际条约在我国是直接适用还是间接适用，目前尚无定论。随着中国政府加入世界贸易组织（WTO）和一系列国际人权公约①，这个问题变得尖锐和急迫。

---

① 中国已经加入18个国际人权公约，其中包括《经济、社会、文化权利国际公约》。2000年还签署了《公民权利和政治权利国际公约》。

学者和政府官员对此意见分歧。一种观点倾向于直接适用。有学者认为，我国在适用国际条约方面是采取一种直接并入适用与转化适用相结合的方式，基本上是以直接适用为主，但即使在需要进行转换的情况下，也并不排斥直接适用。① 主张间接适用的则认为，WTO协议不是民事领域的国际条约，不能作为国内法直接予以适用，应通过立法程序把WTO规则转化为国内法。② 另有学者建议，视国际条约内容分别对待。对属于国际经贸性质的多边条约，不妨采取"直接适用"的方式；而对属于涉及缔约国国内公法事项的国际政治、人权条约，发展中国家采用"转化适用"的方式来对待更切乎实际。③

由于历史的和客观的原因，我国宪法虽历经几次修订，仍未就国际条约在我国的法律地位作出任何明确的规定。《民法通则》第一百四十二条规定："中华人民共和国缔结或者参加的国际条约同中华人民共和国的民事法律有不同规定的，适用国际条约的规定，但中华人民共和国声明保留的条款除外……"④（2017年《民法总则》对该条款已进行删除，即将废止）《民法总则》第十二条规定："中华人民共和国领域内的民事活动，适用中华人民共和国法律。法律另有规定的，依照其规定。"此外，《继承法》《邮政法》《渔业法》《野生动物保护法》《海商法》《民事诉讼法》等多部法律也有类似规定。这显示，至少在上述法律领域，我国缔结或参加的条约生效后，可以在我国直接适用，且条约的规定优于国

---

① 江国青：《国际法与国际条约的几个问题》，全国人大常委会法制讲座讲稿；李国光：《中国加入WTO后面临的形势与司法对策准备》，中国法官之窗网站 http://www.chinajudge.com/peix6.htm。

② 陈宏伟、许晖：《加入WTO，中国政府该做什么？》，《中国经济时报》2001年3月29日（国务院法制办主任杨景宇在一个论坛上提出的意见）。赵维田教授则指出，把WTO规则分化或融入我国国内法存在技术障碍。WTO法典是一套内容宏大，规则十分复杂的法律体系，其中有一些条款或规则，很难用单独立法来表述。赵维田：《WTO与国际法》，http://www.wtolaw.gov.cn。

③ 罗豪才：《经济全球化与法制建设》，《求是》2000年第23期。

④ "声明保留除外"的规定，与WTO成员必须一揽子接受WTO协议约束的要求是不相容的。

内相关法律的不同规定。

在美利坚合众国泛美卫星国际系统责任有限公司诉北京市国家税务局对外分局第二税务所代扣代缴预提所得税决定案中，法院注意到，《外商投资企业和外国企业所得税法》（已失效）及其实施细则所规定的特许权使用费范围与《中华人民共和国政府和美利坚合众国政府关于对所得避免双重征税和防止偷漏税的协定》所规定的特许权使用费范围不同。法院依据《外商投资企业和外国企业所得税法》（已失效）优先适用税收协定，并判决认为被告对泛美卫星公司收取的款项征收预提所得税符合税收协定。[1]

在我国加入 WTO 后，最高法院一个关于法院审理国际贸易行政案件如何适用法律的司法解释规定，条约可以作为解释国内法的基准。[2] 该司法解释似乎暗示，我国对 WTO 规则不采取直接适用，个人和企业不能直接援用 WTO 规则向法院起诉和抗辩，法院在裁判文书中也不直接援用世贸组织规则作为裁判依据。2014 年《行政诉讼法》修改时，原有立法关于国际条约在涉外行政诉讼中优先适用的规定也被删掉了。

四、法律解释

在我国，法律解释具有特定含义，即特定国家机关以法律解释名义针对特定法律文本制定的、具有释疑或者补充性质的法律规范性文件，学理上称"抽象解释"。通常认为，法律解释不同于立法。但一个解释性的条文只要能够消灭或者减少争论，它就是实际上创制和宣告法律规范。在这样的意义上，法律解释与"立法"没有本质的区别。

法律上，立法机关、行政机关和司法机关都有抽象解释的权力。但现实中，立法机关很少进行"立法解释"，行政机关的解释权被行政法规和规章的制定权所吸收（偶然也用于上级机关针对个案的事后解答），最高法院的"司法解释"成为运用最多、最为人瞩目也最受人非议的法律

---

[1] 北京市第一中级人民法院行政判决书，（2001）一中行初字第 168 号；北京市高级人民法院行政判决书，（2002）高行终字第 24 号。

[2] 《最高人民法院关于审理国际贸易行政案件若干问题的规定》，法释［2002］27 号。

解释。一些人以普通法的经验为基础，批评最高法院"抽象解释"的方式有悖司法机关只裁判具体纠纷的理念；另一些人则批评司法解释的内容僭越了解释法律的界限。从长远的观点看，最高法院应当通过个案判决确立和宣示规则，指导地方法院的司法活动，而不是从事大规模的"立法"。最高法院通过制定法律解释文件来规范司法审判，以后也许会减少，乃至完全消失。但由于立法的相对不足，也由于司法机关通过判例创制和统一法律功能极度匮乏，在相当长的时间内，司法解释将继续起到补充立法的作用。

司法解释和检察解释、行政解释的效力也是一个争吵不休的问题。《立法法》起草过程中曾想把"法律具体应用问题"的解释权收归最高法院一家，但未能成功。也许肯定司法解释效力优先于行政和检察解释具有一定合理性，但这种把法律解释权专属某个特定机关的想法，仍然没有摆脱原有的思路。要理清法律解释体制，可能需要基本思路的转换：承认解释主体的多元化，允许不同机关进行自己的理解；肯定法院的解释权，并非必然剥夺其他机关的解释权。同时，把法律解释效力看成一种具有说服力的法律论据，在建立相对的优先顺序的同时，放弃效力绝对的观念。

五、其他规范性文件

"其他规范性文件"是指除了法律、法规、规章以外，各级国家机关制定的法律规范性文件。

其他规范性文件种类庞杂，数量浩瀚。依照我国宪法和地方组织法规定，权力机关或行政机关在法规和规章之外，还可以通过制定和发布决定、命令、指示。例如，国务院有权"规定行政措施，发布决定和命令"；国务院各部门在其权限内，"发布命令、指示"；地方各级人大在本行政区域内"通过和发布决议"；县级以上地方各级人民政府"管理本行政区内的各项行政工作，发布决定和命令"。在司法实践中，地方法院也纷纷从事制作普遍适用的法律解释性质。

"其他规范性文件"的称呼也极其混乱。在正式法律文本中，这类规范性文件通常被称为"法律、法规、规章以外的其他规范性文件"。① 为表述方便，有时直接用"其他规范性文件"指代，并有约定俗成的趋势。其中，行政机关制定的法规、规章以外的其他规范性文件，在《行政诉讼法》中称为"行政机关制定、发布的具有普遍约束力的决定、命令"，《行政复议法》则用特指行政机关的"规定"来称呼，近年来也有一些学者用"行政规定"或"行政规范"来指代。

行政规定从制定主体上可分为两类：一是具有行政法规和规章制定权的行政机关制定的行政法规和规章以外的规范性文件，二是没有行政法规和规章制定权的行政机关制定的规范性文件。从内容上，行政规定包括两种：一种是仅仅规定行政机关内部分工、程序、责任等内部文件，与相对人没有利害关系的；另一种则为相对人设定权利义务。

其他规范性文件在实际生活中的作用是毋庸置疑的。但有相当多的行政规定超越制定机关的权限，抵触法律、法规的规定，或者规定很不合理。法治并不一概排除这些规范性文件的效力，但法治国家原则要求任何涉及公民利益的规定都应当源于正当的程序，并以适当方式公开。任何法律规范性文件，尤其是层次较低的行政规定，其本身的合法性有待检验。人民法院在审理行政案件中，经审查认为其他规范性文件不合法的，不作为认定行政行为合法的依据，并向制定机关提出处理建议。对于合法有效的其他规范性文件，法院可以在裁判文书中引用。

第四节　行政法的不成文法源

行政法的不成文法源，比成文法源要复杂得多。下面将首先阐述行政法一般法律原则，然后分别阐述民间习惯、行政惯例和司法先例，法律学说、行政政策和公共道德，比较法以及制定法的背景材料。

---

① 例如，《行政处罚法》第十四条规定："除本法第九条、第十条、第十一条、第十二条以及第十三条的规定外，其他规范性文件不得设定行政处罚。"

一、法律原则

两大法系把法律原则奉为行政法的重要渊源。在中国，对行政法原则的讨论构成行政法学的一个重要主题，把一般法律原则列为行政法渊源呼声日高。

法律原则作为一种法律上的要求，有别于单纯的价值理念和公共政策。它体现了某些持久的价值，有相对确定的内容，能够被普遍适用。根据一些外国经验，法律原则可由立法、判例或者传统确认。典型的如英国的自然正义原则。它是普通法在长期发展过程中逐渐形成，并积淀于法律共同体的集体意识中，它的力量来源于这种意识的保持。在中国的立法实践中，总则部分写上几条原则性规定已成为通行模式。但法律原则也可能没有宪法和制定法依据，只存在于一些著述、判决乃至社会公众的意识之中，由法学家予以阐发，并获得法律共同体相当程度的认可。在法律议论过程中，当一条行为准则作为独立论据产生说服力，而不再依赖别的法律渊源来证明（当然也不排斥其他渊源的论证作用），它就获得了法律原则的地位。这种地位的获得过程，是法律共同体达成共识的过程。

法律原则来自不同视角的概括、提炼和引申，来自法律实践对正义需求的不断总结。综合法学界的阐述并结合法律实践，中国正在形成的行政法原则主要有：诚意原则，比例原则（适当原则），平等原则，信赖保护原则，正当程序原则，应急性原则，等等。需要强调的是，法律原则并不局限于有数的几个，相互也有交叉乃至冲突，列举这些原则更不是排斥其他法律原则。

法律原则举要

范畴	标准	原则
实体合理性	动机的考察	诚意原则
	目的—手段的考察	比例原则
	比照考察	平等原则

（续表）

范畴	标准	原则
程序合理性	公开、回避、不单方接触、听取申辩、说明理由等程序要求	正当程序原则
非常情况下的合理性	基于保护合理信赖的背反	信赖保护原则
	基于特殊紧急情况的背反	应急性原则

（一）诚意原则

"大道之行也，天下为公。"尽管行政人员在实施行政管理时离不开"理性人"的自利趋向，但作为行政的一条伦理和法律原则，仍然要求他们秉持公心诚意去行政。如果行政人员把私心自利带进行政行为，这将是行政行为合法性的莫大威胁。为此，诚意原则应当被奉为行政法的首要原则。诚意原则要求行政机关和行政人员奉公执法，不得滥用职权，假公济私。

诚意的近义词是诚信。从字面上，真心实意谓之诚，行其所言谓之信。现有的中文著作在阐述诚信原则时，往往强调客观的"信"，而淡忘主观的"诚"。在此意义上，诚信原则基本等同于信赖保护原则，两者不过是硬币的两面：前者从行政机关应循义务的角度，强调其遵守诺言，不得出尔反尔；后者则是从相对人权利角度，强调其对行政机关的合理信赖应予保护。为此，本文仍使用诚意原则的说法，以避免误解。

行政人员实施行政行为的主观动机不易考察，尤其是，行政人员实施行为时公私动机夹杂，不易分辨。所以，通常情况下，一个外部机关对行政行为的审查，不涉及行政人员的动机。但如果有足够证据表明行政机关没有遵循法律授权的目的，而有私人动机，仍然可以认定行政机关违背诚意原则。

（二）比例原则（适当原则）

比例原则，有的称为平衡原则、均衡原则、适当原则，是从行政行为所欲达成的目的与所采取手段之间适当性的角度考察行政行为。它要求行政机关行使自由裁量权时要做到客观、适度、合乎理性，在实现行政目标与所损害私人利益之间寻求必要的平衡。

比例原则是大陆法国家常用的一个行政法原则。在德国法中，比例原则要求采取一项措施以达成目的时，该方法必须是适合目的的、必要的、相称的。① 日本和中国台湾地区继受了德国的比例原则。② 在素以程序正义为重的英国，在欧盟法院和欧洲人权法院的影响下，近年也开始接受比例原则。③ 尽管各国理论阐述角度、适用范围和具体规则不尽相同，但都体现出一个同样的精神：公共机构行使职权的行为不但受制定法的约束，还受合理性原则的约束。

最近几年，比例原则成为中国法学上频繁讨论的主题。④ 立法上也采纳了比例原则的一些精神。《行政处罚法》第四条第二款规定，设定和实施行政处罚必须"以事实为依据与违法行为的事实、性质、情节以及社会危害程度相当"。《行政强制法》第五条规定："行政强制的设定和实

---

① 于安：《德国行政法》，清华大学出版社 1999 年版，第 29—32 页；谢世宪：《论公法上之比例原则》，张国勋：《必要性原则之研究》，载城仲模：《行政法之一般法律原则》（一），三民书局 1994 年版。

② ［日］盐野宏：《行政法》，杨建顺译，法律出版社 1999 年版，第 45 页；陈敏：《行政法总论》，神州图书出版有限公司 2004 年版，第 76 页。中国台湾地区"行政程序法"第 7 条为比例原则提供了最新的立法例："行政行为，应依下列原则为之：采取之方法应有助于目的之达成。有多种同样能达成目的之方法时，应选择对人民权益损害最少者。采取之方法所造成之损害不得与欲达成目的之利益显失均衡。"

③ 有关人权法领域的一个案件，参见 A（FC）and others（FC）V. Secretary of State for the Home Department ［2004］UKHL 56。

④ 《行政法中的比例原则》，《中国法学》1990 年第 1 期，第 125—126 页（摘登台湾学者的文章）；黄学贤：《行政法中的比例原则研究》，《法律科学》2001 年第 1 期；李燕：《论比例原则》，《行政法学研究》2001 年第 2 期；余凌云：《论行政法上的比例原则》，《法学家》2002 年第 2 期；姜昕：《比例原则研究：一个宪政的视角》，法律出版社 2008 年版；蒋红珍：《论比例原则：政府规制工具选择的司法评价》，法律出版社 2010 年版。

施，应当适当。采用非强制手段可以达到行政管理目的的，不得设定和实施行政强制。"中国法院在一些案件中也明确引入了比例原则。在黑龙江汇丰实业发展有限公司诉哈尔滨市规划局行政处罚案中，最高法院的判决认为，规划局对违章建筑所作的处罚决定应针对违章建筑影响的程度责令当事人采取相应的改正措施，既要保证行政管理目标的实现又要兼顾保护相对人的权益，应以达到行政执法目的和目标为限，尽可能使相对人的权益遭受最小的侵害。而规划局的处罚决定中，责令拆除违章建筑的面积明显大于必要的限度。法院据此将处罚决定予以变更。①

（三）平等原则

平等原则是通过比照同样处境的相对人，考察行政行为的合理性。虽然平等在不同国家和时代呈现出迥然不同的面孔，但它的要义始终如一：同类情况同样处理，没有正当理由不得区别对待。

当今时代，平等已经被普遍确立为文明社会的基本价值之一，各国宪法、各种宣言不断地重申这一理念。美国宪法宣告的平等保护原则，在黑人民权运动、女权运动中被注入了强大的活力。我国《宪法》第二十三条第二款也规定，"中华人民共和国公民在法律面前一律平等"。但由于对这条规定的狭隘理解②，以及我国法院不能援引宪法判决的惯例，很长时间里，这条规定只是一种了无生气的纸上具文。只有把它确立为一项具体法律原则，它才能变成充满活力的信条。也只有通过千差万别的案件，不断辨析和咀嚼，才能展现出丰富多彩的具体含义。

前几年，我国发生了几起被认为涉及平等原则的诉讼。一起是蒋韬诉中国人民银行成都分行"身高歧视案"③，一起是青岛考生诉教育部"不公平

---

① 最高人民法院行政判决书，（1999）行终字第 20 号，法公布（2000）第 5 号。相关评论参见湛中乐：《行政法上的比例原则及其司法运用：汇丰实业发展有限公司诉哈尔滨市规划局案的法律分析》，《行政法学研究》2003 年第 1 期。

② 根据一种无产阶级专政学说，该条规定仅仅指公民在守法上的平等，而不包含立法上的平等。

③ 武法、张晓东：《身高限制就业武侯法院开审宪法平等权案》，《法制日报》2002 年 5 月 6 日。在诉讼中，被告改正原先规定，原告坚持诉讼，被法院驳回。

的高考录取分数线"①，还有一起是张先著诉芜湖市人事局"乙肝歧视案"②。尽管法院没有受理这些案件，或者仅仅以技术性的理由作出判决，但它激起了人们对大学招生、公务员招录过程中平等原则的广泛关注。

（四）正当程序原则

正当程序原则是英美法上古老而常青的原则。在英国普通法中，公共机构在行使权力时，如下两条原则被认为是自然正义（natural justice）的要求：（1）任何人都不应成为自己案件的法官；（2）在作出对他人不利的决定前，应当听取当事人的意见。最近，行政行为说明理由作为一条法律原则正在形成，有人主张把它奉为自然正义的第三条要求。③ 美国继承了英国自然正义原则，把正当程序（due process）要求写进宪法，赋予其至高无上的地位。经过法院一次又一次创造性地运用，正当程序原则的内容获得不断充实和发展。特别是20世纪70年代以来，随着戈德伯格诉凯利等案件的判决，它的适用范围爆炸性地扩张，对权利的保护程度也不断提高。自然正义和正当程序原则成为英美法院对公共机构的行为进行司法审查的有力武器。

正当程序原则表达了这样一个朴素的信念：行政机关实施行政行为，应当遵循合理的程序。与任何法律原则一样，它没有固定不变的内容和

① 关于该案件的报道，参见胡印斌：《状告教育部侵犯平等受教育权青岛考生进京递诉状》，《河北日报》2001年8月23日，转引自新浪网 http://edu.sina.com.cn/l/2001-08-23/14601.html。对于现行高考录取制度的批评，可参见杨曾宪：《统一高考不统一的录取线公平吗？》，《中国青年报》2001年8月1日；刘健：《怎样看待倾斜的高考分数线》，《中国青年报》2001年8月2日；新浪网"录取分数线"相关专题，http://edu.sina.com.cn/focus/lqfsx.html。

② 关于该案件的报道，参见《"乙肝歧视案第一案"一审宣判芜湖市人事局败诉》，《人民日报》2004年4月5日；成功：《反乙肝歧视路漫漫》，《南方周末》2005年10月27日。

③ 王名扬：《英国行政法》，中国政法大学出版社1987年版，第10章第2节"自然公正原则"；[英]威廉·韦德：《行政法》，徐炳等译，中国大百科全书出版社1997年版，第15章"受公正审讯的权利"。

适用范围，而是随着时代不断发展、充实。根据中国学者的阐述，一个合理的行政行为应当遵循如下程序：事先告知当事人，向当事人公开行政过程中的有关材料（公开原则），在作出对当事人不利的决定前应当听取申辩（听取意见原则），与当事人有利害关系的行政人员应当回避（回避原则），在裁决利益冲突的时候不与一方当事人私下接触（禁止单方接触原则），作出对当事人不利决定时应当说明理由（说明理由原则），等等。

中国法律史上没有正当程序的传统，但随着学术界和实务界程序意识的不断增强，正当程序原则已经在司法实践中晨光初现。在田永诉北京科技大学、刘燕文诉北京大学、张成银诉徐州市人民政府等多个案件中，法院认为，虽然没有任何制定法的依据，行政机关的决定没有事先告知利害关系人或者听取利害关系人的申辩，或者没有将处理结果直接送达当事人，是不合法的。①

（五）信赖保护原则

信赖保护原则通常指，当事人基于对公权力行为的信任而作出一定的行为，这种行为所产生的正当利益应当予以保护。信赖保护原则肇始于德国，并为日本和中国台湾地区所继受。它与英国法上的"合法预期原则"（legitimate expectation）、美国行政法上的"禁止反言原则"（estoppel）有相合之处。在效果上，信赖保护原则可以给予形式上违法的行政行为以法律上的有效性。这种效果对形式合法性构成一种损害，所以，它的适用受到严格的限制。

综合不同国家的经验，信赖保护的方式有三种：一是程序保护，即对于信赖利益受到损害的当事人，在作出决定前应当听取其意见。这是

---

① 田永诉北京科技大学案件，《最高人民法院公报》1999 年第 4 期；刘燕文诉北京大学案件一审判决，北京市海淀区法院行政判决书，（1999）海行初字第 103、104 号；张成银诉徐州市人民政府房屋登记行政复议决定案，《最高人民法院公报》2005 年第 3 期。相关讨论，参见何海波：《司法判决中的正当程序原则》，《法学研究》2009 年第 1 期。

英国法上采用的主要方式。二是存续保护，即不论现存法律状态是否合法，都维持行政行为，或者恢复行政行为的法律后果。三是财产保护，即衡量公共利益后，撤销、废止或者改变原来的行政行为，同时给相对人适当的经济补偿。后两种在大陆法系上更常用。具体采取哪一种保护方式，应当衡量公共利益而定。

中国学者在讨论时，常常糅合了几种不同的传统，并逐渐形成自己的理解。①《行政许可法》第八条关于变更或者撤回行政许可的限制，被认为是信赖保护原则的一个立法例。②

（六）应急性原则

行政应急性原则，有的称为"行政应变性原则"，最早出现在龚祥瑞教授主编的著作中③，以后为罗豪才教授主编的多本行政法教材所采用④，遂成学界通用概念。在某些特殊的紧急情况下，出于维护公共利益或者公民利益的迫切需要，行政机关可以采取没有法律依据甚至与法律条文字面含义相抵触的措施，而这些措施的合法性应当予以追认。如果说比例原则是对法条框架内自由裁量的限制，那么，行政应急性原则则往往是对法条框架的突破。它是形式合法性的例外，但与比例原则一样，其宗旨都是追求实质合理性。

---

① 相关讨论参见张兴祥：《行政法合法预期保护原则研究》，北京大学出版社 2006 年版；王贵松：《行政信赖保护论》，山东人民出版社 2007 年版；余凌云：《行政法上合法预期之保护》，清华大学出版社 2012 年版。

② 该条规定："公民、法人或者其他组织依法取得的行政许可受法律保护，行政机关不得擅自改变已经生效的行政许可。行政许可所依据的法律、法规、规章修改或者废止，或者准予行政许可所依据的客观情况发生重大变化的，为了公共利益的需要，行政机关可以依法变更或者撤回已经生效的行政许可。由此给公民、法人或者其他组织造成财产损失的，行政机关应当依法给予补偿。"

③ 龚祥瑞、陈国尧：《行政应变性原则》，《法学杂志》1987 年第 6 期；龚祥瑞编：《行政法与行政诉讼法》，法律出版社 1989 年版，第 33—38 页。

④ 罗豪才主编：《行政法学》（高等教育法学教材），中国政法大学出版社 1989 年版，第 41 页；罗豪才主编：《行政法学》（高等教育法学教材），北京大学出版社 1996 年版，第 34—35 页。

前述著作对应急性原则适用范围的设想主要局限于战争、动乱、瘟疫、自然灾害等紧急状态。2003 年的"非典"、2008 年的雪灾等事件，为应急性原则提供了最好的范例。《传染病防治法》（1989 年）、《国家安全法》（1993 年）、《人民警察法》（1995 年）、《食品卫生法》（1995 年）、《戒严法》（1996 年）、《防洪法》（1997 年）、《防震减灾法》（1997 年）、《突发事件应对法》（2007 年）等一系列法律，分别赋予特定机关和人员在紧急情况下的非常权力。随着这些法律的颁布实施，在绝大多数可预见的紧急状态下，行政机关采取非常措施已经有法可依。作为合法性原则例外的应急性原则，其适用情形已经大大缩减。尽管如此，法律规定之外的特殊紧急情况仍不能完全避免，应急性原则作为合法性原则的非常原则仍有必要保留。2008 年低温雨雪冰冻灾害事件发生后，最高法院以座谈会纪要的形式提出，审理相关行政案件应当"遵从应急规则，维护权力运行"，既要坚持合法性审查原则，依法对行政机关突发事件应对活动进行司法监督，又要充分考虑灾害期间行政权力的特殊运行原则，切实维护行政机关在控制、减轻和消除灾害后果方面所采取的各种必要的应对活动。①

需要强调的是，行政应急性原则不但是出于维持社会秩序和公共利益的需要，成为对行政权不足的救济，也可能是出于保护公民利益的特殊需要，成为对公民权利法律规定不足的救济。例如，县政府规定迎宾大道不许三轮"板的"通行，一个临产的孕妇乘"板的"赶往医院生产途中，在离医院还有 5 分钟路程的十字街口上，值勤交警可以要求他们绕行吗？② 考场规则规定进考场必须同时携带准考证和身份证，一个忘带身份证的考生请求先参加考试并保证他的家属在考试结束前把身份证送

---

① 《最高人民法院关于审理与低温雨雪冰冻灾害有关的行政案件若干问题座谈会纪要》，法［2008］139 号。
② 李长城等：《阻止分娩孕妇通行是秉公执法吗?》，《北京青年报》2000 年 9 月 5 日。

到，监考人员是否应当（而不是"可以"）允许？[①] 在这类情况下，应急性原则也许能够为追求实质正义提供一种合法性的论证。此时对行政机关而言，应急性原则与其说是赋予它一种权力，不如说是义务。

正如一些学者所注意到的，倡导应急性原则有被滥用的危险，尤其容易成为行政专横的堂皇借口。应急性原则作为对背离制定法行为的宽容，必须慎重使用。只有在极端紧急情况下，而且衡量公共利益和私人利益后显然必要的，才能适用。而且，无论在何种紧急状态下，行政机关都应当尊重人格尊严、遵循比例原则等法治的基本要求，不能滥用行政权力。

二、习惯、惯例和先例

一些论著提到习惯法、惯例法或先例法时，并没有作进一步区分。本章将分别在民间习惯、行政惯例和司法先例上使用这一组术语。

先例能够成为法律议论的根据，是出于法治的一个内在要求，虽然不同时候，同类情况同样处理。同类事例多次重复，屡试不爽，就成了惯例；积年累月，行之久远，化于内心，就成了习惯。从先例、惯例到习惯，它作为法律议论根据的分量不断加强。但三者在不同法律领域的可适用性并不相同。在私法中，个别先例一般不足以构成法律议论的有效根据。但在公法中，先例也可能成为有力的论据。公法中的先例包括行政先例和有关行政的司法先例。一般而言，行政管理由于情势复杂，政策性考虑较多，无法严格遵守先例，个别先例往往不具有强烈的论辩效果。但这并不意味着行政先例毫无意义、行政机关可以无视它的存在。出于行政行为连贯性、可预测性和当事人获得公平对待的普遍价值，先例在行政管理中具有可争辩的意义。尤其是行政先例给当事人造成正当

[①] 一个真实的案例，见段晓宁：《考研未带身份证 36 岁女子两次跪求进考场》，《华商报》2011 年 1 月 16 日；丁秀玲、梁爱平、焦卫平：《考研女跪求进场遭拒引议人情法理交锋显盲点》，中青在线 http://edu.cyol.com/content/2011/01/25/content_4121140.htm。

预期的情况下，行政机关没有充分理由而作出与先前行为相左的行为，将引起合法性的质疑。①

（一）民间习惯

在民事领域，民间习惯是重要的法律渊源。1907 年《瑞士民法典》在立法史上第一次规定，在没有法条相应规定时，法官应依据惯例裁判。此举为以后众多民法典所效仿。我国《合同法》确立了"交易习惯"在合同履行与合同解释中的地位。在传统中国，习惯是法律秩序的重要组成部分，司法官员也素来尊重民间习惯。② 民间习惯也在相当程度上得到当代中国司法机关的注意和尊重。③

在行政法中，政府也需要尊重或者考虑民间习惯。例如，我国《人民警察法》要求警察"尊重人民群众的风俗习惯"；《戒严法》第二十九条也要求戒严执勤人员"尊重当地民族风俗习惯"；《监狱法》第五十二条规定，"对少数民族罪犯的特殊生活习惯，应当予以照顾"。又如，不同民族结婚后所生子女应属何族，有关当局认为"应根据群众一般习惯决定"，在子女长大后，则听其自行选择所属民族。④ 再如，有关电影审查标准要求，对于电影片中个别情节、语言或画面"夹杂有淫秽庸俗内容，不符合道德规范和观众欣赏习惯的"，应当删剪、修改。⑤ 法律也可

---

① 关于行政先例在美国行政法中的地位，可参见王名扬：《美国行政法》，中国法制出版社 1995 年版，第 526、527 页。

② 习惯在传统中国法律中的地位，参见瞿同祖：《中国法律与中国社会》，中华书局 2003 年版；梁治平：《清代习惯法：社会与国家》，中国政法大学出版社 1996 年版；［日］滋贺秀三：《清代诉讼制度之民事法源的考察：作为法源的习惯》，王亚新译，载王亚新、梁治平编：《明清时期的民事审判与民间契约》，法律出版社 1998 年版。

③ 苏力：《中国当代法律中的习惯：从司法个案透视》，《中国社会科学》2000 年第 3 期；汤建国、高其才编：《习惯在民事审判中的运用：江苏省姜堰市人民法院的实践》，人民法院出版社 2008 年版。

④ 《中央人民政府司法部关于不同民族男女结婚后所生子女应属何族问题的复函》，1953 年 6 月 15 日。

⑤ 广播电影电视部：《电影审查规定》，1997 年 1 月 16 日。

能要求行政相对人尊重风俗习惯。

需要说明的是，把习惯等作为行政法渊源，仅仅是在法律行为正当性论据的意义上使用的，而不是把它奉为有绝对约束力的规则。否则，我们将再次陷入诸如"习惯法是不是法"的纷争中。

（二）行政惯例

由于行政事务的复杂性，个别的行政先例通常没有多大的说服力，更不能作为以后处理的依据。但是，先例在一定情况下能够帮助预测未来的行为，也对今后行为起到一定的约束作用。尤其是当行政先例已经形成惯例，行政机关没有理由的区别对待可能违反平等原则，构成行政专横。有学者主张，行政惯例应当作为一种补充性的法源。[1]

在美国，行政机关制定规章的权力通常不妨碍其通过个案裁决方式树立新的规则。[2] 但是，行政机关改变长期适用的政策，如果对于真诚信赖该政策的人发生影响时，必须制定规章，而不能采用个案裁决；行政机关通过个案裁决建立规则，不能违反原先得到行政机关同意而广泛流行的习惯。[3] 尤其是行政先例给当事人造成正当期待的情况下，行政机关没有充分理由而作出与先前行为相左的行为，将引起合法性的质疑。美国有些行政机关公开发表它的决定，非常重视遵守先例。[4]

中国法院较少关注行政惯例。从司法实践来看，当事人根据行政惯例进行争辩也不是没有。在张利民诉启东市城乡建设委员会等行政处理决定案中，张利民申请建房，镇政府予以批准，建房许可载明建筑物"柱高 6.2 米"。在张利民施工过程中，后邻陈某以张利民超高建房，影响其通风采光为由，向有关部门投诉。被告没有否定原许可决定，但认

---

[1]　章剑生：《论"行政惯例"在现代行政法法源中的地位》，《政治与法律》2010 年第 6 期。

[2]　SEC V.Chenery Corp., 332 U.S.194(1947).

[3]　W.G.Cosby Transfer Corp.V.Froehlke,480 F.2d 498(4th Cir.1973); Page V.Jackson,398 F.Supp.263(M.D.Ga.1975).

[4]　关于行政先例在美国行政法中的地位，可参见王名扬：《美国行政法》，中国法制出版社 1995 年版，第 526、527 页。

为张利民房屋超高，应予部分拆除，其理由是建房许可中的"柱高"是从外墙墙基上表面量起。张利民不服，认为自己没有超高，理由是按当地习惯理解，"柱高"均指从室内地面量至柱顶的高度。张利民还提供了当地土管局一位工作人员和中国建筑标准设计研究所的证词，以及当地居民建房许可与实际高度的资料，证明"柱高"都是指从室内地面量至柱顶的高度。如果张利民能够证明其所理解的"柱高"计算方法确系当地惯例，被告的解释违背了习惯形成的稳定理解，无疑是一个有力的论据。①

在司法实践中，有的法院还接受当事人提交的行政机关对同类事项的处理情况，作为判断行政处罚是否显失公正的参考。在王忠生等诉云南省安宁市烟草专卖局行政处罚案中，原告认为处罚显失公正，并提交了被告此前对9名案外人的处罚决定书。昆明市中级法院二审判决认为，被告在作出处罚决定时，应当考虑以前和近期对同种情况的违法行为给予处罚的程度，做到"同责同罚"。被告对9名案外人无证运输卷烟行为的处罚与本案情况相同，而被告未予考虑，以致处罚幅度相差较大，有悖处罚公正原则。②

（三）司法判例

在中国，司法判决中的先例得到越来越多的重视。实务部门开始注重司法个案的指导作用，一些学者更是主张把先例作为一种"非正式法源"③。最高法院也探索"建立和完善案例指导制度"。④

---

① 此例系从一个案件改编。对该案的详细讨论，参见何海波：《具体行政行为的解释》，《行政法学研究》2007年第4期。

② 云南省昆明市中级人民法院行政判决书，［2001］昆行终字第36号。

③ 朱新力：《论行政法的不成文法源》，《行政法学研究》2002年第1期；章剑生：《作为行政法上非正式法源的"典型案件"》，《浙江大学学报》（人文社会科学版）2007年第3期。

④ 《人民法院第二个五年改革纲要（2004—2008）》，法发［2005］18号，第十三条。相关讨论参见蒋惠岭：《建立案例指导制度的几个具体问题》，《法律适用》2004年第5期。

2010 年 11 月，最高法院发布了《关于案例指导工作的规定》（法发〔2010〕51 号）。依据该规定，对全国法院审判、执行工作具有指导作用的指导性案例，由最高法院确定并统一发布。各级法院已经发生法律效力的裁判，经最高法院案例指导工作办公室遴选和审查，报请院长或者主管副院长提交最高法院审判委员会讨论决定。最高法院审判委员会讨论决定的指导性案例，统一在《最高人民法院公报》、最高法院网站、《人民法院报》上以公告的形式发布。最高法院发布的指导性案例，各级法院审判类似案例时应当参照。截至 2015 年 10 月，最高法院先后发布 10 批总共 52 个案例，其中行政案例 9 个。

前述举措标志着司法判决的先例作用在中国得到了有限的承认，在当下具有积极意义。它的实际效果还有待于今后的实践来证明。同时，现有案例遴选机制也限制了"指导性案例"的数量，并可能使其走向过分的形式化。从"同类案件同样对待"的理念出发，所有判例都应允许在法律议论中作为论据而使用。也就是说，在中国，没有一个案件具有绝对的拘束力，但任何案例都具有作为争辩论据的潜在价值。最高法院发布的"指导性案例"自然更权威，但除此以外的其他案例并不就是零。

三、学说、政策与道德

法律学说、行政政策和公共道德，也应是法律渊源的组成部分。如果说把学说作为法律渊源是把法律委身于专家（萨维尼语），把政策作为法律渊源是把法律委身于政府，那么，把公共道德作为法律渊源则是诉诸公众的情感和信念。

（一）法律学说

在一定意义上，学说常常与法理、法律原则等价。但依照约定俗成的理解，原则具有抽象的规范性，并往往得到法律共同体相当程度的认同。而学说可以是任何专家学者对某一法律概念、法律条文的解释，或者对一个法律漏洞问题的创制性建议。例如，某学者对"内部行政行为"一词所作的解释，可以成为一家学说，但通常不称原则。

中外历史上都有把某些学者著述奉为法律，或者参照学说判案的故事。公元426年，罗马帝国皇帝颁布敕令，宣布帕比尼安等五位著名法学家的著作，以及他们所引用过的其他法学著作，具有法律效力。此谓"引证法"。在近代罗马法中，在大学执教的法学家对司法裁判起到巨大影响。当时流行的法律谚语称，"不读阿佐的书就不能进法庭""不懂旁注身在法庭亦无用"。莎士比亚的戏剧《威尼斯商人》有一情节，法庭咨询培拉里奥博士并请其出面断案，是一个虚构却著名的例子，让我们领略到当时对法学家意见的重视。中国古代没有规定律学著作为法律渊源，甚至禁止学理入法。但法律史学者在考证我国清代的法律渊源时指出，在司法机关实际运作过程中，律学著作也可能成为审判机关判案的重要参考，私家注释有时在判案中被直接引用。①

在欧陆学术史上，真正在法律渊源中为法学家的学说争得一席之地的，是德国学者萨维尼和法国学者惹尼。萨维尼把法律发展看成"习惯法—学术法—法典法"单线历程，他认为在制定法典时机还不成熟时，应当由法学家来阐述。通过法学院和法院之间的自由联系，理论和实践相结合，学说将通过法官之手直接成为法律。评论者指出，当萨维尼写作通过法学家发展法律的论文时，"他是在为自己和其学术界的同事主张

---

① 美籍华人学者陈张富美女士查阅了从1736—1885年这150年中的9000多个清代案例，发现有21个案例直接引用了清初沈之奇的《大清律辑注》作为法源，另有12个案例援引了明代王肯堂的《律例笺释》，7个案例引用了万维翰的《大清律例集注》。她指出，这个比例可能不算高，但考虑到地方官员们知道刑部一般不同意直接引用《辑注》，"可能参考了《辑注》但却不直接引证它"，清代审判实践中司法官员引用私家法律注释还是一个比较普遍的现象。转引自苏亦工：《明清律典与条例》，中国政法大学出版社2000年版，第61—62页。何敏、何勤华两位教授也注意到清代判例文献《刑案汇览》多次记载审判机关参引学者著述判案。参见何敏：《从清代私家注律看传统注释律学的实用价值》，《法学》1997年第5期；何勤华：《清代法律渊源考》，《中国社会科学》2001年第2期。

立法权"。① 法国的惹尼在《私法实在法的解释方法和渊源》一书中，针对当时流行的把成文法当作法律唯一渊源的信念，主张借助"由法院判决和学说发展起来的权威和传统"解决疑难问题。② 在英国，法官在判决书中援引权威学者的著作有久远的传统；在20世纪70年代，原先不引用在世学者著作的禁忌也被打破。如果阅读当代法院所作的司法审查判决，我们将频频遇到德·史密斯（de Smith）、威廉·韦德（W.Wade）、杰弗里·乔维儿（J.Jowell）等学者的名字。

在中国的法治进程中，法律学者起到巨大的推进作用。即使没有任何制定法赋予学说以规范效力，学说的影响仍是显而易见的。在实际的司法和行政执法中，权威法学家的著作具有"准法源"的作用。③ 我们可能看到这样的情景：一位当事人在法庭上拿出一本权威的教科书作为争辩的依据，那位法官在庭上或者庭后也去查阅那本教科书，甚至把教科书的观点写进审结报告，作为支持判决理由的不公开的依据。我们还可能看到，在诉讼过程中，一些当事人邀请法学专家为其专门提供法律论证，并将该"专家意见"提交法庭，向法官施加影响；甚至，法官就一些疑难案件主动征询专家的意见。这些情景暗示了学说的力量。

法律学说广泛地存在于教科书、学术刊物、法律条文释义、法律百科全书乃至法律辞典中。当然，学说的说服力视情况而别：占主导地位的观点相对于少数派观点往往具有更大的说服力；该领域的权威学者、曾经参与立法的人，比一般人可能更具有说服力；一篇思虑周详、说理透辟的文章比几句简单的断语更令人信服。

---

① 莱曼：《反对法典编撰的历史学派，萨维尼、卡特和纽约民法典的失败》，《美国比较法杂志》1990年秋季号，转引自徐国栋：《民法基本原则解释：成文法局限性之克服》，中国政法大学出版社1992年版，第268页。

② 徐国栋：《民法基本原则解释：成文法局限性之克服》，中国政法大学出版社1992年版，第273—278页。

③ 姜明安编：《行政法与行政诉讼法》，北京大学出版社、高等教育出版社1999年版，第31页。

（二）行政政策

政策是政府宣布的有关经济、政治或者社会问题的目标和纲领。例如，控制人口增长、减轻环境污染、发展汽车产业、实行城市改造的政策等等。

政策在我国曾被极其广泛地运用。在 20 世纪 70 年代末到 20 世纪 80 年代中，为解决历史遗留问题，我国曾大规模地"落实政策"。此后，我国逐渐从"依政策治理"向"依法治理"过渡。政策往往通过制定法律来体现和保障，许多法律开宗明义地宣布该法所欲实现的政策。中国共产党全国代表大会及其中央委员会决议和各级政府工作报告和各种文件仍是宣布重大政策的经常场合。例如，早在 20 世纪 80 年代，我国就确立"严格控制大城市规模、合理发展中等城市和小城市"的城市化政策，1998 年国务院一个文件对户口政策作了相应调整。① 几年来，为解决行政审批过多过烦的问题，国务院不断要求改革行政审批制度、削减行政审批项目。②

中国法院在司法判决中考虑政策，在相当程度上得到认可，也相当广泛地得到实践。例如，在益民公司诉河南省周口市政府等行政行为违法案中，法院多处考虑了国家政策："益民公司作为民营资本进入公用行业领域完全符合国家产业政策和市场经济发展的要求"；被告招标方案中规定市政府委托周口市建设投资有限公司介入周口市天然气管网项目运作，虽然其主观动机是为了加强对公用行业的管理，但"不符合国家关于政府不能经商的政策规定"，因此，招标方案的相关内容不妥。③

---

① 《国务院批转公安部关于解决当前户口管理工作中几个突出问题意见的通知》，国发〔1998〕24 号。
② 《国务院批转关于行政审批制度改革实施意见的通知》，国发〔2001〕33 号；《国务院办公厅转发监察部等部门关于深入推进行政审批制度改革意见的通知》，国办发〔2008〕115 号。
③ 最高人民法院行政判决书，（2004）行终字第 6 号。

政策在法律实践中具有较高的实际效力，今后也不会消亡。但由于政策往往只表达一个目标和纲领，欠缺可以具体操作的明晰规则，因此，政策的贯彻仍应尽量通过立法来实施。

（三）公共道德

把公共道德作为法律渊源，表示了法律对大众情感和信念的尊重。在讨论行政合理性原则时，通常的见解是法院不能以自己的判断代替行政机关的判断，法官需要在自己内心以外寻求一个相对客观的标准。英国法院长期奉行的"温斯伯里不合理性原则"，委婉地诉诸大众情感和意见。该原则的要义是，如果行政决定违反逻辑或者道德标准，以至于任何一个从事该决定的通情达理的人都不会如此行事，该决定在实体上就是违法的。[1] 从"通情达理的人"身上，我们看到的是公众的影子。在某种意义上，他就是社会道德的化身。美国联邦最高法院对公众道德观念的尊重体现在它的许多判决中。例如，在淫秽物品的认定上，联邦最高法院明确地使用"当代社区标准"（contemporary community standards）。[2] 通过这一标准以及陪审团的参与，最高法院承认了不同社区（地方性）范围内的道德标准。而联邦最高法院解释宪法第 8 修正案禁止"残酷和非同寻常的刑罚"条款时坚称，其含义应当按照代表社会进步、不断演变的何为适当的标准（evolving standard sofdecency）来理解。[3] 在一系列涉及死刑存废问题的判决中，"不断演变的适当标准"通过考察各州立法和陪审团实践以及援引民意调查数据等方式直接或者间接地诉诸公众的意见。

我国有多部行政管理法律、法规规定了"社会公德"的准绳。《专利法》第五条规定，对违反社会公德的发明创造，不授予专利权。《广告法》（1994 年版）第七条规定，广告内容应当"遵守社会公德和职业道德"，不得妨碍社会公共秩序和违背社会良好风尚，不得含有淫秽、迷

---

[1]　Associated Provincial Picture Houses Ltd.V.Wednesbury Corporation ［1948］1 KB 223.

[2]　Miller V.California,413 U.S.15(1973),at 24.

[3]　Trop V.Dulles,356 U.S.86(1958),at 100-101.

信、恐怖、暴力、丑恶的内容。在娱乐场所、营业性演出、电影、出版、音像制品、互联网上网服务等行政管理领域，相关行政法规都规定不得"危害社会公德"。

《公务员法》要求，公务员应当"恪守职业道德，模范遵守社会公德"（第十二条），不得"违反职业道德、社会公德"（第五十三条）。《行政机关公务员处分条例》第二十九条进而规定，公务员有"严重违反社会公德的行为"，可以视情节给予从警告到开除的行政处分。这些要求主要是针对行政管理的相对方，但它们也对行政机关的行为构成限制。在对行政行为的合法性评价时，必须考虑公共道德的态度。

把公共道德引为法律渊源、作为判决的考虑因素，一定程度上消除了法律与道德的隔阂，但不意味着法律与道德浑然不分。在实质法治主义的立场中，道德可以评价法律条文确立的规则，证明其正当性，争辩法律条文应有的含义，甚至拒绝法律条文的使用。然而，在一个变化、多元的社会里，道德本身是分化的。例如，用"爽歪歪"给儿童饮料注册商标、餐馆取名"饭醉团伙"、饭店推出"人体寿司""人乳宴"，不同的人会有不同的看法。作为批判性的道德，可以为任何个人所持有；如果个人持有的道德观念与普遍信奉的道德观念不同，它很难被接受为法律。只有公共道德反映了一种"底线伦理"才能作为法律议论的有力论据。当前中国正处于社会转型时期，社会转型意味着旧伦理与新道德并存。例如，在传统伦理中，父子具有连带关系，父亲对成年儿子仍有监督权，"父债子还"也被认为天经地义。但在强调"人格独立"的现代法律精神和伦理观念中，这些都被摒弃了。不分青红皂白地要求父亲对儿子"超生"承担责任，或者要求儿子代偿父亲债务，都不再合法。总而言之，法律不能与道德"绝缘"，但也不是与之"合体"；法律必须考虑道德呼声，同时对道德保持体系上的独立。

四、比较法

一般而言，比较法对他国的影响是通过立法而实现的。"从法律史来看，法律比较实际上从一开始就与立法活动紧密联系在一起。在某种程度上甚至可以说，法律比较的最初起因或动力就是立法和改进立法的需要。"① 甚至在一些比较法学者的心中，不管是"提出改进和完善本国法制的设想，指出其可行的方法和途径"的社会职责，还是"探求人类'共同法'"的根本任务，都寄希望于立法。② 比较法与司法似乎没有任何关系。在人们眼中，互不相属的各国，自然不能拿其他国家和地区的法律作为自己的法律。"在本国的法庭上，怎么能够引用外国的法律呢?"③

然而，比较法在历史上曾被作为一种"有说服力的法律论据"在司法中使用。加拿大比较法学者格伦（H.Glenn）指出，19 世纪以前的法国、20 世纪以前的英国以及 1850 年以前的美国，都曾大量借用外国法律，并予直接适用。今天的英国法、法国法、德国法或者美国法，在很大程度上是经由这个途径从众多的法律渊源中汇集而成的。但后来，法律的民族化使它的渊源变得封闭、特殊，带有太强的主观性，"有说服力的法律论据"的概念在这些国家的司法和日常法律实践中近乎消失，"具有约束力"的制定法或者判例法横行天下。学说作为法律渊源被排除了，外国法被禁止了，法律变成民族国家保证对其服从的理想的工具。④

---

① 米健:《从比较法到共同法:现今比较法学者的社会职责和历史使命》,《比较法研究》2000 年第 3 期。

② 米健:《从比较法到共同法:现今比较法学者的社会职责和历史使命》,《比较法研究》2000 年第 3 期。

③ 笔者在一家法院实习时，有下级法院请示学校对学生的纪律处分是否可以纳入行政诉讼受案范围。在受命起草的审查报告中，笔者把特别权力关系理论与实践在外国的变迁作为理由论证的一部分。指导老师要笔者删去这段话，并说:"你说的也有道理，但审判委员会是不会考虑外国如何如何的，他们只要听我国法律如何规定。"

④ See H.Patrick Glenn,Persuasive Authority,32 Mcgill Law Journal 261(1987).中文节译见 [加] H.帕特里克·格伦:《有说服力的法律论据》,《法学译丛》1988 年第 2 期。关于澳大利亚的情况，参见陈建福:《比较法在澳大利亚法庭上的运用》,载许章润、徐平编:《法律:理性与历史——澳大利亚的理念、制度和实践》,中国法制出版社 2000 年版。

今天，在现代化和全球化的背景下，不同国家可能面临相同的问题，或者先后遇到相同的问题。一些国家法律大量移植于外国，或者各国法律在局部领域趋于融合。

尤其是各国共同接受某些基本的价值观念，信守某些共同的伦理准则，互相效仿和援引具有更大空间。今天一国行政管理或者司法诉讼中遇到的难题，可能正是他国昨天处理过的案件，或者已经明文制定的法律。他国的先例或者立法对一国而言就具有前瞻性。为此，比较法学者 J.Gordley 建议，法律工作者不仅应考虑本国的法律渊源，还应考虑其他国家使用法律的解决办法；民族主义和实证主义的态度应当让位于超国家的和功能主义的态度。① 德国霍恩教授指出，国内立法机关的比较法研究和法律移植工作、欧洲共同体的立法模式以及联合国及世界范围内其他机构的立法为法律全球化创造着丰富的条件，国际公约、作为法学研究一部分的比较法研究以及关于法律规划或规则体系的比较法研究方法事实上已经成为法律全球化的标志。② 美国法理学家 Jeremy Waldron 借用古罗马的"万民法"概念，把比较法在法庭上的运用看作通向现代"万民法"的途径。③ 由于各国情况差异较大，用比较法作为法律议论的根据有时显得隔靴搔痒，甚至胡乱联系。④ 但我们不能因此完全抹杀比较法的影响力，排除它作为法律议论根据的可能的有效性。

把比较法运用到法庭上，这种情况在私法（尤其是商法）领域特别明显。在公法领域，我们也可以看到不少比较法在当代法庭中运用的现

---

① 转引自沈宗灵：《美国比较法现状和改进建议》，《外国法译评》2000 年第 4 期。

② ［德］霍恩：《法律的比较研究及法律全球化》，转引自《21 世纪法学教育暨国际法学院校长研讨会综述》，《政法论坛》1999 年第 4 期。

③ Jeremy Waldron, Foreign Law and the Modern Ius Gentium, 119 Harvard Law Review 129（2005）.

④ 对于比较法的作用和弱点的讨论，可以参见赵晓力：《比较法的力量与弱点何在》，《比较法研究》1996 年第 1 期；Bernard Grossfeld, The Strength and Weakness of Comparative Law, trans. by Tony Weir, Clarendon Press，中译本《比较法的力量与弱点》，孙世彦、姚建宗译，清华大学出版社 2002 年版。

象。在英联邦国家，一国法院经常参考其他普通法国家的判例。《香港特别行政区基本法》允许法院参考其他普通法国家的判例①，不是什么创新，而只是这个传统的延续。在美国，联邦最高法院也开始在一些案件中引入外国法的普遍做法，增强其论证的说服力。联邦最高法院 2005 年裁定，对 18 岁以下的未成年人适用死刑的法律违宪。除了对宪法条款的解释以及对各州法律晚近发展的考察，法院还指出，美国是当时世界上唯一的允许对未成年人适用死刑的国家，它的做法与国际社会的普遍态度背道而驰。法院认为，虽然国际社会的态度不能主宰美国法院的判决，但为它的观点提供了一个重要的印证。②

在中国的行政法实践中，用比较法来作为争辩依据也不鲜见。田永诉北京科技大学、刘燕文诉北京大学、刘兵诉天津轻工业学院等案件发生后，围绕法院是否应当受理此类案件出现了很多争议。在赞成受理的学者中，我们看到一种比较法的论证方式，德国、日本和我国台湾地区特别权力关系理论及其实践的变迁。③ 我国并没有特别权力关系理论（与之相似的是内部行政行为理论），但当论者援引别国（地区）的理论和实践来论证，包含着一种强烈的暗示：人家也这样，所以我们这样是合法的。不能说这种论证方式不着边际，因为它争论的并非是今后立法应当

---

① 《基本法》第八十四条规定："香港特别行政区法院依照本法第十八条所规定的适用于香港特别行政区的法律审判案件，其他普通法适用地区的司法判例可作参考。"此外，《基本法》第八十二条规定，香港特别行政区的终审法院"可根据需要邀请其他普通法适用地区的法官参加审判"。

② Roper V. Simmons, 543 U.S. 551（2005）. 肯尼迪大法官在代表多数派的判决意见中，还梳理了运用比较法的其他判例。

③ 参见马怀德：《学校、公务法人与行政诉讼》，载罗豪才编：《行政法论丛》第 3 卷，法律出版社 2000 年版；程雁雷：《高校退学权若干问题的法理探讨：对我国首例大学生因受学校退学处理导致文凭纠纷案的法理评析》，《法学》2000 年第 4 期。此外，袁曙宏教授还谈到台湾的一个案例：1995 年台湾成功大学教师简文良为评教授起诉大学，行政法院依据法律规定予以驳回，但司法院大法官会议以"大学法"违宪为由裁定受理。法院审理后判决大学重新审议，该大学重新审议后给简文良评了教授。

如何完善的问题，而是当前法院判决的合法性。类似情况比比皆是。例如，谈到司法判决中涉及的行政程序问题，我们可能会免不了说一阵英美的行政程序理念、原则和规则。尽管用比较法来争辩既不充分（还要辨析国情差异），通常也不具压倒性的效果（在明确、权威的制定法面前显得很屡弱），但只要我们承认这种论说方式有一定说服力量，而不是无稽之谈，就无法一概否认比较法作为法律议论根据的有效性。为此，我们应当在法律渊源中为它留下一席之地。

五、立法背景材料

当法律条文的含义不清楚时，与相应条文有关的立法背景材料常常被用来解释制定法的含义。从国外情况来看，美国法院在审理案件时经常参考国会立法过程，联邦最高法院在解释宪法时也会参考制宪过程的讨论，由此形成一种立法意图或者制宪意图解释的重要方法。英国法院长久以来信奉，法院不必为了探究一部制定法的"正确"含义而求助于任何其他人，甚至无须为了确定立法机关的原初意图而参考议会的辩论。戴雪曾总结说，英国法官"可以不理会议会辩论中涉及的任何事项，甚至可以不理会一部法案从最初向议会提出到最后获得国王签署所经历的变迁"。① 这种状况到 20 世纪 90 年代出现了改变，法院开始公开地参考立法过程中的辩论意见。②

在中国，由于立法程序（尤其是法规和规章制定程序）不够透明和规范，立法中的各种意见可能缺乏完整档案，或者即使有记录、记载，外人也很难得知。因此，立法背景材料的作用非常局限。但我们仍然能够从法律实践中找到若干事例。全国人大常委会法制工作委员会在答复地方人大关于"在制定实施统计法的地方性法规中能否规定罚款""自治州人大常委会是否有权在实施土地管理法的具体办法中作出同土地管理

---

① A. V. Dicey, Introduction to the Study of the Law of the Constitution（10 thed.），Macmillan, 1959, pp.409-410.

② Pepperv.Hart［1993］AC 573.

法规定的县级人民政府批准征用土地权限不一致的变通规定"等请示时，就曾经援引立法资料作为法律解答依据。① 又如，虽然《行政处罚法》第四十二条只规定行政机关作出"责令停产停业、吊销许可证或者执照、较大数额罚款等行政处罚决定"之前应当告知当事人有要求举行听证的权利，而没有明确规定没收较大数额财产的行政处罚也应当听证，但从立法过程来看，行政机关没收较大数额财产之前给予当事人听证的机会，显然符合《行政处罚法》的立法意图。②

我国法律解释中经常使用的辅助资料有：关于法律草案的说明，审议结果的报告和审议意见的汇报，人大代表、常委会委员、有关专门委员会的审议意见，起草和审议过程中各方面的意见。此外，参与立法人员撰写的文章、著作等，也是我国法律解释经常注意的资料。③

立法背景材料用于证明"立法原意"可能是非常有效的。但即使原意能够令人信服地证明，它只陈述一种"历史原意"，不能绝对排除人家用"语义原意"或者"理性原意"等观点进行争辩。④ 出于其他重大价值的考虑，立法时的"原意"也可能被压倒。今天谁如果拿1989年《行政诉讼法》立法背景材料，来证明最高法院司法解释关于受案范围的规定违反"法律原意"，又能有多大说服力呢？

---

① 《全国人大常委会法制工作委员会关于如何理解和执行法律若干问题的解答》（三）、（四）。

② 参见薛驹：《全国人大法律委员会关于〈中华人民共和国行政处罚法（草案）〉审议结果的报告》，1996年3月16日。报告提到，原草案规定对行政机关作出的"责令停产停业、吊销营业执照、较大数额罚款"三种行政处罚，当事人可以要求举行听证。有些代表提出，这项制度仅适用于这三种行政处罚，范围较窄，建议扩大允许听证的范围，更充分地保证当事人权益。因此，建议将这一规定修改为："行政机关作出责令停产停业、吊销许可证和执照、较大数额罚款等行政处罚决定之前，应当告知当事人有要求举行听证的权利……"

③ 乔晓阳编：《立法法讲话》，中国民主法制出版社2000年版，第183、184页。

④ 张志铭：《法律解释操作分析》，中国政法大学出版社1999年版，第37—42页。

第五节　法律渊源间的"优先规则"

在法律争论中，每一种论点都可能获得上述法律渊源中一种或者几种的支持。如果一种论点获得多种渊源的支持，对方提不出有力的异议，这种论点将获得压倒性的力量。但更多时候，互相冲突的论点都可能找到某种法律渊源的支持，从而形成各执一端、互不相让的局面。法律论辩需要理性的说服。我们的问题是，各种渊源之间是否存在某种"优先顺序"？我们是否有可能探寻确立优先顺序的"优先规则"？

在成文法系统内部，各国通常都确立某种优先规则，这一点往往不难解决。我国《宪法》和《立法法》确立的优先顺序是：宪法→法律→行政法规→地方性法规。这个等级序列完全对应于法律制定机关在金字塔形的权力体系中的序列。对于法律层次不相上下而难以确定其优先顺序的，例如部门规章之间、部门规章与地方政府规章之间以及地方性法规与部门规章之间不一致的，《立法法》则规定由特定的机关作出裁决。① 一旦不成文法进入法律渊源，各种渊源之间互相交错，是否可能存在一个统一的优先规则就比较复杂。德国及我国台湾一些学者倾向于把非成文法源分别归入不同位阶。以习惯法为例，有学者认为，有法律位阶的习惯法、宪法位阶的习惯法和规章位阶的习惯法，例如，牺牲请求

---

① 相应的裁决机关为：1. 同一机关制定的新的一般规定与旧的特别规定不一致时，由制定机关裁决；2. 地方性法规与部门规章之间对同一事项的规定不一致，不能确定如何适用时，由国务院提出意见，国务院认为应当适用地方性法规的，应当决定在该地方适用地方性法规的规定；认为应当适用部门规章的，应当提请全国人民代表大会常务委员会裁决；3. 部门规章之间、部门规章与地方政府规章之间对同一事项的规定不一致时，由国务院裁决；根据授权制定的法规与法律规定不一致，不能确定如何适用时，由全国人民代表大会常务委员会裁决。

权应当享有宪法习惯法的地位。① 涉及非成文法源的位阶，论者往往只举习惯法和法律原则，法律学说等其他非成文法源位阶问题没有涉及。

确立优先规则的努力在法典中也常常能够看到。1907 年《瑞士民法典》第 1 条规定："如本法无相应规定时，法官应依据惯例；如无惯例时，依据自己作为立法人所提出的规则裁判。"我国民国时期制定的民法典规定，"民事法律所未规定者，依习惯；无习惯者，依法理"（第一条）；"民事所适用之习惯，以不背于公共秩序或善良风俗者为限"（第二条）。我国《民法通则》规定，"民事活动必须遵守法律，法律没有规定的，应当遵守国家政策"（第六条）；"民事活动应当尊重社会公德，不得损害社会公共利益，破坏国家经济计划，扰乱社会经济秩序"（第七条）。不管是"法律—惯例—自由裁量"，"法律—惯例—学说"，还是"法律—政策—公序良俗"，都体现了立法者在接受非成文法源的同时，试图确立某种优先规则。

对优先规则的探讨也是法学界的一个共同关注。梁慧星教授在《民法解释学》中曾探讨过法律解释规则的问题。作者称，即使不存在"固定不变的位阶关系"，也应有"大致的规律"可循。② 张志铭教授也曾从法律解释的角度阐述了解决论点冲突的四种形式，并着力探讨"法律解释论点优先性的一般模式"。③ 虽然两位作者并不认为他们讨论的规则是普适的、绝对的，但仍然坚信这种一般性讨论的意义。受《立法法》确立法律适用规则的启示，又有学者主张"从理论上构设行政法适用标准"，进而制定一部统一的行政法适用法。文章还提出了解决法律适用冲

---

① ［德］哈特穆特·毛雷尔：《行政法学总论》，高家伟译，法律出版社 2000 年版，第 74—75 页。一些台湾学者也接受这种说法。参见陈敏：《行政法总论》，第 82 页；翁岳生编：《行政法》，中国法制出版社 2009 年版，第 140—141 页。

② 梁慧星：《民法解释学》，中国政法大学出版社 1995 年版，第 243—246 页。

③ 张志铭：《法律解释操作分析》，中国政法大学出版社 1999 年版，第 161、163 页，及 170 页。作者所说的论点冲突的四种方式是：对立论点不适用（unavailability）、被消除（cancellation）、被压倒（subordination）以及对立论点的重要性或影响力相对不足（overweight）。

突的几条原则。①

　　本章不打算全面复述上述作者的论述，而是从法律适用者的视角讨论"优先规则"是否存在，在什么意义上存在。

　　在探索优先性时，制定法总是处在优先考虑的地位。一旦触及法律是什么，我们第一个反应几乎总是想"法律条文说什么?"在这个主要是制定法统治的时代，无论是当事人还是法官，在考虑一个案件应当适用的法律时，总是首先把目光投向制定法文本，去查找相关的法律条文。这种思维方式是法律实践经验的总结，也是法律教育的结果。它具有相当的合理性，因为一般而言，法条文字比原则、政策、惯例、道德等更有明确性。法律条文不但是首先的考虑，在通常情况下，它也是最重要的考虑。在法律议论纷纷的广场上，法律条文是最大的一个声音，在多数情况下为司法判决和行政决定提供了充足的正当性。一旦找到内容相关、含义明确的法律条文，通常不必再去寻求其他论据的支持，甚至可以不理会其他意见。只要异议的声音不构成有力的挑战，它常常一锤定音，结束争论。

　　但是，通过法律条文得出法律规范的路途，常常布满分歧和陷阱。在制定法条文字面含义有分歧而不能提供可信的法律规范时，人们可能不得不借助法典上下文、立法背景材料、教科书等其他论据来说明制定法含义。这种说明也许令人信服，也可能无法结束争论。更大的危险来自对制定法条文可适用性的争辩。各种政策、法律原则、公共道德都可能要求排除制定法的适用。于是，在各国的实践中，产生了类似"黄金规则"等修正方案。所谓"黄金规则"，按照英国 Black Burnjue 爵士的阐述，是指如果制定法的字面含义在足够的程度上导致不连贯、荒谬或

---

① 张淑芳:《行政法的适用》,《法学研究》2000 年第 5 期。该文列举的法律适用标准有:现时考虑优于立法背景考虑;缩小解释优于扩大解释;效率优于程序;一致性优于多样性;原则性条款优于操作性条款;社会认同优于利益体现。有评论者指出,该文提出的几乎每一个原则都有简单化、绝对化之嫌,一味强调某一个原则将导致"机械的法治主义"。参见冯军、刘翠霄:《2000 年中国法学研究回顾·行政法学研究述评》,《法学研究》2001 年第 1 期。

者不便利的结果，就可以对其加以修正。① 也许出于对制定法字面含义以外的解释方法所导致的不确定性的担心，一些学者给各种解释方法划定了一条最后的底线："无论依何种解释方法，原则上不允许作出反于法条语义的解释结论。"② 这种观点强调了对制定法的尊重，努力维系法律的确定性。但那种充满"有时""例外"的解释规则，用于个案的操作常常无从下手。恰恰是例外的存在，使得法律问题具有可争议性，也使得底线变得模糊。也许，那些方法和规则所能起的作用，只相当于运用解释方法的注意事项。正如波斯纳说的，解释规则"回答解释的疑难问题的能力并不比日常生活格言解决日常生活问题的能力更大"。③ 确实，如果可以冀望几条"适用规则"或者一部"法律适用法"就能够解决法律的不确定性，那么我们同样可以做到法律条文本身完美无缺了。

诚然，现实中大量的争论是以接受某条优先规则而告结束。但一种论点是否具有"压倒性"的效果，仍然取决于特定情境中法律议论参与者对解释规则优先性共识的达成。只有优先规则是内容明确的、没有争议的，各方在此规则之下的争辩才是有效的。问题是，在很多情况下，某条优先规则是否存在是有争议的，或者其本身的可适用性是有争议的。这时，对特定案件应当适用的法律的争论就转为关于优先规则的争论。而关于优先规则的争论通常不能离开特定情境。这就意味着，法律争论仍然必须回到具体情境中来，在具体情境中权衡把握。

综上，虽然制定法作为我们这个时代主要的法律渊源，提供了大部分法律问题的答案，但法律问题的复杂性大大超出了制定法所能够提供的答案范围。法律渊源的多样性和开放性，意味着当事人可以运用更多的论据进行法律论辩，也意味着法官有可能也有义务考虑各种有效的论

---

① 转引自张志铭：《法律解释操作分析》，中国政法大学出版社 1999 年版，第 180 页。

② 梁慧星：《民法解释学》，中国政法大学出版社 1995 年版，第 246 页。作者同时阐述了若干例外情形。

③ ［美］波斯纳：《法理学问题》，苏力译，中国政法大学出版社 1994 年版，第 353 页。

据。现在流行的甚至强制要求的以法律条文作为唯一判决依据的做法，需要改革，代之以更加灵活、更加令人信服的法律论证。把法律渊源定位为法律论据，从理论上解脱了法官对制定法条文的绝对依赖，但也给法官带来了如何在各种冲突论据之间斟酌权衡的挑战。虽然一定层面上存在清晰可辨的法律适用规则，但法律作为一门实践的艺术，永远不可能靠几条规则一劳永逸地消除分歧和争论。法律渊源的多样性和开放性在可能给我们带来实质正义的同时，也向我们提出了如何保障法律决定正当性的诘难。

|第三章|
行政法基本原则

刘　莘　　　中国政法大学行政法学硕士。现任中国政法大学法学院教授、博士研究生导师，中国行政法学会副会长，《行政法学研究》副主编。曾赴美国锡拉丘兹大学、华盛顿大学、澳大利亚墨尔本大学做访问学者。主要从事行政立法研究，代表性专著有《行政立法研究》《立法法》《中国行政法》。发表论文上百篇，《一般行政处分之研究》获2014年中国法学会第三届中国法学优秀成果奖三等奖。

第一节　行政法基本原则概说

法哲学家罗纳德·德沃金（Ronald Doworkin）曾说："我们只有承认法律既包括法律规则也包括法的原则，才能解释我们对于法律的特别尊敬"①。正因为体现了政治道德的法律原则的存在，使法律获取了特殊的尊敬和特定的有效性。这也是本章探讨行政法基本原则的原因所在，是中国行政法理论发展至今关于法治政府与依法行政问题逐渐凝聚并达成共识的基本前提。

一、基本原则的语义考查

原则，在现代汉语中的公共含义是观察问题、处理问题的准绳。"原"，乃"源"的古字，有根本、推求、探究、原来、起初之意。"则"为规则之意②。查《辞源》，无"原则"一词，证明古代汉语中无"原"与"则"的合成词，"原则"一词可能是近代中国在翻译外文书籍时将其二者结合而产生的新词。在拉丁文中，现代汉语中的"原则"一词的对应词是 Prineipium，有"开始、起源、基础、原则、原理、要素"等义③。由此可见，拉丁文中的 Prineipium 同现代汉语中的"原"（源）语义十分接近，二者的原始义项皆为根本、起初。前者直接引申出根本规则的义项；后者将"原"与"则"结合，形成根本规则的义项。

英语包括公共英语和法律英语中的原则（principle）都含有这样的意思，即原则是其他规则的来源和依据，是整体的基础，具有不容动摇的

---

① ［美］罗纳德·德沃金：《认真对待权利》序言部分，中国大百科全书出版社1998年版，第18页。

② 《辞海》"原则"条，上海辞书出版社1979年版。

③ 彭泰尧主编：《拉丁词典》"Prineipium"条，贵州人民出版社1986年版。

根本地位；英语词典①对原则的解释还表明了原则的两项作用：一是直接的行为规则，二是其他规则产生的依据。可见，英语中的原则即我们汉语中的基本原则，汉语加上"基本"二字是刻意强调某些原则更具根本性，有别于具体原则，而在英语国家法学论著中，未发现"基本原则"的用法，可能原因就是原则的语义中已含有"基本""原初"规则的含义在内。

对原则的语义考查有助于我们更深刻地理解本章所述基本原则，是具有根本性的原则。它普遍存在于任何具体或抽象的行政法律规范背后，是整个行政法律体系的精神内核与最高价值，是将不同领域、不同目的或不同方式表现出来的行政法律规范固定在一起的理论支点。

二、行政法基本原则的含义

行政法的基本原则，是指贯穿于行政法之中，指导行政法的制定和实施等活动的基本准则。它贯穿于行政法具体规范之中，同时又高于行政法的具体规范，体现行政法基本价值观念②。行政法的基本原则是一种"活"的精神，因为它是在长期的民主法治建设过程中，在行政法与其调整对象相互作用过程中逐渐形成和确立的一种基本精神。可见，行政法基本原则是实定法和理论的统一，是行政法特有原则和法律共有原则的统一③，是指导和规制行政法的立法、执法以及指导或规范行政行为的实施和行政争议处理的基础性规范。所以尽管学者们可能对行政法基本原则所应当包含的具体内容在看法上略有不同，但对行政法基本原则在行政法律规范体系中的价值理念或基本内涵的理解是共通的。

一般认为，行政法基本原则体现了公法领域的法治国家内涵，它是

---

① American College Dictionary, Randen Publishing House, New York, 1956; Henry Campbell Blacd, Black's Lan Dictionary, West Publishing co., 1979.

② 姜明安主编：《行政法与行政诉讼法》，北京大学出版社、高等教育出版社 2011 年版，第 65 页。

③ 孙宁华主编：《权力与制约——行政法研究》，科学技术文献出版社 1995 年版，第 27、30、31 页。

宪法上的法治原则在行政法领域内的自然延伸。在法治国家范畴下，代表国家主体的行政机关或其他行政主体不仅应当遵守立法机关通过法律预先为其设定的权力界限，也应当为任何违法侵害公民权益的行为负责，公民可以借此预见自己的行为在公共行政领域的法律效力，从而法的安定性与程序的透明性得到保证。因此行政法基本原则的具体内容可以通过不同的角度得出不同的结论，但行政法基本原则的内涵是统一的，即它隶属于法治国家原则的根本价值。

此外，几乎每部单行法律都有自己的基本原则，如 2015 年 5 月起实施的《行政诉讼法》总则第四条至第十一条规定了六项基本原则①，这些基本原则的精神贯穿于该法全部法律条款之中；行政诉讼法的法律条款是这些原则的具体化，这些条款不得与行政诉讼法基本原则相抵触。

作为部门法的行政法，其基本原则与单行法的基本原则又是两个不同层次的概念。行政法是由成千上万的单行的和不同位阶的法律、法规等各种规范性文件组成的。虽然这几年我国行政法学者对行政法的基本原则的概括和表达不尽相同②，但对行政法的基本原则的要领和特征的理解却大致接近。

三、行政法基本原则的作用

行政法没有形成统一法典，而是由众多相互平行的行政法律文件组成。这一特点说明确立行政法基本原则的重要性和必要性。"只有充分把握行政法的基本原则，才能保证行政法规范在适用上的统一和和谐，才能使行政

---

① 《行政诉讼法》第四条至第十一条规定六项基本原则：1. 人民法院独立行使审判权原则；2. 以事实为依据，以法律为准绳原则；3. 合法性审查原则；4. 合议、回避、公开审判和两审终审原则；5. 法律地位平等和有权进行辩论原则；6. 人民检察院有权对行政诉讼实行法律监督原则。

② 如应松年主编的《行政法学新论》认为行政法的基本原则，是指指导行政法制定、执行、遵守以及解决行政争议的基本准则，贯穿于行政立法、行政执法、行政司法和行政法制监督的各个环节之中。参见应松年主编：《行政法学新论》，中国方正出版社 1998 年版，第 37 页。

法规范得到切实有效地实施"①。行政法基本原则的主要作用如下。

（一）构筑行政法律制度的体系。行政法律制度体系的建立需要有一定的框架。当法律的基本原则未确定之时，法律制度的结构缺乏理性构架，立法机关就会失去立法的计划性和整体性，可能导致"不良"立法，从而使法律制度的内在体系发生不平衡和不协调。行政法的基本原则是构筑行政法制度体系的基本框架。

（二）指导行政主体制定法规、规章。行政主体拥有一定的自主制定行政法规、规章或行政规范文件的权力；即使行政主体制定法规、规章或者规范文件时已有上位法或授权法，上位法或者授权法的规定也往往是概括性条款，也即说并非所有的行政法规、规章或者规范文件都能够从现在的立法机关的法律规范中找到直接的依据。基本原则对于行政主体制定、修改、废止法规和规章等，具有指导方针和根据的作用。

因为任何一项行政法规和规章不论是在起草制定中还是已经实施了，其合法、合理与否，可以根据行政法的基本原则进行评析。使众多的法规规章以及其他行政规范文件无矛盾、和谐统一地构成我国法律体系的组成部分，无疑，行政法的基本原则使法制统一成为可能。

（三）针对不确定法律概念作出合乎目的的解释。不确定法律概念在行政法律规范中大量存在，最典型的是"公共利益"这种概念。无论行政主体在具体作出某个行政行为的过程中，还是法院对某一个行政争议作出裁判，都不可避免地要对这类不确定法律概念作合乎目的的解释。当无法直接通过文义解释解决问题时，就需要结合行政法基本原则的内在精神并通过目的解释和立法背景解释的方法作出最终决定。

（四）指导行政裁量。行政法基本原则是行政裁量过程中必须予以考虑的重要因素。因为是否裁量，如何裁量，裁量的目的、手段以及目的与手段之间的关系等对行政裁量的合法性起决定性作用的各种因素都必须符合行政法基本原则的内在要求，否则行政裁量就可能因违法或滥用而遭到撤销。

---

① 张尚鷟主编：《走出低谷的中国行政法学——中国行政法学综述与评价》，中国政法大学出版社1991年版，第63—64页。

（五）弥补行政法规范的漏洞。正如一般法律的特点那样，行政法也存在自身不可避免的遗漏，立法当时不可能将所有的社会现象均加以覆盖，所以运用行政法的过程中，行政机关和司法机关均需要对行政法规范的漏洞加以弥补。但如果任意进行"弥补"，显然不符合法治要求，行政法的基本原则起着这样一个填补法律空白的作用。

四、行政法基本原则的确立标准

行政法基本原则的内容是开放的，它是社会需求与法治理念互促互动、长期发展的结果。当然，一个法律基本原则之所以成其为基本原则，必须有内在的根据，也就是说它具有成为这一基本原则的核心内容；而当某一理念渐渐为人们普遍接受，并在制度中有所体现的时候，也即具备了基本原则的特征的时候，这一基本原则就确立了。

（一）形式标准

形式标准指的是在确立或丰富行政法基本原则内涵的过程中应当首先考虑这些原则必须具备的形式条件，即它的法治本源性、普遍性、指导性或补充性。

第一，行政法基本原则的内容应该具有法治原则的本源性。宪法上的法治原则既是行政法基本原则的理论来源也是它的"上位概念"[1]。法治原则包含形式法治与实质法治两个层面。前者要求行政主体的一切活动都必须遵守立法机关所制定法律的约束，后者在此基础上进一步要求行政主体应当以实现公平正义等实质性内容作为一切活动的价值依托，应当为实现和保障公民权利创造有利条件。因此法治原则理应成为影响行政法基本原则内容的首要因素。

第二，适用范围的普遍性。行政法基本原则具有较宽的覆盖面，能够涵盖行政法领域的所有法律规范。因为行政法基本原则不设定具体的、确定的事实状态，不具有行为模式、条件假设和后果归结的逻辑结构，因此也就没有具体的权利和义务规定。与此相关的另两个概念是"行政

---

[1]　翁岳生主编：《行政法》，中国法制出版社2009年版，第183页。

法指导思想"①或"行政管理基本原则"②，这两者在形式上都有普遍性，也都可能会影响行政法律规范的制定内容与实施过程，但它们并不是法律原则，因此不得规避行政法基本原则对它们的限制或约束。

第三，功能的指导性和补充性。行政法基本原则的指导性，是指在较大范围和较长时期内，对人们的行为起到宏观的方向性作用，对行政法适用实施具有理念上的指导和协调作用。特别是在法律适用的推理、疑难案件的审理以及进行法律解释时，基本原则的这一作用更为明显。西方法律中的"原则"一语有两种语义，其一是价值定示，其二是克服法律局限性工具意义上的用法。本特点正是其第二种语义的一种体现。

行政法基本原则的"补充性"，是指有时也作为具体法律规则的补充，作为具体依据适用。但要注意，行政法基本原则相对于行政法其他法源，仅具有补充性，亦即出现一个法律问题首先是应依据其他法源，尤其是应依形式的法律或法规命令加以决定。只有在无法获得"答复"或者显然该规则抵触行政法基本原则时，才能援引行政法基本原则。我国没有统一的行政法典，也没有统一的行政法基本原则，所以在具体司法实践中，很少以此作出判决。但现有的行政法基本原则存在更大的意义，在于其能在较长时期内对人们的行为起到宏观的方向性作用，以行政法基本原则的发展带动行政法自身的发展，补充作用不容忽视。当然，行政法基本原则受自身特点决定，其可操作性不强，如果允许直接以基本原则为依据作出决定或判决无疑赋予执法者宽泛的自由裁量权，因而在大多数情况下，以基本原则作为依据作出决定、裁决、判决是受限制的。也即是说，只有在完全缺乏实定法规范或者应适用的实定法规范与基本原则相抵触的，才会出现适用基本原则的情形③。

---

① 沈开举主编：《行政法学》，郑州大学出版社2009年版，第75页。

② 王周户主编：《行政法学》，中国政法大学出版社2011年版，第71页。

③ "一个法律问题首先是应依据其他法源，尤其是应依形式的法律或法规命令加以决定。只有在无法获得答复或显然抵触在一般法律原则中所形成的基础规范的情形，才能援引一般法律原则。"参见翁岳生主编：《行政法》，中国法制出版社2009年版，第154页。

（二）实质标准

实质标准指的是构成行政法基本原则的特定内容，受到哪些实体性观念或因素的影响。美国学者迈克尔·D.贝勒斯在其《法律原则——一个规范的分析》一书中说到，他所概括的法律原则都有一个统一的标准，这个统一性标准就是人们是否普遍接受这个原则①。尽管人们关于法律的价值标准存在多样性，但是仍有一套相对一致的和有限的规范目的，这样一个规范的统一体是存在的。行政法基本原则不同程度地具体反映了这些目的。这些目的必须是相互衡量或平衡的。

如美国的行政法基本原则是"联邦主义"，联邦主义又内含"联邦法律效力最高"原则、"充分忠实和信任"原则（doctrine of full faith and credit）②、"分权"原则③、"法律平等保护"原则④、"法治"原则。"法治"原则又包括"基本权利""正当法律程序""保障法律权威的机构"

---

① ［美］迈克尔·D.贝勒斯：《法律原则》，张文显等译，中国大百科全书出版社 1996 年版，第 413 页。

② "充分忠实和信任"原则规定在美国《宪法》第 4 条第 1 节："每一州对其他各州的公文书、公记录和司法程序必须给予充分的忠实和信任。国会可以制定普遍性的法律，规定该文书、该记录和程序必须证明的方式及其效果"。

③ "分权"条款规定在美国《宪法》三个条文之中，《宪法》第 1、2、3 条分别规定设立立法、行政、司法三个政府部门，行使不同的政府权力。《宪法》第 1 条第 1 节规定"本宪法所授予的全部立法权力属于由参议院和众议院所组成的合众国国会"；《宪法》第 2 条第 1 节规定"行政权属于美利坚合众国总统"；《宪法》第 3 条第 1 款规定"合众国的司法权属于最高法院及国会随时规定并设立的下级法院"。

④ 美国《宪法》修正案第 14 条规定"任何州不得对在其管辖下的任何人拒绝法律的平等保护"。这项规定一般称为法律平等保护原则，在《宪法》修正案第 14 条制定以前，美国《宪法》中没有明确提到平等问题，尽管平等观念在美国革命时已经流行。根据最高法院的解释，法律平等保护的意义是指，任何人或集团，在和其他人或集团处于相同的情况时，在他们的生活、自由、财产、追求幸福方面，不能被拒绝享有其他人或集团所享有的相同的保护。平等保护的核心是指情况相同的人必须具有同样的权利，负担同样的义务，对于情况不同的人，法律必须规定不同的权利和义务。

原则①。这些原则具有统一性、和谐性，在方向上是一致的。

又如德国的行政法一般原则②主要包括："法律优先""法律保留""职权法定""行政自我约束""必要、比例"原则和"信赖保护""平等对待"原则等。其内在内容亦保有一致性。

一般来说，行政法基本原则可能受这些因素的实质影响：第一，社会经济发展条件。经济发展水平越高，公共行政的领域越宽泛，行政活动手段越复杂，秩序性或强制性行政措施可能会越少，行政法基本原则会转向程序性、参与性或行政保留的面向。第二，国家发展目标。一国的发展目标会影响对行政法基本原则的定位，例如传统的自由法治国家侧重对公民权利的消极保护，而社会国家强调积极给付，则相应的行政法基本原则也会有所不同。第三，国民现实需要或愿望。处于多民族国家的国民可能希望获得更多的自治权，发展中国家的国民希望获得更多的财政支持或市场服务，这些因素可能会影响行政法基本原则的内涵。第四，科学技术水平。行政效率、信息公开程度、执法环境或档案记录等都需要借助一定的科学技术条件才能实现，而现代行政活动对科技的依赖趋势将越来越明显，因此科学技术水平可能会对行政法基本原则提出新的要求。

五、中国行政法基本原则的理论概括

我国行政法学初期，学界对行政法是否存在自己的基本原则问题曾经产生怀疑；后出现把宪法原则或行政的原则作为行政法基本原则的现

---

① 参见王名扬：《美国行政法》，中国政法大学出版社1995年版，第77—121页。

② 参见［德］哈特穆特·毛雷尔：《行政法学总论》，高家伟译，法律出版社2000年版，第64—65、103—123页；［德］平特纳：《德国普通行政法》，朱林译，中国政法大学出版社1999年版，第43—79页；M.P.赛夫：《德国行政法：普通法的分析》，周伟译，五南图书出版公司1991年版，第166—170页；张正钊、韩大元主编：《比较行政法》，中国人民大学出版社1998年版，第49页。

象。① 再后来的行政法学界逐步取得共识：行政法应当有自己独立的原则，并提出行政法的基本原则应当是"贯穿于全部行政管理之中"的原则，或者是"贯穿于行政法律关系"的原则。但对何谓"全部行政管理法规"，以及如何"贯穿于其中"却不具体明确。

后来，有行政法学者又提出了行政法基本原则应当具有"普遍性"和"法律性"的观点。② 这对于正确理解行政法的基本原则具有关键性的意义。因为任何法律原则都必须是"普遍的法律性的原则"。但是对"普遍性"和"法律性"的理解，并没有结合行政法的基本结构来考虑。有学者认为行政法原则的"普遍性"是指"适用于国家行政管理的整个过程和所有领域"，有学者批评说这种"普遍性"，"因没有包括行政立法、行政司法、行政法制监督三大领域和行政执法活动的全部，而失之过窄"。③ 但事实上"行政法制监督"可能与具体行政行为重叠、交叉，这一说法仍有缺陷。后来有学者试图用"行政法制"一词来涵盖行政的全部过程和内容，从而表述行政法基本原则的定义，也受到批评。

《新中国行政法学研究综述》一书的作者认为，行政法的基本原则应当用"贯穿于行政组织规范、行政行为规范和行政监督规范之中"来表述比较合理。④ 这一表述全面概括了行政法的范围，而且实际上也就框定了行政法基本原则的"法律性"。因为只能从行政法去确立行政法基本原则，否则，行政法的基本"原则"也可能会是其他部门法的原则。

具体言之，中国行政法学界自 20 世纪 80 年代以来，先后出现若干种概括行政法基本原则的理论主张。从时间顺序上排列如下。

---

① 张尚鷟主编：《走出低谷的中国行政法学——中国行政法学综述与评价》，中国政法大学出版社 1991 年版，第 98 页。

② 张尚鷟主编：《走出低谷的中国行政法学——中国行政法学综述与评价》，中国政法大学出版社 1991 年版，第 98 页。

③ 张尚鷟主编：《走出低谷的中国行政法学——中国行政法学综述与评价》，中国政法大学出版社 1991 年版，第 105 页。

④ 张尚鷟主编：《走出低谷的中国行政法学——中国行政法学综述与评价》，中国政法大学出版社 1991 年版，第 98 页。

1. 恢复法制建设以来我国最早的行政法教材《行政法概要》列举了行政法的"七项原则",即在党的统一领导下实行党政分工和党政企分工的原则;广泛吸收人民群众参加国家行政管理的原则;民主集中制原则;精简原则;各民族一律平等原则;按照客观规律办事,实行有效的行政管理的原则;维护社会主义法制统一和尊严,依法办事原则。①

2. 随后出现的《行政法学总论》列举了"三项原则",即贯彻党的方针、政策的原则,社会主义民主原则,社会主义法制原则。②

3. 80年代末的教材提出"两项原则",即合法性原则、合理性原则。③

4. 90年代初的论著提出"六项原则",包括行政法治原则、监督行政原则、行政公正原则、行政公开原则、行政合理原则、行政效能原则。④

5. 90年代中期的行政法学教材提出"四项原则",即依法行政原则、以法行政原则、参与行政原则、适当行政原则⑤。

6. 晚近出现了"两类原则"⑥,即把行政法基本原则分为实体性基本原则与程序性基本原则。实体性基本原则"包括依法行政、尊重和保障人权、越权无效、信赖保护和比例原则"⑦,或"行政效力推定原则、行政职权法定原则"⑧;程序性基本原则"包括正当法律程序原则、行政公

---

① 王珉灿主编:《行政法概要》,法律出版社1983年版,第43—60页。
② 应松年、朱维究主编:《行政法学总论》,工人出版社1985年版,第112—114页。
③ 罗豪才主编:《行政法学》,中国政法大学出版社1989年版,第34—45页。
④ 杨海坤:《中国行政法基本理论》,南京大学出版社1992年版,第149—155页。
⑤ 熊文钊:《行政法通论》,中国人事出版社1995年版,第89—95页。
⑥ 姜明安主编:《行政法与行政诉讼法》,北京大学出版社、高等教育出版社2011年版,第65—82页。
⑦ 姜明安主编:《行政法与行政诉讼法》,北京大学出版社、高等教育出版社2011年版,第65—82页。
⑧ 章剑生:《现代行政法总论》,法律出版社2014年版,第51—52页。

开原则、行政公正原则和行政公平原则"①，或"行政裁量合理原则、行政程序正当原则"②。两类原则与上文"两项原则"并不矛盾，二者的分类角度不同，合法性原则与合理性原则贯穿这两类原则始终。

行政法基本原则，可能在法治发展过程中为实定法所规定，变成实定法的原则；也可能作为一种理念处于发展演变充实的过程中，尚未进入实定法。我国在法制建设上是后发展国家，可以直接将其他国家作为参照系，把一切有益于我们的东西"拿来"。当然，中国有中国的国情，这就需要既有"引入"，还要根据我国自身的情形进行制度安排或倡导、宣扬某些理念。法治发展就是上层建筑试图适应经济基础并促进经济基础发展的一种不断改良。从我国行政法的基本原则发展过程中，我们可以清楚地感觉到这一点。虽然目前我国的行政法基本原则尚未完全定型，但从发展过程中可以看到，学者们的归纳已经越来越接近，实践中的问题也让人们逐步认识甚至接受原本陌生的原则，应该说行政法基本原则在理论上和实践中都已得到确立。

第二节　依法行政原则

依法行政既是行政法的首要原则也是根本原则。它涵盖了法治国家规范、限制、塑造行政权力运行的几乎所有内容，因此在理论上完全可以将合法性、合理性、信赖保护、程序正当等其他基本原则一并归入依法行政原则名下进行研究。但"依法行政"原则同时也取义于在实践中体现这一原则最重要的两部文件，即国务院先后制定的《关于全面推进依法行政的决定》（1999年）与《全面推进依法行政实施纲要》（2004年）。这两部文件中的依法行政包括"合法行政、合理行政、程序正当、

---

① 姜明安主编：《行政法与行政诉讼法》，北京大学出版社、高等教育出版社2011年版，第65—82页。

② 章剑生：《现代行政法总论》，法律出版社2014年版，第53—55页。

高效便民、诚实信用、权责统一"六个方面。这六个方面的内容均可以被视为行政法律规范中的原则性规范。但总体上说，合法行政与合理行政在这些原则性规范中处于核心地位，其他几项原则往往需要以合法性和合理性为前提，并且根据宪法或法律进一步推导才能完全展现。因此本节将以依法行政原则的起源与发展为线索，首先阐述依法行政下的合法性原则内涵。

一、依法行政的起源和含义

依法行政的理论基础是"权力制衡"和"法治"思想，因为没有立法、行政和司法的权力分配模式，就无所谓行政与立法的关系；没有法治国家的思想，就谈不上制约和限制政府权力。由于各国法律传统和宪政体制差异，各国的依法行政观念不尽相同。

在英国，依法行政被认为是法治原则最重要的内容之一，是法治原则在行政法领域的具体化。但是英国学者对依法行政的具体含义，看法并不完全一致。宪法学家戴雪认为，依法行政的概念包括三个方面：第一，行政活动不得违反法律，必须按照法律把有关的原则予以应用；第二，行政活动不得违反行政机关自己作出的决定；第三，行政活动不得违反法院的裁决。行政法学家韦德则认为，依法行政原则包括四个方面的含义：第一，政府从事任何活动都必须依法进行，每个政府当局必须能够证明自己所做的事是有法律授权的，如果政府行为的法律依据不充分，法院将撤销该行为；第二，政府必须根据公认的、限制自由裁量权的整套规则和原则办事；第三，对政府行为是否合法的争议应当由完全独立于行政之外的法官裁决；第四，法律必须平等地对待政府和公民，政府不能享有不必要的特权。[①]

在美国，学术上很少讨论依法行政原则（法治原则）。但分析美国的行政法律制度，可以认为，美国行政法上的法治原则包含三个方面的内

---

① ［英］威廉·韦德：《行政法》，徐炳等译，中国大百科全书出版社1997年版，第25—27页。

容：第一，承认法律的最高权威，要求政府依照法律行使权力，但法律必须符合一定的标准，要求是良法；第二，为了防止公民利益受到政府和官员的侵犯，在程序方面对政府权力的行使加以限制，即政府必须遵守正当法律程序行使权力；第三，法律规定的权力和程序必须执行，为此必须设有保障法律权威、限制政府权力、保护公民权利的机构。[1]

在法国，根据法国宪法委员会的判例，行政法基本原则包括："平等"原则及其若干子原则，例如"法律、命令面前的平等""租税面前的平等""工役面前的平等""公共负担的平等"等；"防卫权"原则（principegeneral des droits de defense），行政相对人面对日益强大的行政权，应享有充分的防卫权，以保护其合法权益；"审判公开""法院的间接强制权""两审制"等原则；"行政行为效力不溯及"原则；"行政公正的义务"原则（lobligatiodimpartialite de I'administratin）；"行政财产的无偿处分禁止"原则等。[2] 这些原则中虽无依法行政的明确字样，但"平等""防卫权""行政行为效力不溯及""行政公正的义务"等原则，显然都是针对行政机关的要求。这些要求是多角度、多方位的，但实质内容是一致的，就是行政机关应当依法行政。当然，其间有的原则甚至超出了合法性要求的范围，如"平等"原则、"行政公正的义务"原则，是更高层次的要求，实际上是合理性原则的要求。

在德国，行政法学开山鼻祖奥托·迈耶认为，依法行政就是行政活动受法律支配。其要点为：第一，法律的规范创造力。人民的自由、财产权，只能受法律支配。第二，法律优先原则。即法律对于行政权，具有优越地位，以法律指导行政，行政行为与法律相抵触者应不发生法律效力。第三，法律保留原则，有关基本权利的限制应当由法律规定。[3] 依法行政原则，自此有了较为确定的含义。

---

[1]　王名扬：《美国行政法》，中国政法大学出版社1995年版，第114—117页。

[2]　参见王名扬：《法国行政法》，中国政法大学出版社1998年版，第210页；张正钊、韩大元主编：《比较行政法》，中国人民大学出版社1998年版，第50页。

[3]　城仲模主编：《行政法之基础理论》，三民书局1994年版，第5页。

在日本，行政法受到德国的影响较深，理论上接受了德国行政法学关于一般原则的种种学说。根据盐野宏教授①的归纳，日本行政法基本原则主要包括："依法律行政"原则、"平等对待"原则、"比例"原则、"行政程序"诸原则②、"信义诚实"原则、"禁止翻供"原则、"信赖保护"原则。而对依法行政的内容，美浓部达吉概括为四个方面：第一，行政权之作用，不得与法律相抵触；第二，行政权若不是以法规为根据，则不得命令人民以义务，或侵害其权利；第三，行政权若不是根据法规，则不得对于特定人免除法规所命令之义务，或为特定人设定权利；第四，纵然行政权之自由裁量为法规所允许，而其裁量权亦须依其所允许之界限，循其所允许之内容，服从法规之限制。可见，美浓部达吉的见解很大程度上是演绎了德国学者奥托·迈耶的界说。日本还有学者认为，依法行政原则在具体的制度上表现为三个方面的内容：第一，建立议院内阁制、议会制的民主主义，通过国会对行政进行政治限制；第二，在这一前提下，行政立法、行政裁量和行政手续中，存在着立法权优先的要求或者立法的统制问题；第三，通过法院对行政进行司法方面的事后救济。③

我国自 20 世纪 80 年代末学界借鉴国外理论，提出依法行政（Rule of Law）原则以来，同时还有另一个广为人们所接受的原则，就是"合法性原则"。但实际上，行政合法性原则是被当作行政法治原则的近义原则来理解的，也就是多数学者所谓的"行政权利的存在、运用必须依据法律、符合法律，而不是与法律相抵触"。而这些恰恰是行政法治的基本要求。人们所论述的行政合法性原则的含义或具体要求，通常不外乎三

① ［日］盐野宏：《行政法》，杨建顺译，北京大学出版社 2008 年版，第 43—52 页。

② 包括告知、听证、文书阅览、理由附记、处分基准的设定、公开发表等。行政程序法的诸原则，有从《日本宪法》第十三条、第三十一条导引出的，也有《行政程序法》规定的，属于成文法源；但是，以对程序法理解为前提，不成文法源也具有对于成文法源的补充性功能。

③ ［日］和田英夫：《现代行政》，倪健民等译，中国广播电视出版社 1993 年版，第 27—28 页。

个方面：行政权力设定的合法、行政行为的合法、行政违法的依法追究和救济。而行政法治原则实际上就包括这几个方面的含义，所以可以认为"行政合法性原则"就是行政法治原则，也就是人们通常所说的依法行政原则。

学术界对依法行政原则进行了比较深入的探讨，学者们从不同的角度阐释了依法行政的内涵。有人认为，依法行政作为行政法的一项基本原则，要求行政权力主体必须依据法律、法规取得和行使行政权力，并对行使权力行为承担法律责任。这种观点将依法行政原则的基本内涵概括为四点：（1）职权法定；（2）权责统一；（3）依程序行政；（4）违法行政必须承担法律责任。①

也有人认为，依法行政是法治原则对政府行为的要求。依法的"法"，包括法律、法规、规章。"依法"的内容包括依法定权限、法定实体规则和法定程序规则，未遵循法定权限、法定实体规则和法定程序规则的要求，均构成对依法行政原则的违反，从而构成对法治原则的违反。②

还有学者认为，依法行政就是行政机关依法行使行政权力，或者说，行政机关行使权力，管理公共事务，必须由法律授权，并依据法律规定，法律是行政机关据以活动和人们对该活动进行评价的标准。依法行政大致包括以下几项原则：（1）职权法定；（2）法律优先或法律优位；（3）法律保留；（4）依据法律；（5）职权与职责统一。③

二、依法行政的意义

依法行政的意义在国务院 2004 年《全面推进依法行政实施纲要》中有着非常清晰的表述，概括起来它由以下四个要点组成。

---

① 王连昌主编：《行政法学》，中国政法大学出版社 1997 年版，第 21—23 页。

② 姜明安主编：《行政法与行政诉讼法》，北京大学出版社、高等教育出版社 2011年版，第 68 页。

③ 应松年主编：《行政法学新论》，中国方正出版社 1998 年版，第 43—50 页。

（一）依法行政是发展社会主义民主的必然要求

我国是人民民主专政的社会主义国家，人民是国家的主人和国家一切权力的所有者。政府的权力只能来自人民的授权，它必须依照人民的意志来行使权力、管理国家事务。法律是人民共同意志的集中体现，因此，政府按人民的意志管理国家，就必须依法行政。行政主体能否坚持和贯彻依法行政原则，直接关系到政府能否对人民负责，关系到政府的行为能否符合人民的意志。换言之，行政主体能否在国家行政管理中坚持依法行政原则，直接关系到能否实现人民当家作主的原则。

从政体上讲，我国实行的是人民代表大会制度，人民代表大会是我国的根本政治制度，是人民行使管理国家的权利的基本组织形式。人民代表大会既是立法机关又是权力机关，行政机关是人大的执行机关，由人大产生并对人大负责。这种关系决定了行政机关必须忠实执行人大制定的法律，严格依法行政。

（二）依法行政是依法治国的核心和关键

依法治国是党的十五大确定的党领导人民治理国家的基本方略，1999年依法治国作为治国的方略被写入宪法序言。从依法治国的全局看依法行政，应该说，依法行政是依法治国的最重要的组成部分。依法治国要求一切组织和个人都以宪法和法律作为基本的行为准则，严格按照宪法和法律规定办事。据统计，80%的法律都依赖行政机关执行。行政机关在依法治国中担负着最大量、最重要的任务，可以说，没有行政机关的依规则之治，依法治国就失去了最主要的支柱。

另外，"以法治国"不同于"依法治国"。以法治国虽然也重视法律在治理国家中的作用，但它只是把法律作为管理工具的作用来看待，政府是使用工具的，因此政府也就无须受法律的约束。依法治国则不同，它强调的是宪法和法律在国家和社会生活中的至上性，实质上是要实现法（良法）的统治。由于现实中容易对法律权威构成威胁的主要是掌握公共权力的主体，因此，依法治国必须要以依法治权、依法治官为重点。依法治国的格言是"治国者必先治于法"，也就是说，政府在要求老百姓遵守法律的时候，自己必须首先遵守法律，不可将自己"置之度外"，更不能凌驾于法律之上。

（三）依法行政是发展社会主义市场经济的内在要求

在现代社会，政府在市场经济中扮演着重要的角色，因为历史已经证明，市场经济离不开政府的干预。政府的适度干预，是市场经济健康运行的必要条件。在建立和发展社会主义市场经济过程中，我国政府机关的作用尤为重要。社会主义市场经济的四大体系：主体体系、市场体系、宏观调控体系、社会保障体系的建立和完善，都需要政府的作用。

但是，在市场经济条件下，政府的作用必须是间接的和可以预见的。所谓间接，因为市场主体与政府不存在隶属关系，政府不能像过去那样直接管理企业，只能通过某种介质来对企业发生作用和影响。这种介质就是法律。从这个意义上讲，在市场经济条件下，政府必须依法行政。所谓可以预见，是要求政府的行为具有一定的规律性，使企业能够预测政府在什么情况下会作出什么样的反应。这样，企业才能有效地从事经济活动。如果政府的行为反复无常，缺乏可预测性，企业就很难适应它，就会缺乏安全感。使政府行为具有可预测性，就要求政府按照统一的法律规则行事，即要依法行政。只有依法行政，政府的行为才能被预见，市场才会有稳定的秩序，市场经济才会有良好的效益。

（四）依法行政是改革和发展的迫切需要

20多年来，我国改革开放和现代化建设取得了举世瞩目的巨大成就。随着我国社会主义市场经济的发展，经济和社会生活各个方面发生了一系列深刻的变化。比如：经济成分和经济主体越来越多样化，社会组织形式越来越多样化，社会生活方式越来越多样化，就业岗位和就业形式越来越多样化。这些丰富的变化引起的社会利益格局的变动，比以往更加需要用法律、法规来规范和调整。我国经济体制改革进入攻坚阶段，经济发展处于关键时期，在前进中出现了一些亟待解决的问题。比如：经济秩序比较混乱，走私、骗汇、偷税、骗税现象严重，制售假冒伪劣产品泛滥；乱收费、乱集资、乱摊派、乱罚款屡禁不止，一些地方农民和企业不堪重负；一些地方社会治安状况不好，人民群众缺乏安全感，等等。解决在前进中出现的许多问题，要综合运用经济手段、法律手段和必要的行政手段，而最重要、最根本的还是要靠法治，要靠政府严格依法行政。①

三、法律优先（法律优位）原则

法律优先或法律优位原则（Supremacy of Law），指一切行政权之作用或行使，不论其为权力的或非权力的作用，② 应受先行法律的拘束，不得有违反法律的行为，否则其行为无效并应承担相应的责任。法律优先原则作为依法行政的下位原则，是指法律相对于行政机关及其活动具有优越地位。是行政机关服从法律的含义。英国是现代法治国家思想的发源地，英国宪法、行政法上最重要的原则之一是"议会至上"。其实这一原则对行政机关及其活动而言，就是法律优先！在学说上明确提出法律优先原则的，最早是德国行政法学的开山鼻祖奥托·迈耶。他认为，法律对于行政权，具有优越地位，以法律指导行政，行政行为与法律相抵触者应不发生法律效力。

基于人民主权，国会代表全国人民所表示的国家意愿——所制定的法律，原则上具有优越地位。在现代法治主义形成时期，为反对国家专横权力和警察国家对人民权益的侵害行政，要求议会的形式法律至上，行政机关的一切活动都不得逾越法律的框架。因此，戴雪认为法治政府

① 国务院法制办公室秘书行政司编：《依法行政，从严治政，建设廉洁、勤政、务实、高效政府：全国依法行政工作会议专辑》，中国法制出版社2000年版，第4—5页。

② 权力行使，又称高权行使，为国家居于统治权主体之地位，以行政法为基础所从事之行政行为或作用，其特征为行政通常以一般抽象行为或具体处理等方式，直接对人民权利与义务发生影响，必要时采取强制手段为之。在此行政与人民之间乃形成上下秩序关系。

的核心就在于"正规法律的绝对优位及政府专横权力之排除"。① 无法律即无行政，是当时行政法治的特征。

另外，从法律体系内的位阶而言，层级效力原则是维护法制统一的必要条件。层级效力原则是将各种法源按一定之顺序，由上而下排列，在法源之间发生冲突时，位阶较高者有效，予以适用，而与位阶较高法源相抵触者，则视为无效，不能适用。既然在不同法源之间，"上位法优于下位法"，据此代表人民之立法机关制定的法律，自应优于行政机关之行政作用和行政行为。"行政规定和行政习惯只能在法律的范围内具有依据价值，但不允许将其置于法律之上"②。

在我国，有学者认为，法律优先可以有狭义和广义两种理解。③ 从狭义上说，法律在效力上高于任何其他法律规范。从广义上说，法律优先是指上一层次的法律规范效力，高于下一层次的法律规范效力。也就是说，各层次的法律规范必须保持其内部的统一与和谐，这样，国家的法制才能保持统一。而法制统一是国家统一的基本条件。

对拥有行政立法权的行政机关而言，法律优先包含下列含义：（1）在已有法律规定的情况下，行政法规、规章不得与法律相抵触，凡有抵触的，都以法律为准。法律优于行政法规、规章。同样，凡是上一位阶的法律规范已经对某一事项有了规定，下一位阶的法律规范不得与之相抵触；（2）在法律尚无规定，行政法规、规章在各自范围内作了规定时，一旦法律就此事项作出规定，法律优先，其他法律规范的规定都必须服从法律。同样，在上位阶法律尚无规定时，下位阶规范可以作出规定，一旦上位阶规范就此事项有了规定，下位阶规范就必须服从。

法律优先在现代法治国家，已普遍成为一个宪法性原则。如《德国

---

① A. V. DiCey, "The Absolute Esupremacy of Regular Law and Absense of Arbitrary Power on Part of Government", in Introduction to the Study of the Law of the Consitution, 10th. ed. 1964.

② [德] 平特纳：《德国普通行政法》，朱林译，中国政法大学出版社 1999 年版，第 46 页。

③ 应松年主编：《行政法学新论》，中国方正出版社 1998 年版，第 45—46 页。

基本法》第 20 条规定"行政权与司法权应受法律与法的拘束",即为此意。再如我国《宪法》第五条"一切法律,行政法规和地方性法规都不得同宪法相抵触","一切国家机关和武装力量,各政党和社会团体,各企业事业组织都必须遵守宪法和法律","任何组织和个人都不得有超越宪法和法律的特权"的规定也是这个原则的体现。

法律优先,首先意味着行政应受宪法的直接拘束。宪法为国家之根本大法,其本身并非严格意义之行政法,但宪法规定对于行政有直接和间接意义者颇多。早期曾有人认为"宪法消灭,行政法永存",但近期发展表明:"行政法可视为具体化的"宪法。可见行政法是落实宪政精神的重要领域。作为根本大法,宪法包含了法律之基本秩序和社会之基本价值。宪法中有关公民权利和义务、国家机构之设置与职权、中央地方关系及权限划分等,皆与行政权的行使有密切关系,宪法构成了行政以及行政法的基础和标准。行政不仅仅应维护宪法的基本秩序和价值,更应积极弘扬这种秩序和价值。特别是宪法规定的基本人权,具有拘束行政之效力,其范围包括一切行政领域,而非仅仅在"干预行政"之中。行政机关和司法机关不仅应依据宪法精神解释及适用法律及其他法规,在欠缺使宪法具体化的一般法律规定时,且须从宪法获得根据。

法律优先,还意味着行政应受法律的拘束。

1. 越权无效。行政权之主体应受其组织法所赋予职务的限制,不得逾越其管辖权和权限。① 任何超越管辖权和权限的行政,均为无效行政。

2. 一切行政活动不得违反法律约束。违反法律即与法律规定相冲突,"以法律形式出现的国家意志依法优先于所有以其他形式表达的国家意志;法律只能以法律形式才能废止,而法律却能废止所有与之相冲突的

---

① 行政机关之管辖,一般而言,有事务管辖、地域管辖、层级管辖与功能管辖之分。参见许宗力:《行政机关若干基本问题之研究》,载台湾"行政院"经济建设委员会研究报告《行政程序法之研究(行政程序法草案)》19,1990 年版,第 240—241 页。

意志表达，或使之根本不起作用。这就是我们所说的法律优先"①。因此依法行政的要旨在于将行政主体的行为控制在法律允许的范围之内，保证行政行为符合国家和人民的意志和利益。要做到这一点，就必须要求行政主体严格依照法律的规定办事。在这里，有几点需要注意的是，第一，这里所说的"法律"主要是指国家立法机关制定的法律，有时也包括立法机关的授权决定等，但也可以指广义上的法即法律、法规或规章；第二，行政主体实施行政行为不仅应当依照法律的具体规范，而且应当依据法律所确认和体现的原则、目的和精神以及社会公认的公平正义等价值观念；第三，行政主体实施行政行为不仅应当依照实体法的规定，而且应当依据程序法的规定；第四，依照法律规定实施行政行为还意味着行政主体必须服从司法机关依法作出的裁决，并自觉根据司法机关的裁决纠正行政行为的错误。

3. 行政机关的行政立法行为也应当符合法律优先原则的要求。行政立法是指行政机关根据法律授权而在特定事项上制定抽象性规范的一种行政活动。在我国，行政立法包括行政法规、地方性法规、部门规章以及地方政府规章。它们的主要功能是细化上位法律规范内容，弥补立法机关因程序、专业性等原因在规范具体事务方面的不足，因此行政立法文件具有广泛的适用性。

但行政立法的法律优先问题需要特别的审查机制予以保障。因各国体制不同，存在着不同的违法审查制度。在英国，议会和法院拥有违反法律优先原则的审查权。根据 1946 年的《行政法规法》（*statutory instruments act*，又译作《法定条规法》），政府的委任立法要提交议会通过或批准。法院也在程序上、实体上对委任立法进行审查②。对于行政机关的其他活动或行为，相对人认为违法且又无其他法律救济途径时，亦可启

---

① ［德］奥托·迈耶：《行政法》，刘飞译，商务印书馆 2002 年版，第 70 页。
② 参见［英］威廉·韦德：《行政法》，徐炳等译，中国大百科全书出版社 1997 年版，第 557—617 页；王名扬：《英国行政法》，中国政法大学出版社 1987 年版，第 117—120 页。

动司法审查程序。在法国，行政法院对行政立法进行是否具有违法性的审查。"违法性"概念甚至包括是否侵犯了法律的范围，及是否违背了不成文的"法之一般原则"。在德国，违反法律优先原则的审查权在国会及法院。国会具有同意权的保留、废弃请求权的保留、听证权的保留等①。而德国每一个联邦法院都有权利也有义务，在具体诉讼中审查法规命令有无违法。涉及违宪问题的，将被移送宪法法院作出最终决定②。

在我国，人民法院只能审查行政行为是否违法，对法规、规章没有直接审查权。如果认为规章不符合法律、法规规定的，法官可以选择不予适用。但总体上说，对行政立法文件的审查权分别在全国人大、国务院或其他制定主体。例如《宪法》规定全国人民代表大会常务委员会有权撤销国务院制定的同宪法、法律相抵触的行政法规、决定和命令；有权撤销省、自治区、直辖市国家权力机关制定的同宪法、法律和行政法规相抵触的地方性法规和决议（第六十七条）；国务院有权改变或撤销各部、各委员会发布的不适当的命令、指示和规章（第八十九条）。《立法法》《行政复议法》以及国务院的几个行政法规③均有上述条款的具体落实性规定。

此外，人民法院可以"附带审查"规章以下的其他规范性文件（《行政诉讼法》第五十三条），经审查认为其他规范性文件不合法的，可以不予适用，并向制定机关提出处理意见（《行政诉讼法》第六十四条）。但实际上针对其他规范性文件的审查已不属于行政立法文件的合法性审查问题。因为目前一般认为，行政立法是指行政法规和行政规章的制定，而不包含其他非正式的"立法"——规范性文件的制定。

四、法律保留原则

法律保留是指行政机关不得通过任何形式或手段介入只能由立法机关制定法律的形式予以规范的领域，行政机关只能够在现有的法律框架

---

① 许宗力：《论国会对行政命令之监督》，《台大法学论丛》第 17 卷第 2 期。
② 《德国基本法》第 93 条第 1 项，《联邦宪法法院法》第 76 条。
③ 《行政法规制定程序条例》《规章制定程序条例》《法规规章备案条例》。

内（包括对不确定法律概念进行合理解释的范围内）实施。它与法律优先不同的是，法律优先往往是相对于已有法律而言的，即法律优先于行政规定或行政决定，而法律保留的适用是在行政活动缺乏直接上位法律规范约束的情况下发生。也就是说，在法律空白的情形下，行政机关不得在该事项上采取任何直接影响相对人权益的措施。例如《行政强制法》第十条第二款规定："尚未制定法律，且属于国务院行政管理职权事项的，行政法规可以设定除本法第九条第一项、第四项和应当由法律规定的行政强制措施以外的其他行政强制措施。"这是典型的法律保留规范。

法律保留也被称为"积极地"依法行政。因为除了被法律予以保留的事项以外，即那些针对非法律保留的事项上，行政机关拥有广泛的活动空间去塑造它所认为理想的公共行政效果。这样讲并不是说行政机关在非法律保留事项上可以不受法律约束，因为这时立法机关可以通过"法律优先"原则约束行政活动。约束行政机关主要有两种形式：一是利用法律授权的形式将特定事项的立法目的、范围和其他条件作为约束相关行政活动的上位法规范，这种方式尤其针对的是行政立法活动；二是通过行政法基本原则、相关法律立法目的等原则性规范约束行政机关的裁量活动。总而言之，非法律保留事项上，行政机关的一切活动都不得逾越上位法律为其设定的框架，因此"法律优先"相比法律保留，也被称为"消极地"依法行政。而所谓特别重要或非常特殊的法律保留事项上，没有上位法律规范就意味着行政机关既不能行使授权立法，也不得行使其他裁量行为。这就是法律保留的意义所在。当然这些特别重要或非常特殊的事项应当事先由宪法或法律规定，例如我国《立法法》第七、八、九条在这个问题上就作了明确规定。

从历史发展来看，法律保留系现代法治国家原则发展的必然产物。法国人权宣言第四条的规定是关于法律保留原则最早的明确规定："承认只有经过立法者同意并且形成法律后，国家才可以限制人民之权利"。在近代初期，市民阶层为限制君主的专制权利，防止行政部门侵害私人财产权和个人权利，遂有行政权就某类事项之侵犯或干涉，必须取得国会的认可的规定。其最主要的途径是制定法律，明确规定行政权的范围。

行政权干涉人民自由财产之合法性，得依据法律①。行政权力源于法律授予，权力被逐一授予的同时就意味着权力的有限性。这与民主权原则下的公民权利不同。法律对公民权利的规定，并不意味着授予，而只是意味着法律的重申和保护。

现代社会关系的复杂性和瞬息万变要求国家赋予行政机关更多的决策权力，以便使其能够有效地维护社会秩序和公共利益。但是，行政权所具有的扩张性和侵略性又决定了不能将所有事项的决策权都毫无保留地交给行政机关；某些事项的决策权必须由法律保留，只能由法律加以规定，而行政机关必须严格执行、遵守法律的规定。关于法律保留的范围，各国学术界和实务界的解释不尽相同。较为主要的学说有"干预保留"说、"侵害保留"说、"重要事项保留"说、"权力保留"或"全面保留"说。"干预保留"说主张，法律保留的范围应当限于干预公民自由和财产的事项，行政机关处理这些事项，必须有明确的法律依据。但也有人认为，法律保留的范围不能局限于干预自由和财产的事项，而应当扩大到所有涉及本质的重要问题。也就是说，所有涉及本质的决定都必须有议会立法，而不能由行政机关自行其是。② 日本学术界在法律保留范围问题上也存在不同意见。传统的观点承袭了德国干预保留理论，认为一般地侵害国民自由和财产都需要法律依据，此种观点称为"侵害保留理论"。

依"侵害保留"说，法律保留仅适用于干预行政，仅在行政权侵害国民之权利、自由或对公民课以义务负担等不利益的情况下，始有法律保留，至于其他行政作用，均可在不违反法律优先的范围内，自由为之。在此意义上，法律保留为"干预保留"或"侵害保留"，人民对抗行政权

---

① 英国《大宪章》最早确定了该原则。

② ［德］平特纳：《德国普通行政法》，朱林译，中国政法大学出版社1999年版，第46—47页。

因法律保留原则而获得保障。然而，在特别权利关系领域①，却不适用法律保留原则。

德国学界和实务界更倾向"重要事项保留"说，此说比上述其他观点更灵活，也更具可操作性。它指的是立法机关应当亲自为某些特别重要的事项制定法律规范，在这些事项上行政机关不得介入或替代性地制定规范性文件。所谓"重要事项"指的是对公民权利的实现和保护而言特别重要的某些具体措施，最典型的是直接关乎宪法基本权利的刑事法律规范，以及像我国《立法法》第八条所列的那些基本法律制度，等等。但重要事项保留说的缺点是无法穷尽所有重要性内容，因此重要事项保留也是一个不断完善的规范体系。

在我国，法律保留原则在制度层面已经存在，例如我国《宪法》第三十三条至五十六条，对人民的各种自由与权利，均给予了广泛的保障；其中有许多地方明确规定，非有法律依据，不得剥夺和限制公民之自由和权利。因此，基本权利应适用法律保留，且是法律保留的核心所在。又如《宪法》第六十二条规定，全国人民代表大会"修改宪法"，"制定和修改民事、刑事、国家机构和其他的基本法律"；第六十七条规定，全国人民代表大会常务委员会"制定和修改除应当由全国人民代表大会制定的法律以外的其他法律"。可见，宪法已经把重要的事项留给法律制定。

其他单行法中也有关于法律保留的规定。例如1996年《处罚法》第九条明确规定处罚中的人身自由罚，只能由法律行使（法律绝对保留）；其他处罚的设定，实际上是由行政处罚法本身作了一个授权，使得行政

---

① 特别权力关系是德国19世纪初实行以法治国时，为维护公务员对国君之忠诚关系而设立的，后扩充至其他行政领域。所谓特别权力关系与一般权力关系相对应，系在特定领域内，为达成行政目的，由人民与国家所建立，并加强人民对国家的从属关系。在特别权力关系中，人民被吸收进入行政内部，不再适用在一般情况下所有的基本权利。特别权力关系适用的行政领域有公务员与国家的关系，学校与学生的关系，监狱服刑人员与监狱的关系，自治团体、特许行业与国家的关系。特别权力关系在当代已有所动摇，见本书后面有关章节。

法规、地方性法规、规章都只能在一定范围设定行政处罚。2011年《行政强制法》第十条第一款规定行政法规可以设定除本法第九条第一项（限制公民人身自由）、第四项（冻结存款、汇款）和应当由法律规定的行政强制措施以外的其他行政强制措施。这就说明上述两项强制措施在我国是由法律保留的。

法律保留还可以进一步区分为"绝对保留"与"相对保留"。绝对保留是指相关保留事项必须由立法机关亲自制定法律予以规范，而相对保留事项虽也属于法律保留的范围，但立法机关可以通过明确授权的形式将其制定具体规范性内容的权力授予行政机关行使。例如《立法法》第九条规定：本法第八条规定的事项尚未制定法律的，全国人民代表大会及其常委会有权作出授权国务院可以根据实际需要，对其中的部分事项先制定行政法规的决定；但是有关犯罪和刑罚、对公民政治权利的剥夺和限制人身自由的强制措施和处罚、司法制度等事项除外。这里的"有关犯罪和刑罚、对公民政治权利的剥夺和限制人身自由的强制措施和处罚、司法制度等事项"就属于绝对保留的范畴。

第三节 合理性原则

一、合理性原则概述

"合理性"原则又称"适当性"原则。"适当性"原则或"合理性"原则，都是要求行政机关的行为不仅在合法的范围之内，而且应当具有适当性或合理性。可见，适当性或合理性是对行政行为在合法性的基础上的进一步要求或更高的要求，即行政行为不仅应当是合法的，也应当是合理的。行政行为具有合理性，亦是服从法律的表现。因为法律赋予行政机关的裁量权大量存在，但显然不意味着法律允许这些裁量活动可以超出法律的意图和目的。相反，行政机关必须在合法的限度内行使裁量。正因如此，我国后来的一些行政法理论逐渐将合法、合理问题一并纳入更高一级的依法行政范畴下进行讨论，要么作为"行政法的实体性基本原则"① 的一部分进行讨论，要么将其作为"行政程序法基本原则"② 的一部分进行讨论。但无论如何，合理性原则在内容上与合法性相比有着较大差异，本节仍然遵循传统上对合法、合理原则二分的思路对其进行详细探讨。

从历史上看，早在 1647 年英国法院的一个判例就说："在任何地方，任何专员或其他人有被授权以自由裁量权行事，应理解为合理的自由裁量权。依照法律，本法院有权矫正他们未按合理自由裁量权原则所做的一切。"③ 也就是说，未合理运用自由裁量权的，就被英国法院作为违法越权来对待。后来几个世纪，英国法院不断重申：行政机关的自由裁量权并不是一种专断的权力，因而必须被合理地行使④。合理性原则，在英国，已经成为控制行政机关自由裁量权的最重要的武器，"赋予行政法生命力最积极和最著名的理论之一"。⑤ 但是，合理性原则中的"合理"到底以谁的标准为准？这是个最棘手的问题。英国在这方面已经积累了相当的经验，就是将合理与否的判断标准定位在"一般理智的人都不认为行政机关在正当地行使权力"⑥ ——即为不合理。也就是说，不合理是正常理智的人一望可知的不合理，是一种几近荒谬的不合理。如果不是这样的不合理，法院就无权干预、相对人也无权指责或要求撤销、变更。可见，合理性原则是一种范围或标准，超出这一范围或标准，相对人有

---

① 姜明安主编：《行政法与行政诉讼法》，北京大学出版社、高等教育出版社 2011 年版，第 67 页。

② 章剑生：《现代行政法总论》，法律出版社 2014 年版，第 53 页。

③ Estwick V.City of London 1647 Style 42.转摘自 ［英］威廉·韦德：《行政法》，徐炳等译，中国大百科全书出版社 1997 年版，第 64 页。

④ 参见 ［英］威廉·韦德：《行政法》，徐炳等译，中国大百科全书出版社 1997 年版，第 64—73 页。

⑤ 参见 ［英］威廉·韦德：《行政法》，徐炳等译，中国大百科全书出版社 1997 年版，第 66 页。

⑥ 参见 ［英］威廉·韦德：《行政法》，徐炳等译，中国大百科全书出版社 1997 年版，第 78 页。

权质疑，有权通过行政救济途径使其变更、撤销，法院也有权审理裁判；反之，没有超出这一范围或标准，相对人和法院只能尊重行政机关的选择。

由于英美是判例法国家，法官又可以最终地解释法律，因此，对合理性原则中的合理进行解释，赋予法官很大的余地。但对制定法国家而言，合理性原则太过抽象了，他们需要一种相对更为具体的原则。19世纪以来，德国理论与实务界提出了比例原则。这一原则在德国，就相当于合理性原则在英国；但其影响较大，因为目前已渐为不少国家或地区的立法所采用。我国20世纪80年代到90年代中期，教科书将合理性原则作为基本原则，那时主要是受英国行政法学的影响；90年代中期以后，由于德国行政法理论的大量引入，学界开始较为普遍地将比例原则代替合理性原则，作为行政法的基本原则。究其原因，一是比例原则从字面上即可一望可知，其中的"比例"或合乎比例的含义显然比"合理性"原则中的"合理"更为具体；二是德国的理论与实践，已经将其发展成为含义明确、丰富的原则，因此对我国的借鉴意义更大一些。

二、比例原则

"比例原则"又称"禁止过分原则"，要求对公民权利的限制或不利影响，只有在公共利益所必要的范围内，方得为之；是指政府实施行政权的手段与行政目的间，应存在一定的比例关系①，即其"手段"必须与行政"目的"成比例、相平衡。或者说，行政权的行使虽为达成某一行政目的所必需，但给公民造成的不利影响，不能超过目的所要求的价值和范围，必须在侵害人民权利最小的范围内行使。学者通常认为这是一个具有宪法位阶的行政法治原则。在我国，比例原则在不少行政管理领域有所体现，如税收制度、行政处罚制度、许可制度等。尤其是行政诉讼法确立了衡量行政行为合法性的标准中，有"滥用职权"一项，使得某种程度上的合理性问题被纳入了司法审查的范畴，成为合法与否的

---

① 参见陈新民：《行政法学总论》，三民书局1997年版，第59页。

问题。应该说，这是一个良好的开端，这为全面引进比例原则作了铺垫。而在 2011 年颁布的行政强制法中规定：行政强制的设定和实施，应当适当。采用非强制手段可以达到行政管理目的的，不得设定和实施行政强制则明确体现了比例原则精神。在行政自由裁量权广泛存在的现代社会中，强调比例原则，在实践中对于正确执行法律、保护公民权利，是有积极意义的。

"比例原则"起源于德国"警察法"。受法国大革命的影响，1791 年普鲁士基本法创始者 Savarez 称"公共国家法之第一原则，即国家仅得在'必要'情形下有权限制个人之自由，以担保所有人自由的存在"。1794 年通过的《普鲁士基本法》第 10 章第 17 条规定："采取必要之设施来维持公共安宁、安全和秩序以及排队对公家或个别成员现存的危害，乃警察之任务"。1882 年 7 月 14 日普鲁士高等法院在著名的"十字架山"一案判决中，对警察机关援用"促进福祉"而制定之建筑禁令，以未获法律授权，不得以不必要措施为由，判决该命令无效。①

后奥托·迈耶于 1895 年出版的《德国行政法》即主张"警察权力不可违反'比例原则'"；1923 年再版同书，奥托·迈耶又说：逾越必要性原则即属违法的滥权行为。

20 世纪初，德国另一位行政法大师弗莱纳（F. Fleiner）在其《德国行政法体系》一书中，提出一句脍炙人口的名言："不可用大炮打小鸟"，用以比喻警察行使权力的限度②。在魏玛共和时代，比例原则作为行政法治原则得以在实定法中确立。1931 年 6 月 1 日公布的《普鲁士警察行政法》中规定，警察处分必须具有必要性方属合法，同时在该法第 14 条对

---

① 柏林市郊有一座"十字架山"，该山上建有一胜利纪念碑。柏林警方为使全市市民仰首即可看见此令人鼓舞的纪念碑，遂以警察有促进社会福祉的权力与职责为名，公布一条"建筑命令"，规定今后该山区附近居民建筑房屋之高度，有一定限制，不得阻碍柏林市民眺望纪念碑，原告不服，此诉讼于此展开。转引自陈新民：《宪法基本权利之基本理论》（上册），作者自印 1991 年版，第 256 页。

② 参见陈新民：《宪法基本权利之基本理论》（上册），作者自印 1991 年版，第 257、258—259 页。

必要性予以界定："若有多种方法足以维护公共安全或秩序，或有效地防御对公共安全或秩序有危害之危险，则警察机关得选择其中一种唯警察机关应尽可能选择对关系人一般大众造成损害最小方法为之"。① 这一规定，如同德国以后各邦同类法律的样板法，被当时德国各邦立法广泛吸取采纳。

在其他国家，比例原则也多有体现。如在奥地利，1925 年 7 月 26 日颁布了《行政强制执行法通则》第 2 条规定："（1）执行官署行使强制权力，应注意用最轻微的方法达到强制执行目的之原则。（2）金钱给付的强制，以不影响受执行人最低限度之生活，及不妨害法定赡养义务之履行为限。"在美国，法院判决常表现出比例原则的意思，有时称为"最不激烈手段原则"，有时称作"最小限制手段原则"。霍尔姆斯大法官曾说："没有一个文明政府会使其人民所受之牺牲，超过其予以人民之协助"。该原则无论称谓如何，均意在表明政府的侵害行为不得逾越宪法所容许的范围或特定的目的，若有同等效用手段足供役使，应选择对人民自由权利侵害最小者为之。尤其在政府订立有关人民言论、宗教、结社等及其他自由的限制性法案时，法院常审究有无其他更缓和的措施足以达到同一目的。② 在美国的立法中此原则也多有体现。如《运输部法》《联邦高速公路补助法》（the federal-aid highway act），均禁止运输部长动用联邦基金建造穿过公园的公路，除非没有其他可行方案而非得穿行公园，但必须提出所有可能的计划，以使对公园的损害减少到最低限度。③

---

① 转引自朱武献：《言论自由之宪法保障》，收录于台湾比较法学会编：《中美言论自由法制之比较研讨会专刊》，1986 年版，第 25 页。

② Gug M.Struve,"The Less-Restrictive Alternative Principle and Economic Due Process", Hav.L.R.80(1967),1465.

③ 张国勋：《必要性原则之研究》，载城仲模主编：《行政法之一般法律原则》，三民书局 1994 年版，第 150 页。

法国行政法上虽无比例原则，但在不少领域尤其是基本权利领域，比例原则思想也多有体现，即要求对人民自由的限制不得超过维护公益所必要的程度。① 行政法院的判决中，亦含有此意，如 1933 年在一个案件的判决中，行政法院撤销某市长"集市上的流动商贩须具有对第三人伤害保险之保险单"的命令，并认为"为维护公共安全，此项规定对进行危险表演之艺术而言系必要的，对于贩卖糖果和花卉之商贩而言则是过分的"。②

在日本，比例原则是具有宪法位阶的原则。日本《宪法》第十三条规定，"一切国民作为个人都受到尊重，对于国民谋求生存、自由以及幸福的权利，只要不违反公共福祉，在立法及其他国政上都必须予以最大尊重。"这一条规定按照通说，被解释为比例原则。行政裁量要合比例原则的拘束，已成为审查裁量超越权限或被滥用的标准。③

比例原则是一个相当宽泛的概念。一般公认，比例原则包括了适当性原则、必要性原则以及狭隘比例原则。④

（一）适当性原则

适当性原则，指行政机关的行政行为或采取的行政措施能实现行政目的或至少有助于目的的达成，是一种正确的手段。也就是说，目的与手段之间必须是适当的。它包含了两个重要因素，一是"目的性"因素，即行政行为所追求的目的必须合法；二是"可能性"因素，它是指行政行为所采取的手段必须可以或能够实现上述目的。依德国联邦宪法法院的解释，即使行政行为或者措施只是部分地有助于达成目的，也就可以被视为是适当的。可见联邦宪法法院采取的是一种最低标准，只要手段

---

① 叶俊荣：《比例原则与行政裁量》，《宪政时代》第 11 卷第 3 期。

② 王名扬：《法国行政法》，中国政法大学出版社 1998 年版，第 457 页。

③ ［日］室井力主编：《日本现代行政法》，吴微译，中国政法大学出版社 1995 年版，第 91 页。

④ Konrad Hesse, Grundzüge des Verfassungsrechts des Bundersrepublik Deutschland, 13Aufl, 1982.

不是完全或全然不适合，即不违反比例原则。反之，违反适当性原则的情况可能是：行为人虽然实施了一个破坏行政秩序的行为，但破坏效果转瞬即逝或行为人主动避免破坏后果发生，如果此时法律赋予行政机关"可以"自主决定是否作出相应制裁措施的裁量权，则行政机关作出这样一个制裁措施就可能会违背适当性原则的要求。

（二）必要性原则

必要性原则，又称最小侵害原则。德国联邦宪法法院曾对必要性原则予以界定：当有其他同样有效且对于基本权利侵害较少之措施可供选择却未选择时，则有违必要性原则。① 也就是说，必要性原则是指立法者或行政机关针对同一目的，有多种适合的手段可供选择时，应选择对人民损害最小的手段。

审视法律或某项措施在限制人民权利自由方面是否必要时，一般应注意两点：第一，相同有效因素。因为选择达成目的之手段原本属于立法者及行政机关的裁量范围，各种不同适合程度，立法者及行政机关有选择的自由，法院不能取而代之。此一要素的存在，可以使司法权不致过度介入立法权范围。第二，最少侵害性要素。比较各种措施可能造成侵害大小时，应考虑与目的的达成有关的副作用。例如房屋年久失修，虽有倒塌危险，但如有修缮可能，且有人准备修缮时，则不一定坚持非要拆除不可。

（三）狭义比例原则

狭义的比例原则，或称相当性原则，是指行政机关采取的行政手段所造成的损害，不得与欲达成的行政目的的利益明显失衡。这一原则与"适当性"原则极易混淆。两者区别在于，适当性原则要求行政行为的目的与手段之间是"可能的"，而狭义比例原则要求行政行为所实现了的公共利益与其对相关主体造成的损失也应当是"合比例的"，因此符合适当性原则未必同时也符合狭义比例原则的要求。换言之，因行政裁量而被

---

① BVerfGE,16,147.

选择的行政手段对于人民所要付出的代价与得到的公共利益价值要相当，不能为了小小的公益，使人民忍受很大的损失，此种损失是不成比例的。在行政目的所达成的利益与侵害公民的权利之间作衡量，必须证明前者重于后者，才可对公民权利作出合法限制。贯彻这一原则需要在人民权利、公共利益、手段的合适程度之间进行综合判定。

我们常见这类情形：因为行为人一个不太严重的违法行为，行政机关却要采用一个很强烈的制裁措施；或因为建设许可申请人某一可分割部分的工程项目缺少一个许可手续，行政机关就立即责令全部工程停止施工，甚至是无期限的停止施工；或者因为企业一个可以纠正的问题，有关行政机关却吊销了该企业的许可证；等等。这些行政处理措施也许符合适当性原则的要求，即它们追求的目的是正当的，手段也能够为目的服务。但却违背了狭义比例原则，即这些行政处理措施所实现的公益性要低于它们在相关主体合法权益上造成的损害，因此这样的行政行为有可能因其未被裁量准则而被撤销。

三、合理性原则的其他表述——法的平等保护原则与行政公平原则

这一原则源于法国，但在我国亦常常听到，在许多法律文字中亦有类似表述。平等，就其字面意思而言，指行为人的价值与地位皆无差等、无特殊或无优越。唯其在学理上，从古至今，对平等的理解，因人因时而异。在法律思想史上学派林立，但并不妨碍多数人将平等、正义视为法之归宿者；而在现代法治国家，更是将平等、正义列为国家的治国原则。

早在资产阶级革命时期，平等主张便从政治上的理念转化为法律上的理念，即所谓"法律面前人人平等"，主张绝对禁止人之判别待遇。1776年美国《独立宣言》以及1789年法国《人权宣言》，亦是明显例证。"法的平等保护"旨在拘束行政与司法。《德国基本法》第3条第1项规定："人性尊严不可侵犯，尊重及保护此项尊严是所有国家机关的义务"。新旧自然法论者，普遍承认有一种较高或理想的"法"存在，认为实定法的根据，便是平等正义。在实定法上，各国莫不在宪法及法律中落实平等的理念。例如美国《宪法修正案》第14条规定："任何州不得

对其管辖范围内之任何人，否认法律的平等保护"。《德国基本法》第 3 条第 1 项："法律面前人人平等"。战后日本新《宪法》第十四条第一款"任何国民在法律上一律平等"。我国《宪法》第五条第五款和第三十三条第二款亦明确规定："任何组织或个人都不得有超越宪法和法律的特权"，"中华人民共和国公民在法律面前人人平等"。法律的平等保护或行政公平，正如韦德所言，是一个"贯彻始终、承上启下的原则"。①

"法的平等保护"原则在行政法治中的含义，在学理上和各国司法实践上，有不同的解释。有人主张，"法下平等，乃国家适用法律时，应对全体国民平等对待之谓"②；这种主张代表着二战之前的欧洲，特别是魏玛宪法时代德国的通说。还有人主张"法的内容平等说""依次说"：法律的平等保护，不仅仅适用一时的具体案件，而且要求法的内容本身亦应符合平等，盖"法律适用的平等权利，若只是拘束行政权及司法权，要求对法律'公正'的执行，这种注重'形式'平等权理论，并不能清晰了解法本身应该实践此平等权利之内容。倘若一个法律本身即不公正，那么透过毫不打折扣的法适用平等，适足以加重本恶法造成之弊害"。③"依次说"则主张，平等原则的拘束对象应依次包括行政、司法与立法。德国战后的基本法，第 1 条第 3 项明文要求立法权应受平等原则的拘束便是这个道理。

"平等保护"，按照美国最高法院的解释，是指任何人或集团，在其他人或集团处于相同的情况下，在他们的生活、自由、财产、追求幸福方面，不能被拒绝享有其他人或集团所享有的相同的保护；情况相同的，在享受权利和负担义务时也应相同。而且他们在权利受到侵犯时，有同样请求法院救济的权利。④ 简单地说，在行政法治上，法的平等保护和行政公平意指行政权的行使，无论在实体上还是在程序上，相同的事件应

① ［英］威廉·韦德：《行政法》，徐炳等译，中国大百科全书出版社 1997 年版，第 7 页。
② 佐佐木惣一：《法の平等の権利と生活規制無差別の権利》，《憲法学論文選（一）》，有斐閣 1956 年版，第 116 页。
③ 陈新民：《宪法基本权利之基本理论》，作者自印 1991 年版，第 501 页。
④ 王名扬：《美国行政法》（上册），中国法制出版社 1995 年版，第 102 页。

当相同的处理，非有合理正当理由，不得为差别待遇。无差别待遇，如果已经落实到法律上，成为法的规定，违反之，就意味着违法；如无具体规定或具体规定由行政机关裁量，即属合理性判断的范畴。

依据各国行政法治的实践，"法的平等保护"原则或"行政公平"原则具体包含着以下几方面主要内容。

1. 立法衡量、合理分类

"平等"或"公平"，要求相同事务应为相同处理，不同事务应为不同处理。从反面推论，便是相同事务不应有差别待遇，不同事务应有差别待遇。因此，平等保护不是要求无差别待遇，而是要求存在合理的差别。这便涉及立法上的权衡和合理分类问题。所谓立法权衡，又谓立法形式自由，乃指立法者依其理智，从合目的性出发，区别平等的却合理的差别。早在德国魏玛宪法时代，学者 F. Stier Somlo 认为，当立法者的立法形成权，在不符合公益需求的"理智理由"而行使时，即属权力滥用，因其侵及平等权，是不允许的。[1]"法律之平等保护所禁止的不是法律的分类，而是法律的不合理、专断或专横的分类"。[2] 在这里最难的问题在于怎样区分合理的与不合理的分类。在这方面，美国最高法院制定了各种检验标准可供参考。[3]

---

[1] 参见陈新民：《宪法基本权利之基本理论》，作者自印 1991 年版，第 504—505 页。

[2] 王名扬：《美国行政法》（上册），中国法制出版社 1995 年版，第 103 页。

[3] "合理根据"标准，即如果事实证明一种分类是合理的，这种分类就会得到认可。在丹德里奇诉威廉斯案中，法官认为"州所采取的行动确有合理的根据而没有令人反感的歧视，这就够了。……这种分类并不因为它不是以数学的精确性制定的，或者因为它在实践中导致某种不平等便违反宪法"。参见丹德里奇诉威廉斯案，《美国最高法院判例汇编》，第 397 卷，第 471 页；"可疑分类"标准，是指历史上长期遭受无资格之苦的，或在过去受到人为的不平等待遇的，或是我们的社会把他们贬低到政治上如此无权的地位，以致需要在司法上予以特别保护的。如立法区分种族和血统便是可疑分类；"近于可疑的分类"，比如对非婚生子女和婚生子女给予差别待遇，或以性别为根据进行的分类。关于美国最高法院对合理分类的详细说明，参见詹姆斯·伯恩斯等：《美国式民主》，谭君久译，中国社会科学出版社 1993 年版，第 157—188 页。

2. 正义的理念

德国和日本等国皆在理论和司法实践上，确认了以正义的理念作为判断是否违反平等原则的标准。德国联邦法院 1952 年 4 月 30 日对"手工业规则"一案之判决，认为"平等原则并不对立法者谋以义务，使其在所有情况不同的事务仍为不同的待遇，它毋宁要求，依据正义理念，事实上的不同是否总是在立法者考虑中的关联上具有意义，以致立法者在制定规则时，必须注意之"。① 尽管此后仍不乏有以正义理念为说明的判决出现，然而法律怎样才算符合正义理念，联邦宪法法院仍只能作事后的审查而无法代替立法者的具体决定。于是，联邦宪法法院在 1964 年 4 月 14 日作出判决"依联邦宪法法院的判决，如果立法者没有顾虑到所欲规范具有意义的生活关系事实上平等或不平等，那么法律才会违反平等原则。具有意义的生活关系必须依正义思想而予以观察，立法者据此而有一个非常广大的形成自由。立法者是否制定最合理及最合目的的规定，并非联邦宪法法院所审查，毋宁仅有最外面的界线才受审查"。② 这就是说，在衡量是否平等的问题上，正义理念并非审查的首要标准。它实际上是立法者最外围的衡量界线。在日本，也有学者认为，相对平等的决定基准，乃是正义。学者桥本公恒举例说明，"由于少年与成人在精神乃至身体方面均有差异，少年法基于此等差异而对少年为特别之规定乃是为了健全少年的成长而设计，乃属合理"，"同理对于公务员犯罪的特殊规定，以及特殊职业者要求特殊资格的注意义务，亦属合理。"③

3. 禁止恣意

德国联邦宪法法院，将《德国基本法》第 3 条第 1 项"法律面前人人平等"释为"禁止恣意"的原则，从而建立了下述禁止恣意的公式："如果一个法律上的区别对待或不同对待不能有一个合乎理性、得自事物

① BVerfGE,1,264.

② BVerfGE,17,319.

③ ［日］乔本公恒：《宪法原论》，有斐阁 1979 年版，第 178—179 页。

本质或其他整体上可使人明白的理由，简单地说，如果该规定被认为是恣意时，则违反平等原则。"① "恣意"从字义上看，有随意和缺乏准则的主观和客观要素。依德国宪法法院的判决，恣意的认定并不包括主观的妄为，而是客观意义的恣意，即一个措施事实上、明显的不适当性。②就行政而言，禁止恣意原则意味着行政机关的任何措施，与该措施所处理之事实状态之间必须保持适度的关系。

禁止恣意原则对行政行为的要求是明确的：在立法者未赋予行政主体就特定事项的裁量权时，一个合法的行政行为，亦即依据法律规定作为的具体行政处理实已符合了"禁止恣意"原则。当行政机关被赋予裁量权时，"恣意的"裁量指非常不适当的裁量。

4. 行政的自我拘束

"行政的自我拘束"指行政机关在作出具体行政行为时，对于相同或具有同一性质的事件，如无正当理由，应受其"行政先例"或"行政惯例"的拘束而作相同的处理，否则即违反平等原则而构成违法。③所谓的"行政先例"或"行政惯例"是指关于行政上同一或具有同一性的事项，经过长期、持续和反复的施行，即可认为已成行政上的通例，构成行政习惯法的内容。在许多国家，如果不存在行政习惯法与成文法竞合存在的情形，依照行政先例而为的行政行为，被认为是适法的行政行为。

"行政自我拘束"要求行政主体在法律、法规未有明确、具体规定的情况下，应服从惯例的约束。当然，这是有条件限制的，其一，要有行政惯例的存在，若行政机关处理的案件为第一个案件，就无所谓平等原

---

①　Vgl.K.Tipke,Steurgerechtigkeit.转引自盛子龙：《西德基本法上的平等原则之研究》，《宪政时代》第 13 卷，第 3 期，第 61 页。

②　[德] 克里斯提安·史塔春：《基本权利的解释与影响作用》，许宗力译，载许宗力：《法与国家权力》，元照出版公司 2006 年版，第 496—497 页。

③　林锡尧：《行政法要义》，法务通讯杂志 1991 年版，第 42 页。

则的适用；其二，行政先例或惯例本身必须合法，不法的平等是被排除的；① 其三，行政机关必须就该案享有决定的裁量权。

第四节　诚信原则

上文有关合法、合理两大原则基本呈现了行政法基本原则的主要内容，即行政机关一切活动必须符合依法行政要求，必须受法律优先与法律保留原则的约束，在行政裁量问题上必须符合比例原则等合理性原则限制。但接下来尚有两个具体行政法原则有待讨论，一是诚信原则，它隶属于实体性行政法基本原则范畴；二是正当程序原则，它属于基本行政程序原则。这两个具体原则从根本上说没有超出合法性与合理性原则的基本范畴，诚信原则或程序原则不仅应当有其宪法渊源，而且具体规则应当严格法定，否则二者会更像某种法治价值观念而很难被称为有效的行政法原则。但是有必要将二者从合法或合理性原则中分离出来单独讨论，因为诚信原则或程序原则在内容上相对特殊，它们在历史中的发生发展及其对法治国家的影响上都有着特别重要的地位。

一、诚信原则的起源和发展：从私法到公法

诚实信用原则是私法关系领域的一项基本原则。它导源于私法关系的"契约应严守"。在罗马法中，有诚实契约和诚信诉讼。诚实契约的当

---

① 在德国实务上有这样一个事例：S 考取一工程专业学校不久后收到兵役征召。于是他根据行政规则及行政先例申请免除兵役义务，理由是联邦司法部对《兵役义务法》第 12 条第 4 项第 2 句的解释，认为工程专业学校的学生在入学时即已通过广泛训练而具备通过训练的身份。但主管机关却拒绝他的申请，S 乃提起诉讼。法院认为《兵役义务法》第 12 条第 4 项并未规定工程专业学校学生在入学时即具有受过训练的身份。S 不可根据该行政规则及行政先例再对《兵役义务法》的第 12 条第 4 项的规定加以指责。此例子表明，虽然有行政先例，但若其违法，便不构成先例。

事人不仅要承担契约规定的义务，同时要具备善意、诚实的内心状态。在诚信诉讼中，承审人不受契约字面含义的约束，可根据当事人的真实意思对契约进行解释。并可根据公平原则对当事人的约定进行干预，以消除某些约定的不公正性。① 古罗马的"善意""平衡"的观念传至德意志，在古代德意志法中即成为"依据诚实信用原则方法而作誓约"，此项誓约有确保履行契约上义务之作用，违反此契约者，依相对人申请，得课以背信的罪罚。

在近代，诚信原则作为一个重要的法律原则几乎明示于各国民法典中。同时，诚信原则也不再仅是债法的一项原则，而被扩大到一切民事法律关系，成为民法的一个基本原则。② 1840 年《法国民法典》第 1134 条第 3 项规定"契约应依诚信履行"；1900 年《德国民法典》第 157 条规定"契约应斟酌交易上的习惯，遵诚信以解释之"；1907 年公布（1912 年正式生效）的《瑞士民法典》第 2 条明确规定"行使权利，履行义务，应依诚实及信用而为之"。至此，诚实信用原则从债法原则变成适用于全部民法的一般性原则。在民法领域，诚实信用原则的主要内容建立在主观的"善意"与客观的"衡平"两项基础之上。前者要求人与人之间关系的一种内心状态；后者则侧重于外在秩序，指人际交往应顾及正义、公平的贯彻，以维护正当、善良的秩序，是对诚实信用原则功能的一种表述。

在市场经济条件下，诚实信用原则是民事法律关系中最普遍、最基本的原则。它要求当事人在处理当事人之间的利益关系时，以诚实善意的态度行使权利，履行义务。要像对待自己的利益一样，对待对方或他人的利益。保证法律关系的当事人与社会的利益关系中，诚实信用原则还要求当事人不得通过自己的民事活动损害第三人和社会的利益，以维持一定的社会经济秩序。不讲诚实信用的时候，就不可能产生成熟的市场经济。

---

① 江平：《罗马法基础》，中国政法大学出版社 1982 年版，第 121—122 页。
② 徐国栋：《民法基本原则解释》，中国政法大学出版社 1992 年版，第 84—85 页。

　　近年来，某些西方国家已在行政法上确认信赖保护原则为行政法基本原则。与民事法律关系不同的是，在行政法律关系中，行政机关与公民之间的权利义务是不对等的。行政机关作为权力主体严格要求相对方遵循诚实信用原则，否则，行政机关将给予惩罚①；但作为公民一方，当行政机关一方不遵守诚实信用原则，使公民利益受损时，却常常处于无能为力的状态。从这一意义上说，行政法上的诚实信用原则，首先是针对行政机关提出的要求，因此"诚实信用"自然与"信赖保护"发生联系。公民信赖行政机关，按行政机关的批准意见和决定处理自己的财产事务、从事某种活动或按行政合同履行义务；如果行政机关中途变更其原来的批准决定或改变合同内容，使相对一方的利益受到损害，即使这一改变的目的在于考虑公共利益，有关机关包括本机关或该行政机关的上级机关或司法机关，应该依法保护相对一方因为信赖行政机关而产生的"信赖利益"，对其予以补偿或赔偿。如公民经有关部门许可后在一条新的公路边修建饭店、旅馆等商业建筑。不久，有关部门认为公路两侧还要修建绿化带，就要求这些商业设施后挪20米，但却不给任何补偿。应该说绿化是需要的，原许可决定也是合法的，但不能因此使信赖行政机关的许可决定、修建商业建筑的相对人的权益受到损害。按信赖保护原则，应当给予其补偿。

二、诚信原则的公法性

　　诚实信用作为私法领域的最高原则，是否可以作用于行政法？能否成为行政法的基本原则？持否定说者认为行政法为公法，与私法不同，私法多为任意规定，公法多为强制规定，私法上意志自由原则，为公法上所不许，诚实信用原则主要作用在于补充法规的不足，如适用于公法

---

① 《中华人民共和国税收征收管理法》第三十八条："……在限期内发现纳税人有明显的转移、隐匿其应纳税的商品、货物以及其他财产或者应纳税的收入的迹象的，税务机关可以责成纳税人提供纳税担保。如果纳税人不能提供纳税担保，经县以上税务局（分局）局长批准，税务机关可以采取下列税收保全措施……"。

上势必破坏法规之严格性，因此否认其适用于公法。奥托·迈耶即持此观点。这种观点立足于大陆国家传统上对公私法的区分。但是也有不少学者认为诚实信用原则亦完全可以适用于行政法，并作为行政法治之主要原则，理由在于：

（一）不能因为诚实信用原则最早确立于民法，便认定是私法原则。诚信原则实际上是一个社会的公共秩序与善良风俗所要求，是国家、社会存在与发展的基本秩序，也是社会推崇的起码的伦理要求。各国法律皆有明确认定。① 我国《民法通则》第七条规定："民事活动应当尊重社会公德，不得损害社会公共利益……"。政府是良好公德的倡导者，也自应为良好公德风格的践行者。如诚实信用可行于民法而不行于公法，实为"只许州官放火，不许百姓点灯"，近乎荒谬。

（二）诚实信用原则是民主宪政的根本。民主宪政要求社会中的一切组织和个人尊重其他组织与个人的利益，承认他人权益的正当性；民主宪政也要求每一个政府机关本着诚实、善意的内心状态对待相对方，并以诚实的行为获取社会公众对其合法性的支持。若无诚实信用，政治领域将成为相互倾轧、欺骗、无信义的场所。

（三）法可以类推适用。在行政法上尚无规范的情况下，行政机关和司法机关在处理问题和案件时，可以援引性质相近的法规，以资解决问题。法既可在部门法内类推，亦可在部门法外部类推，只要符合法的精神、理念和符合公共利益，私法原则亦可在公法适用。

（四）无论公私法，法的本质是一样的。法的意识在于确认正当行为与不正当行为。正当的事情，不论公法、私法都予以承认，而不法的事情，不论公法与私法都不予以承认。在实现正义方面，公法与私法最终目的是归一的。诚实信用原则即是同样情形。

（五）公私法的法律关系并无差别。行政法律关系和私法关系在现代

① 《法国民法典》第 6 条规定，个人不得以特别约定违反有关公共秩序和善良风俗的法律；《德国民法典》第 138 条规定，违反善良风俗的行为无效；《日本民法典》第九十条规定，以违反公共秩序或善良风俗的事项为标准的法律行为无效。

法治社会下，实无本质差异；何况今天的行政法律关系并非单一的权力统属关系或支配关系，尚存在公法上的管理关系、契约关系、指导关系乃至私法关系。诚实信用原则为一般法的原则，非任一部门法所独有，因而即使在支配关系上亦可适用。

事实上，作为公法原则的"诚实信用"如今在理论上和司法实践上已多承认。

1926年德国行政法院在一项判决中指出："国家作为立法者及法的监督者，若谋取以国民特别义务，于国民私法关系，相互遵守诚实信用乃正当要求；且国家对于个别国民在公法关系上，该诚实信用原则亦是妥当的"。①

1996年《葡萄牙行政程序法典》第6条规定："行政活动中以及行政活动的所有手续与阶段，公共行政当局与私人应依照善意规则行事并建立关系"。《韩国行政程序法》第四条明确规定："行政机关执行职务时，应本诚实信用为之"。② 我国台湾地区的"行政程序法"③ 第8条规定："行政行为，应以诚实信用之方法为之，并应保护人民正当合理之信赖"。

三、诚信原则的内容

（一）明确性和可预测性。依据法的安定性原理，在一个法治国家，行政行为具有明确性、可预测性以维护法的安定性。就行政法规的立法而言，行政行为的明确性及可预测性，要求行政法规尽可能明确具体，以便人民可以毫无疑问地理解什么是允许的，什么是禁止的，行政机关可以对人民采取什么措施。同样，政府的行政行为必须具有可预测性，能被人民所预见，才能据以安排自己的活动。明确性和可预测性是诚信

---

① 转引自［日］田村德治编：《宪法及行政法及诸问题》，有斐阁1987年版，第10页。

② 《葡萄牙行政程序法典》《韩国行政程序法》，均载应松年主编：《外国行政程序法汇编》，中国法制出版社2001年版，第475、545页。

③ 台湾的"行政程序法"1999年2月3日公布，2001年1月1日生效实施。条款甚为细密，有175条之多。本书所用文本取自汤德宗：《行政程序法论》的附件部分，元照出版公司2001年版，第378页。

与信赖保护的一个基本前提与要求。

（二）法不溯及既往。法治国家要求行政法律秩序具有"连续性"。行政立法作为人民的行为规范，对其公布施行以前已终结的事实，原则上不适用。法不溯及既往是保护人民利益、维护政府公信力所需要的。特别是侵益性、负担性立法一般是禁止溯及的。当然也有例外情况，如果人民对具有溯及效力的法律效果可以预计，或原立法本身的规定混乱不堪，新立法制定基于重大公共利益的理由可以溯及既往。

（三）履行行政承诺。承诺是行政机关单方面约定将来其作为或不作为，是行政机关自我课以某种义务。承诺作出后，行政机关应当积极践行承诺。如果行政机关不履行承诺，对人民造成损害，应当承担责任。即使承诺违法，若信赖利益大于公益，也应承认违法承诺有拘束力。在合法承诺因情事变更而被行政机关收回时，应给当事人以补偿。但何为"承诺"也应当具备一定条件，如果行政机关作出的是符合法律目的、书面的、内容具体明确的一个承诺，那么它就应当受到该承诺在信赖利益保护上的约束；反之，如果只是口头承诺或内容并不具体明确甚至明显具有违法性，则这种承诺下的信赖利益并不受法律保护。

（四）行政处理撤销权的限制。行政机关的处理决定有违法瑕疵时，原则上可以由有权行政机关或法院依职权加以撤销。不允许违法状态存在，才符合法治行政的要求。但行政机关处于优越地位，行政决定一旦作出，即被推定有效，为保护信赖该决定为合法的人民权利，对违法行政决定是否撤销应综合权衡，而非一意维护合法性。"因违法行政处分而受益的人民，对于该违法行政处理之存续已产生信赖，在衡量比较撤销违法处理所可维护公共利益后，其信赖利益得到保护时，则该违法受益处理不得任意依职权撤销之"。①《德国行政程序法》第 48 条第 2 项明确规定："提供一次或持续金钱给付或可分物给付，或为其要件的行政行为，如受益人已信赖行为的存在，且其信赖依照公益衡量在撤销行政行为时需要保护，则不撤销。受益人已使用所提供的给付，或其财产已作

----

① 翁岳生编：《行政法》，中国法制出版社 2009 年版，第 125 页。

出处分，使其不能或仅在遭受不合理的不利时方可解除其处分，则信赖一般需要保护。"

2004 年 7 月 1 日生效实施的《中华人民共和国行政许可法》亦有此类明确规定。如第八条规定："公民、法人或者其他组织依法取得的行政许可受法律保护，行政机关不得擅自改变已经生效的行政许可。""行政许可所依据的法律、法规、规章修改或者废止，或者准予行政许可所依据的客观情况发生重大变化的，为了公共利益的需要，行政机关可以依法变更或者撤回已经生效的行政许可。由此给公民、法人或者其他组织造成财产损失的，行政机关应当依法给予补偿。"另外第六十九条第四款对违法许可是由行政机关及其公务员违法造成、许可持有人并无无过错的情形规定："依照本条第一款的规定撤销行政许可，被许可人的合法权益受到损害的，行政机关应当依法给予赔偿……"该条第三款还规定："依照前两款的规定撤销行政许可，可能对公共利益造成重大损害的，不予撤销"。这些规定显然是诚信原则的体现。

（五）禁止滥用行政裁量。行政裁量受到适当性原则（包括目的性、可能性因素）、必要性原则（最小侵害）与狭义比例原则（损益与受益相称）等三方面的合理性约束。但对行政裁量的约束并不仅此而已，从诚信原则上看，还应当禁止行政机关滥用裁量权，具体表现为：应当适用裁量权的却拒绝适用，应当考虑全部相关因素的却只考虑部分因素，应当只考虑相关因素的却考虑了其他不相关因素……行政机关行使裁量权，应当主观上"善意"、客观上"衡平"，就事论事，不虚假诡诈，不反复无常。所谓言而有信，不出尔反尔。因此诚信原则可以被用来约束行政裁量滥用。

第五节　正当程序原则

"不经正当法律程序，不得剥夺任何人的生命、自由或财产"[1] 是最

---

[1]　美国 1868 年宪法第十四修正案第一款第二句。

著名的宪法性原则之一，被称为"正当程序条款"。关于它的内涵及其相关理论渊源可以被追溯到大宪章和光荣革命的年代。但从典型的大陆法系行政法意义上说，迟至 1924 年奥拓·迈耶的第三版《德国行政法》也并未单独言明"程序"如何限制公权力运行的问题。但可以想象，当时的公权力并非不受任何程序性规则的约束，程序问题可以从法律保留的角度将公权力运行的程序性规则纳入依法行政的大问题中加以讨论，即程序合法是依法行政的一个方面。行政法发展至今，公权力对公民个体权利甚至基本权利的限制几乎无处不在，行政程序问题已不仅仅满足于作为依法行政的一项基本要求，而是已发展出一套以科学行政、公众参与行政为主要内容的独立价值体系，对此本书有专章讨论。下文仅从英美法上的正当程序原则说起，具体阐述正当程序作为行政法基本原则的主要内容。

一、正当程序原则的渊源

美国联邦法院大法官 F.司弗兰克福特曾说："自由的历史大致上是程序保障的历史"[①]。大法官 R.杰克逊也曾说："程序正义与规律是自由不可或缺的要素"。[②] 另一位大法官道格拉斯也在一个判例中这样讲道："行政程序法分别了依法而治与依恣意而治，坚定地遵守严格之程序保障是我们在法律之下平等正义的保证"。[③] 这些大法官的判词均明确地揭示了正当行政法律程序及程序正义在实现行政法治方面的重要性。

程序正义观念发轫于英国，英国 1215 年的大宪章（第 39 条）规定："自由民非依国法（law of the land）而受其同辈之合法审判者，不得逮捕、禁锢、剥夺其财产、逐出国外，或加以任何伤害。" 1354 年的自由律亦规定："任何人，不论其财产或身份如何，不得未经正当法律程序，加以逮捕、禁锢、剥夺继承权或处以死刑。"此后，程序正当便作为一项法

---

① McNabb V.United States,318U.S.,332,347,1943.

② Shanghnessy V.United States,Ox Rel,Mezei,345U.S.,206,244,1953.

③ Joint Anti-fascist Refugee Committee V.McGrath ,341U.S.,123,179,1951.

治原则得以确立。这项在英国作为最为重要的司法审查的原则，是一项普通法上的原则，也即说除非有制定法另有规定，否则任何行政行为均应遵守这一原则，所以它是英国行政法上最基本的程序原则。在英国，它被称作"自然公正"（nature justice），为美国法律继承，并因美国宪法第五、第十四修正案且被冠以"正当程序"条款而名扬天下。其意思是非经正当程序不得剥夺任何人的生命、自由和财产。

英国的自然公正与美国的正当法律程序，均以控制行政行为的正当性、妥当性为目的，但其不同之处在于，自然公正的适用对象范围超过正当法律程序，而概念的含义范围小于正当法律程序：自然公正原则的适用是不区分国家行为与私人行为的，而正当法律程序仅适用于国家行为；正当法律程序的核心是通知、听证和行政机关说明理由，自然公正原则的程序要求主要是通知、听证。

程序正当或程序公正的含义，在学理上有不同的论述。新自由主义的代表人 J.罗尔斯认为程序正义"要这样设计社会系统，以便它无论是什么结果都是正义的（至少在某一范围而言）"[1]。他将程序正义分为三种：第一种是"纯粹的程序正义"，指的是关于什么是合乎正义的结果并不存在任何（实体）标准，而只存在一定程序规则的情况。换言之，"在程序正义中，不存在对正当结果的独立标准，而是存在一种正确的或公平的程序，这种程序若被人们恰当遵守，其结果也会是正确的和公正的，无论它们可能是什么样的结果"[2]。第二种是"完全的程序正义"，指的是在程序之外存在着结果是否合乎正义的（实体）标准，且同时存在使满足这个标准的结果得以实现的程序。第三种是"不完全的程序正义"，指的是虽然在程序之外存在着衡量什么是正义的标准，但是百分之百地使满足这个结果得以实现的程序却不存在。罗尔斯关于程序正义的分类，

---

[1] ［美］罗尔斯：《正义论》，何怀宏等译，中国社会科学出版社1988年版，第80—81页。

[2] ［美］罗尔斯：《正义论》，何怀宏等译，中国社会科学出版社1988年版，第82页。

应该说是对程序正义最为客观的分析。为了追求程序正义而设计及构成的制度上的种种方式、方法等可称为程序保障。

（一）英国的自然公正

自然公正是英国法治的核心概念，是英国法官据以控制公共行为（public behavior）及行政行为（administrative action）的方法。自然公正有两个主要原则：第一，任何人不得做自己案件的法官。这一要求又被单独称为反对偏私的原则。第二，任何人的合法权益受到不利影响时，必须允许其陈述自己的意见。这些意见必须被公平地听取①。行政决定必须由一个没有偏私的行政官员作出，若有不具资格者参与决定，则该决定无效。因而哪些因素构成偏私对何为"公正法官"至关重要，综合英国判例，主要包括②：家庭关系、组织成员、个人好恶、个人对问题的态度。

不能做自己案件的法官，作为一项原则也有一些重要的例外③，主要包括：1. "必要性"，即法律规定某种职权必须由某个机构行使，这个机构行使法定职权的决定不是偏私；④ 2. "相互间的同意"⑤；3. "法律特别规定"。同样，行政首长从公益的立场支持某项政策，不得以行政首长有偏见起诉。⑥

自然公正的第二个原则要求任何人之辩护都必须公平地听取，即听

---

① 有关自然公正原则的发展，参见 D.J.Hewitt, Natural Justice（Butterworths, 1972）。

② 确定这些因素的案例，参见 D.J.Hewitt, Natural Justice（Butterworths, 1972），35-46。

③ 有关这方面的详细分析，参见 D.J.Hewitt, Natural Justice（Butterworths, 1972），48-52。

④ 例如 1984 年的 Wilkson V.Barking 案中，上诉法院认为地方政府和卫生部行使没有其他机关可以行使的法定职权，不违反自然公正程序。

⑤ 例如 1953 年的 R.V.Nailsworth Licensing Justice。

⑥ 最著名之判例是 1948 年的 Frankl V. Minister of Town and Counuy Plaming。在此判例中，上诉法院认为，城乡计划部长执行政策的决定不存在是否有偏见问题。

取意见原则。① 这一原则要求行政机关在决定公民的申诉时，必须让双方相互了解对方的论点和根据，以便提出自己的辩护。同时，行政机关作出对公民不利的决定时，也必须遵守这个原则，必须事先告知行政机关的意图，听取其意见。公民不能蒙受不利而没有陈述意见的权利。具体地讲，听证原则包括了以下几个方面的内容②。

得到通知的权利（the right to notice）。正如丹宁勋爵所言："如果得到听证是一个真正的值得的权利，那么，必须坚持一个受到指控的人有权知晓对其不利的案情"。③得到通知的权利同样扩展到给予个人以合理的时间准备其案件。

听证。听证通常是口头的，在没有专门要求时，当事人可以采取书面形式陈述意见、说明理由。公民有权了解行政机关的论点和依据的权利。

辩护。公民有为自己辩护的权利。

听证原则也存在例外情况如立法，无论是议会立法还是授权立法，除非法律已经规定听证，否则立法制定过程中不存在听证权；国家安全、囚犯和外国人，也是听证的例外情形。④

---

① 在英国，这一原则不仅适用于司法、行政领域，还被扩延至行政法领域之外，及于社会学会、俱乐部这样的机构。非经公平审讯不得开除会员被认为是每个成员的成员资格合同的隐含条件，如1920年的 Bums V. Natial Amalgamated Laborers Union 等。正如丹宁勋爵在谈到工会委员会时说"在人类活动中的一个重要领域具有垄断地位并可剥夺他人生计的机构，必须遵循正义的基本规则。它们不经审讯，不给他人以辩护机会就惩罚他人，任何与此原则相背离的合同或做法都是无效的。"见 Abbott V. Sullivan。

② 关于听证的具体问题，详知情况可参见 P.P.Craig, Administrative Law(London: Sweet & Maxwell, 1983), 273-280。

③ Kanda V. Govemment of Malava, A: c322.337, 1962.

④ 关于听证的例外，详细情况参见威廉·韦德：《行政法》，徐炳等译，中国大百科全书出版社1997年版，第223—230页。

（二）美国的正当法律程序

美国《宪法修正案》第 5 条针对美国联邦政府，《宪法修正案》第 14 条针对州政府，分别以同样的用语规定："非经正当法律程序，不得剥夺任何人的生命、自由或财产"。这就是最负盛名的"正当法律程序"条款。虽然对正当法律程序作出准确的、完美的和最终的解释是不可能的，即使最高法院亦不愿对此作出唯一明确的定义。① 但一般而言，根据美国最高法院的解释，宪法规定的正当法律程序有两个方面的意义：一是实质性正当法律程序，二是程序性的正当法律程序。

实质性正当法律程序是一个实体性规则，这种意义的正当法律程序要求国会所制定的法律，必须符合公平与正义。如果法律剥夺个人的生命、自由或财产，不符合公正与正义的标准，法院将宣告其无效。②

程序性正当程序的意思，是政府的"正式行动必须符合对个人的最低公正标准，如得到充分通知的权利和作出裁决之前的有意义的听证机会"。③ 也就是说，程序性正当程序允许政府对个人或群体采取具有严重后果的行动，只要其遵循公正的程序。程序的正当性或适宜性直接与两个问题有关，一是受到威胁的生命、自由或财产利益范围有多大；二是为确保公平处理，必须采取何种程序。

在范围问题上，财产的范围最负弹性。传统上，受正当程序保障的利益被限制得相当狭窄。这涉及"权利"（right）和"特权"（privileges）

---

① 卡尔威因·帕尔德森：《美国宪法释义》，徐卫东、吴新平译，华夏出版社 1989 年版，第 230 页。

② 关于实质性正当程序的详细分析，可参见杰罗姆·巴伦、托马斯·迪恩斯：《美国宪法概论》，刘瑞祥等译，中国社会科学出版社 1995 年版，第 102—127 页。

③ 欧内斯特·盖尔霍恩、罗纳德·利文：《行政法和行政程序概要》，黄列译，中国社会科学出版社 1996 年版，第 119 页。

划分，权利是受合法保护的利益，而特权不受保护。① 从 20 世纪 60 年代以后，随着政府官僚结构的扩大以及公众越来越关注政府对公民承担的义务，权利与特权的划分受到质疑。美国最高法院在 1970 年的"戈尔伯格诉凯利案"② 中，放弃了传统的权利与特权划分。"今天，界定财产的主要概念就是'依法应享有的权利'。一旦政府承认某人合法地享有某项利益，这便形成一种可期望的情况：这项利益不得任意被终止。一项财产利益遂告成立"。③

受正当法律程序保障的"自由"，依美国最高法院的解释，"不仅指免除对肉体的约束，而且指个人有权签订契约，有权从事任何一种普通谋生的职业；有权获得有用的知识；结婚、建立家庭和抚养孩子；受自己良心的支配崇拜上帝以及普遍地享有历来被认为是自由人和平等地追求幸福所必不可少的那些特权。"④

一旦法院裁定宪法保护的自由或财产利益受到侵犯，正当程序分析的第二个问题便是决定什么程序是宪法要求的。20 世纪 70 年代之前，美国法院认为正当程序要求正式的听证，只有正式听证才符合正当法律程序。但由于在 70 年代以后，随着正当程序的扩大，要求听证的事项繁多，数量巨大，最高法院随之作出了调整。在 1976 年"马修诉埃尔德雷奇案"中，最高法院认为，决定行政程序是否符合宪法的要求，"必须分

---

① 权利和特权的划分，是传统正当法律程序理论中划分利益是否得到保护的界线。依学者赖克的观点和划分，属于特权的有：社会保障收入和福利津贴、政府雇佣、职业执照、特许、政府合同、工商企业和科研活动补助、实用公共资源、政府提供的公共服务等。可参阅 C.Reich:"the New Property",73 Yale Law Journal(1964): 334-377。

② 在此案中，法院认为不能只简单地宣称津贴属于赠与金或特权便驳回权利主张。州机关在终止福利津贴之前，必须提供正当程序保障，对该案而言，应该是口头听证。参见 Goldberg V.Kelly,397U.S.254。

③ 杰罗姆·巴伦、托马斯·迪恩斯：《美国宪法概论》，刘瑞祥等译，中国社会科学出版社 1995 年版，第 129 页。

④ Meyer V. State of Nebraska,262U.S390,1923.

析受到影响的政府利益和私人利益。更确切地说，我们以前的判决表示，确定正当法律程序的具体要求，一般地说，必须考虑三个不同因素：（1）受行政行为影响的私人利益；（2）由于行政机关所使用的程序，这些利益可能被错误剥夺的危险，以及采取增加或代替的程序保障可能得到的任何效益；（3）包括相关的行政作用在内的政府利益，以及增加的或代替的程序要求可能带来的财政的和行政的负担"。①

一般而言，正当程序提供下列程序保障②：（1）事先的通知和听证；（2）（法律明确规定时）审判形式的听证；（3）律师辩护；（4）公正无私的裁决人；（5）公布调查结果和结论。概括起来，公民享有的程序权利应当包括：（1）要求行政机关听取意见的权利，为此，行政机关在作出行政决定前，必须为当事人提供事先陈述意见的机会；法律明文规定应举行听证会的，行政机关应举行听证会。（2）卷宗阅览权，政府信息公开是现代法治政府的要求，当事人或利害关系人，可以向行政机关要求阅览、抄写、复印有关资料或卷宗。（3）咨询权或询问权。（4）设立代理的权利。

二、正当程序原则的制度和内容

行政机关在行使职权时除必须依据实体法，还应该遵循程序法。如果说，行政实体法规定的是行政职权所要达到的目的、目标，那么，行政程序就是达到这一目标的步骤、形式、时间和顺序。我国长期以来不重视程序，以为程序是形式，实体是内容，因而实体是主要的，形式是次要的。从而导致行政机关常常抱有一种误解，以为作出影响相对人权利义务的决定只要内容（实体）正确了，如何作出的（程序）决定并不重要。制定法律时也常常只作实体规定而无程序设置。人们议论某一法律、法规时常说的一句话是"缺乏可操作性"，讲的就是程序规定的缺乏

---

①　Mathews V.Eldridge,424U.S.306,314,1976.

②　有关详细分析参见欧内斯特·盖尔霍恩、罗纳德·利文：《行政法和行政程序概要》，黄列译，中国社会科学出版社1996年版，第133—145页。

或者欠缺，致使执法人员无从着手执行。但实际情形表明程序并不仅仅是操作的问题。例如两个人分一个苹果，无论怎么切，都不容易达到完全公平，因而难免抱怨，但如果让切苹果者后取苹果，就不再会生抱怨。可见，程序正义才是看得见的正义。

2014 年 12 月 25 日最高法审判委员会公布的指导案例 38 号《田永诉北京科技大学拒绝颁发毕业证、学位证案》裁判要点第三条："高等学校对因违反校规、校纪的受教育者作出影响其基本权利的决定时，应当允许其申辩并在决定作出后及时送达，否则视为违反法定程序。"该案①的一审法院也指出：北京科技大学对田永考试作弊的处理没有听取田永的申辩，也没有将处理结果直接送达田永本人，是不合法的。没有"听取申辩"、没有"直接送达本人"均属程序问题，并不一定影响对其处理决定的正确性，但这种程序的欠缺却使人难以平服。可见，正当程序作为"形式"不仅能够保障作出"内容"正确的决定，而且这一过程本身就能够使公民觉得自己的权益或意见受到了行政机关的尊重，从而乐于接受有关的行政决定。正因如此，行政程序在我国渐渐受到重视，关于正当程序的谈论也越来越多起来。

另外，尽管人们希望法律在授权活动时以明确具体的、防止行政恣意的规则来限制行政裁量，但作为实际上的问题，法律完全涵盖和拘束行政活动却是不可能的。因此，"根据变化的各种情况，承认行政机关的专门知识和经验，有时对实现法律目的来说，却是必要的。由于这种情况，法律在某种范围内，承认行政机关有具体判断和选择的余地。"② 如前所述，承认行政自由裁量的必要与法律对它的限制是一致的。在法律限制的方式中，除了实体法意义上的限制外，还应当把法律程序作为限制的方式。自由裁量必须有程序控制体现了这样一种平衡的思想：行政自由裁量，作为赋予行政机关实体上的权力，须课以行政机关程序义务

---

① 参见《中华人民共和国最高人民法院公报》1999 年第 4 期。

② ［日］室井力主编：《日本现代行政法》，吴微译，中国政法大学出版社 1995 年版，第 26 页。

加以控制，方能避免滥用。现代行政法控权的焦点就发生在行政自由裁量的运用与控制上。而程序一旦为法律所规定，就成为法律上的程序权利义务，它与实体权利义务具有同样的意义。

如前所述，正当程序原则在英国和美国虽然从适用上是从司法行为渐次扩展到行政行为，但其基本内涵仍然是不能作自己案件的法官，作出不利决定前要告知并听取当事人的意见。所以，可以这样说，作为行政行为作出时的程序"底线"，正当程序是对行政机关最起码的要求；但是基于这一理念发展起来的正当程序原则，在内容上却在不断发育和丰满。正因为如此，拥有正当程序原则（宪法原则）的美国，同时又有行政程序法（典）。

制定统一的行政程序法，是西方当代法治国家行政法治实践中最重要的事件之一。行政程序法制化，在很大程度上保证了依法行政原则的落实。随着时间的推移，其重要性正在为世界各国越来越多的人所认识。从 1889 年西班牙制定行政程序法开始，迄今已有数十个国家制定了行政程序法。日本、韩国、中国澳门地区、中国台湾地区都已制定了行政程序法。行政程序法的普遍制定，说明了行政程序法在依法行政中的重要性。

我国对行政程序法的重视，始于 20 世纪 80 年代。1982 年宪法对行政程序中的公开、参与制度等作了原则规定。1989 年颁布的行政诉讼法将行政机关的具体行政行为是否符合法定程序作为衡量其是否合法的重要标准之一，违反法定程序的具体行政行为将被撤销。这就大大提高了人们对行政程序重要性的认识。1996 年颁布的《行政处罚法》是迄今我国法律对某一领域行政行为应遵循的行政程序所作出的最完整的规定。为提高行政效率，《行政处罚法》第一次规定了行政程序中的简易程序；为保护公民的权益，行政处罚法第一次规定了听证程序。行政处罚法规定的执行程序，即彻底实行收支两条线，也将对我国的行政管理产生深远影响。2000 年 4 月通过的《立法法》又对行政立法的程序作了原则规定。但这些程序规定毕竟都限于单个领域，是零散的、不系统的。按照各国的立法经验，虽然这种单个领域的程序立法能解决某些领域对程序的需要，但没有满足依法行政对程序的普遍需要。

2015 年 5 月修订实施的《行政诉讼法》第七十四条第一款第二项明确规定"行政行为程序轻微违法，但对原告权利不产生实际影响的，人民法院判决确认违法，但不撤销行政行为。"这条规定第一次从合法性审查的角度将大陆法系行政行为的瑕疵理论引入行政诉讼法，把行政行为的合法性与有效性问题区分开来，认可"轻微"程序瑕疵行政行为尽管违法但依然有效。因此新《行政诉讼法》第七十四条对行政程序合法性的认识提出了新的挑战，它本质上属于行政程序法问题。

因此，制定一个全面的行政程序法典应该说是必要的。统一的行政程序法将对通行于各行政机关的行为过程作出程序规定。根据我国学者的阐述，一个合理的行政行为应当遵循的程序要求有：告知程序、公开（文件）原则、听取意见程序、回避、禁止单方面接触原则、说明理由原则等。我们认为，行政程序的制度建设，当然以周全为妥当，但是在有关程序规定不足或根本没有规定时，那种作为"底线"的正当程序原则就应该发挥作用了。下面，我们分述"正当程序"的主要制度。

（一）公开

"公开"是一项非常重要的程序制度，因为"阳光是最好的防腐剂"，暗箱操作是产生腐败不公的温床。公开还是其他程序制度的前提条件，没有公开，就更谈不上"参与"或听取意见等。所以，公开又是一项最基础性的程序要求。"公开"主要包括（1）政府文件公开；（2）行政机关办事制度公开；（3）结果公开。公开政府文件，让老百姓能够查阅或得到政府文件，是执行该文件的前提和基础。例如《行政处罚法》规定：未经公布的文件，不得作为行政处罚的依据，是比较典型的规定。除了文件公开以外，行政机关还应该公开办事程序，例如将审批、许可的内容和办理程序公开，使其变得"透明"起来；将某些无形市场变为有形市场，也是贯彻了公开原则。任何希望做好工作的行政机关及其工作人员，都会愿意让老百姓了解行政机关的意图、让老百姓相信工作人员工作的清白，公开无疑有助于此。结果公开，似乎是不言而喻的，因为"结果"是行政过程形成的有法律意义、需要相对人的执行和服从的最终决定。但是，结果公开一方面要求对直接的当事人有一个合理的送达或告知，另一方面要求对其他可能有相关利害关系的个人或人群的送达或告知。这样看，结果公开对行政机关而言并不是一项轻松的要求。

（二）通知

从对现代政府公开、透明的要求来看，程序活动过程应当对当事人、利害关系人及社会公开进行，并告知且保障其参加机会。除涉及个人隐私、商业秘密或国家机密外，一般情况下均须通知告诉。"没有事先通知其利益有可能因政府的决定而受到影响的人，一切其他程序权利便都可能毫无价值"①。这是当事人程序上知情权的一个方面。

通知可以分为事前的通知和事后的通知。行政程序上的通知一般以事前通知形式为主。所谓事前、事后的分别在于，该决定，即"事"是否已经生效，生效之前通知是事前通知，生效之后通知就是事后通知了。过去，往往认为行政决定一经作出即为生效，无须以当事人知道与否作为生效条件，现在则因行政法越来越人性化、更为重视公民权益而要求行政行为的生效应以通知送达当事人为准。所以，通知到当事人是有关行政决定生效的标志，这当然意味着通知是事前通知为原则，以事后通知为例外。通知能够当场或当面的，应当当场或当面。如《行政许可法》第三十二条规定，申请人提出行政许可申请，但申请事项依法不需要取得行政许可的，应当即时告知申请人不受理；申请事项依法不属于本行政机关职权范围的，应当即时作出不予受理的决定，并告知申请人向有关行政机关申请……不能当场或当面"通知"的，须采用其他形式。其他形式包括：直接送达、邮寄送达、留置送达（转交）、通告或公告等形式。一般的，能够直接送达当事人的，应首先选择直接送达当事人。然后，次第选择邮寄送达、留置送达、通告或公告形式。

---

① ［美］欧内斯特·盖尔霍恩、罗纳德·利文：《行政法和行政程序概要》，黄列译，中国社会科学出版社1996年版，第133页。

(三) 听取意见

"听取意见"的主体是行政机关，因而首先是对行政机关做事的程序要求。但从另一面观之，即从人民群众的角度来讲，是一种民主参与。这种民主参与，既包括正式听取意见的形式如听证会，也包括非正式的听取意见的形式如座谈会、论证会、讨论会，书面收集群众的意见或建议等形式。听取意见已被越来越多的立法所采用，成为行政机关办事的最普遍的一种程序，同时听取意见也迅速被人民群众所认同，在许多场合成为人民群众诘问、质疑行政机关的话语权。如《立法法》第六十七条规定："行政法规在起草过程中，应当广泛听取有关机关、组织、人民代表大会和社会公众的意见。听取意见可以采用座谈会、论证会、听证会等多种形式⋯⋯"《行政处罚法》第四十二条规定："对责令停产停业、吊销许可证或执照、较大数额的罚款等，事前应让相对人考虑是否要求举行听证，如果相对人要求，则行政机关必须举行听证⋯⋯"《价格法》第二十二条第一款规定：政府价格部门制定政府指导价、政府定价，应当开展价格、成本调查，听取消费者、经营者和有关方面的意见；第二十三条又规定：制定关系群众切身利益的公用事业价格、公益服务价格、自然垄断经营的商品价格等政府指导价、定价，应当建立听证会制度。除了法律规定外，不少法规、规章也先后规定了听取意见或听证会制度。显然，听取意见程序已经逐渐变成行政机关作出决定前的普遍程序。

在《行政处罚法》规定听证程序以后，《价格法》也规定了听证程序。此后，《立法法》又规定了听证程序。我国法律中已规定了上述三种不同领域的听证，且均以听证会的称呼，但形式却不一定一样。《行政处罚法》对处罚听证会规定得较为详细。除听证会的适用条件外，还规定了听证会的步骤、费用、时限、主持人（由调查人员以外的行政工作人员担当）、听证会笔录、尽管规定得较为详细，但关于听证会的参加者、听证会笔录在作出行政处罚决定时的约束力却没有规定。听证会的参加者，尚且可以推断立法者的意思，一定是行政处罚机关的派员和将受到行政处罚的人员可以参加，但其他人是否参加，未予明确。有人认为既然行政处罚的听证会一般是公开举行，其他人当然是可以参加的，但是作为旁听者参加，与作为参加人参加是不同的，参加人才可能在听证会上发表意见，而旁听者是不能在听证会上发表意见的。由于行政处罚关于听证会的规定较为详细，大家就都将《行政处罚法》规定的听证会视为正式听证会，殊不知正式听证会的笔录约束其后的决定才应该是最关键的，也就是说正式听证会的笔录是作出其后决定的唯一事实依据。虽然我国的正式听证会与非正式听证会，可以按照我国自身的情形来安排，不一定照搬美国的规定。但如果听证会听取到的意见对行政机关毫无约束的话，有些情形下确实难以保障听证会不是走形式、走过场。因此将来的行政程序法应当明确正式听证会，其听取的意见对其后的决定是有约束力的，即行政机关不可根据听证会以外的事实证据作出决定。

由于《立法法》的规定以及其后国务院的几个行政法规的规定，立法领域业已全面引入听证会制度。这种立法听证会包括行政立法的听证会，当然与行政管理领域的听证会在程序上要有所区分，比如参加者的范围一定更为广泛，且听证会可能要反复举行多次等；价格听证，价格法只是原则性规定，实质性标准只有一个，就是这种听证会要有消费者参加。但我们以为价格听证的形式大致上可以向立法听证会靠拢，因为价格的制定介于抽象行为与具体行为之间，在程序上按照立法听证来安排，有利于相对人或消费者。

（四）说明理由

实践中，常常与"听取意见"程序相伴的是"说明理由"。说明理由也应该是一种普遍适用的程序要求，但凡作出影响相对人权利义务的决定，行政机关都应当说明理由。行政决定的过程必须是理性推论过程。正式决定中必须包括"关于所有事实、法律或记录所载的、通过自由裁量对实质问题的调查结果和结论，及其理由或基础"的说明。[①] 充分合法的决定应有最低限度数量的证据作为支持。理性是现代行政法对行政的

[①]　［美］欧内斯特·盖尔霍恩、罗纳德·利文：《行政法和行政程序概要》，黄列译，中国社会科学出版社1996年版，第143页。

要求，政府、行政机关不应该作出也无权作出毫无理由的事情，既然是有理由的，当然应当公开予以说明。从"合法性"发展到"合理性"，在行政程序上亦应有具体表现。

"说明理由"虽是一个单独的程序要求，但因其是行政机关对听取来的意见的一个反馈，"说明理由"某种程度上亦是"公开"原则的体现，涉及的也是公民的知情权。通过行政机关对理由的说明，可以帮助相对人或其他组织、国家机关监督行政机关，看其听取意见的程序是否流于形式。说明理由，首先要"说"，即将其理由表述出来；其次是说明的理由是否充分，如果仅用"依法"如何如何的表述，那种说明等于没说。所以，说明理由一定要将理由说明得明确、充分，包括作出决定的法律依据、事实根据以及相关证据等。

（五）回避

"回避"原本是一项司法制度，指任何人不能成为审理自己案件的法官。把司法上的回避制度运用到行政程序上来，是现代法治的一大发展。如上所述，这也是自然公正或正当程序的一项基本要求。戈尔丁①认为，这是一种社会的需求，它以一种公平方式运行，给予当事人一种受公平待遇之感，有利于当事人对行政机关建立信任感。所以行政主体应当保持中立，公正无私且不怀偏见。如某公务员的妹妹向该公务员所属机关申请某种行政许可，在审查是否核发该许可的问题上该公务员应当回避；又如公务员处理的某一违法案件，当事人是其姑妈，则该公务员亦应回避。回避分为公务员自行申请回避、当事人申请回避、行政机关决定某一公务员回避三种。

当然，前两种情形，决定是否回避的也是行政机关；但是，如果公务员没有自行申请回避、当事人也没有申请回避，行政机关亦可根据具体情况直接命令该公务员回避。

---

① ［美］戈尔丁：《法律哲学》，齐海滨译，生活·读书·新知三联书店1987年版，第241页。

（六）告知

告知，在台湾又称"教示"，两种名称放在一起，把告知的形式和实质描述出来。告知指行政机关告诉当事人他所享有的权利。在法律上最先规定告知制度的是1991年5月29日生效实施的《最高人民法院关于贯彻执行〈中华人民共和国行政诉讼法〉若干问题的意见（试行）》。虽然这一规定被2000年3月10日生效的司法解释所代替①，但后者仍然坚持了关于行政机关告知程序义务的规定。《若干意见》第三十五条规定："行政机关作出具体行政行为时，未告知当事人的诉权或者起诉期限，致使当事人逾期向人民法院起诉的，其起诉期限从当事人实际知道诉权或者起诉期限时计算，但逾期的期限最长不得超过一年。"《若干解释》第四十一条规定："行政机关作出具体行政行为时，未告知公民、法人或者其他组织诉权或者起诉期限的，起诉期限从告知公民、法人或者其他组织知道或者应当知道具体行政行为内容之日起计算，但从知道或者应当知道具体行政行为内容之日起最长不得超过2年。"行政诉讼法司法解释的规定，实际上是对行政机关作出具体行政行为提出了关于告知的普遍性要求。

此后，1996年颁布、实施的《行政处罚法》关于行政处罚决定书的规定（第三十九条）中有一项是要求处罚决定书要载明"不服行政处罚决定，申请行政复议或者提起行政诉讼的途径和期限"，也就是说行政机关的处罚决定中的"告知"更为具体，不仅仅是可以复议、诉讼的权利，而且在多长的期间向哪个机关申请复议、在多长期间向哪个法院提起行政诉讼都要告诉清楚。

《行政处罚法》还规定了另一种告知："行政机关在作出行政处罚决定之前，应当告知当事人作出行政处罚决定的事实、理由及依据，并告

---

① 《最高人民法院关于贯彻执行〈中华人民共和国行政诉讼法〉若干问题的意见试行年》共有115条，所以经常被称为"115条"，2000年3月10日生效的司法解释《最高人民法院关于执行〈中华人民共和国行政诉讼法〉若干问题的解释》是98条，故称为"98条"。

知当事人依法享有的权利"（第三十一条），这种告知不单单告知复议、诉讼的权利，还包括告知当事人享有"陈述权""申辩权"要求召开"听证会"的权利，而且"告知"处罚决定的事实、理由和法律依据。

《行政复议法》第十八条规定了一种便民的告知"……对依照本法第十五条第一款的规定，属于其他行政复议机关受理的行政复议申请，应当自接到该行政复议申请之日起七日内，转送有关行政复议机关，并告知申请人。……"出于方便当事人的这种做法多伴随着"告知"，《行政许可法》第三十二条规定的告知也是属于这一种：申请人提出的行政许可申请，申请事项依法不需要取得行政许可的，行政机关"应当即时告知申请人不受理"；申请事项依法不属于本行政机关职权范围的，行政机关应当即时作出不予受理的决定，"并告知申请人向有关行政机关申请"；申请材料不齐全或者不符合法定形式的，行政机关"应当当场或者在五日内一次告知申请人需要补正的全部内容"。

（七）禁止单方接触原则

"禁止单方接触"本是司法原则，因为司法权是一种裁判权，裁判势必面对双方当事人，为了司法的公正，禁止裁判者单方接触当事人，以避免裁判者先入为主，对依法当事人抱有偏见，以至于作出不公正的裁决。我国的司法传统并不深厚，因此司法的这一原则，在司法界甚至都没有真正成为一种"禁忌"，司法人员包括法官单方面接触当事人亦是司空见惯，更何况是行政机关的活动或行为，"禁止单方接触"似乎是毫无关联的事。但是，近年来，司法公正已经是全社会的话题，人们的议论也比较集中在禁止单方接触原则。其在司法领域的重要性已渐为人们所认识。

但是在行政法领域，这一原则的重要性尚且没有得到普遍认同。其实，行政行为大都以裁决（决定）形式作出，尤其是对争议的双方作出裁决，与司法活动非常接近，是一种准司法活动（行为），也应当遵循一定的司法活动原则，禁止单方接触原则即是其中最重要的一个。

禁止单方接触原则，是指裁决人员不与双方当事人中的任何一方私下接触。因为私下的接触，无法杜绝腐败、贿赂，也不能防止产生成见、偏私。如果参加者接触当事人，就应该是在同一时间、同一场合与双方当事人接触——就如同司法活动中，审判人员只应该在开庭时与双方会面、提交证据、质证，听取各方当事人的意见等。

禁止单方接触原则的贯彻实施是最需要舆论监督、社会监督的，因而对法治环境的要求也最高。行政程序法可能仅能作一禁止性规定，但造就一种环境使之真正得到实施，须付出更多的努力。

上述程序制度均须立法予以确立。立法不但要确立这些程序制度，而且应当确立一种责任制度，即一个违反程序的行政行为是违法的，是可撤销的。在这方面，德国行政程序法已经为我们树立了榜样，包括行政行为的无效——其中包括程序上的违反，行政程序法均设定有标准。我国的行政诉讼法率先规定了违反法定程序的行政行为是可撤销的，但实际上是否违反法定程序就一律予以撤销却是有争论的。甚至行政复议条例也曾经规定，违反法定程序影响实体决定内容的行政行为才予以撤销，虽然取代行政复议条例的行政复议法取消了上述规定，但是为了避免形式主义，行政程序法似宜像英国那样，区分主要程序和非主要程序，只有违反主要法定程序的行政行为才予以撤销。行政程序法在对无效行政行为的标准进行规定时，亦应借鉴德国的行政程序法的规定，只将极其严重程序错误的行政行为列为无效的行政行为。

| 第四章 |

行政法律关系

杨解君　　　广东外语外贸大学教授、"云山杰出学者"，法学博士，博士生导师，国家级专家（"百千万人才工程"），享受国务院政府特殊津贴。主要研究方向为行政法与行政诉讼法、科技法、能源法与环境法、语言文字法等。曾多次赴法、德等国家或地区进行访学。主持国家及省部级各类重大、重点科研项目等20余项及多项国际合作项目；发表学术论文200余篇；出版著作40余部（含著、主编、教材）；并获多项国家或部省级奖励。

第一节　行政法律关系的理论溯源与研究态势

一、行政法律关系理论在大陆法系之渊源

"法律关系"的观念，从历史渊源来看，最早源于罗马私法"债"（obligatio）的概念。按照罗马法的解释，债即法锁（法律的锁链 juris vinculum）。这形象地描述了债作为私法关系存在的约束力和客观强制性，并对后世民法及其理论的创立产生了深刻而又广泛的影响。因此，"从纯粹法学的角度看，在 19 世纪以前，法律关系的研究仅限于私法（民法、商法）领域，法律关系学说亦主要是私法关系学说。"① 直到 19 世纪中后期，严格意义上的法理学出现后，法律关系的一般理论才在大陆法系国家（主要是德国和法国）得以形成。不过，在一般法学上，法律关系理论一直依附于法、权利等观念，"法律关系始终是'权利'和'义务'的下位概念"②。大陆法系法学家们通常将法分为"客观法"和"主观法"两个相关的领域或阶段：在客观法领域，权利及其义务作为法律规范的一般内容而存在；在主观法阶段，法律规范的内容又具体化为法律主体之间的权利、义务及其相互关系。法即客观法与主观法、法律规范与法律关系的统一。因此，从某种意义上来说，主观法理论也就是法律关系理论。可见，法律关系理论源于罗马私法，而形成于德国等欧洲大陆法系国家。根据该理论，法律关系是指法律主体之间就具体事件，依据特定法律的规定所生之权利义务关系。③

---

① 王勇飞、张贵成主编：《中国法理学研究综述与评价》，中国政法大学出版社 1992 年版，第 490 页。

② 张文显：《法学基本范畴研究》，中国政法大学出版社 1993 年版，第 159 页。

③ 不过，有学者正好持相反的观点，认为法律行为概念在大陆法系扮演主要角色，而"关系及其法律后果贯穿英美法的每一个方面。"参见 [美] 罗斯科·庞德：《普通法的精神》，唐前宏等译，法律出版社 2001 年版，第 14、15 页。

受法律关系一般理论的影响，行政法律关系亦成为大陆法系国家行政法学的一个基本概念。同时，大陆法系国家尤其是德国行政法学十分关注公民的主观公权利，即公法赋予个人为实现其权益而要求国家为或不为特定行为的权能。主观公权利使宪法保障的尊严和人格产生法律效果，对国家和公民之间的关系具有决定性影响。保障主观公权利是自由、民主、社会、法治国家的基本条件之一，因此，德国基本法（1949 年）颁布之后，"主观公权利"得到了广泛的认同。同时，根据德国基本法的规定，任何一个主观公权利遭受公权力侵害的公民都可以诉诸司法途径，因而主观公权利亦具有司法救济层面的实践意义。而"行政法律关系与主观公权利联系紧密"，① 是依行政法而成立之法律关系，故随着主观公权利意义的提升，行政法律关系理论也在德国行政法学中得以确立。

尽管如此，行政法律关系理论的确立也经历了一个演变的过程。"行政法学之讨论向来以行政处分为核心，对行政法律关系则未给予充分之注意"。② 这一现象与行政法学的发展有关。在 19 世纪自由主义法治国家，国家的行政任务主要在于维持社会秩序，因此，干涉行政以及行政行为成为行政法的重点。直到 20 世纪特别是第二次世界大战后，给付行政兴起，国家职能有了重大转变，"积极主动提供人民最大的服务及照顾，以满足人民各项生活所需，乃成为国家责无旁贷的任务。"③ 而关于给付行政的实施方式，行政机关享有较大的选择自由，可以通过多种多样的目的和内容来实施。为此而采用的手段即形式也是选择与各自目的和内容相适应的。"既有作为公权力行使的法律行为（例如行政行为）、或事实行为（例如行政上的即时强制）那样的带命令或强制性的手段，又有不带命令或强制性的非权力法律行为（例如行政契约），或事实行为

---

① ［德］哈特穆特·毛雷尔：《行政法学总论》，高家伟译，法律出版社 2000 年版，第 163 页。

② 陈敏：《行政法总论》，台湾三民书局 1999 年版，第 191 页。

③ 翁岳生编：《行政法》，中国法制出版社 2002 年版，第 30 页。

（例如建议、劝告等的所谓行政指导）。"① 因此，行政法学均把行政的活动形式而非行政活动置于首要位置。而行政法律关系亦常常表现为由公民的请求和推动引起的形式，行政机关对其作出回应多于其主动发起。因此，对行政法也可从行政机关与公民建立联系以及由此而产生的法律关系角度来予以阐述。于是，人们按照这种思路，"不使用行政活动，而选择使用行政法律关系作为系统说明行政法的基础。"② 如德国迪特尔·洛伦茨（Dieter Lorenz）教授认为，行政行为是传统行政法学的中心概念。行政行为包含了行政法的所有因素，因此以行政行为为中心构筑行政法学，有助于揭示行政法的全貌。但是，行政行为也存在缺陷，主要是单方面性，缺乏民主性和合意性，不符合现代民主行政的要求，尤其不能反映行政合同普遍存在的现实。行政法律关系则避免了行政行为的缺陷，不但可以包容各种形式的行政管理方式（行政行为、行政合同和事实行为等），而且可以反映现代民主行政的内涵。③ 在这种学说的推动下，行政法律关系研究的重要性日增，甚至还有人主张，"应以行政法律关系替代行政处分，作为行政法体系之基础"。④ 不仅如此，随着行政法律关系之分量日益加重，法律关系的概念也出现在了法律规范之中，如德国《行政法院法》第43条第1款明确规定，可以针对确认"是否存在法律关系"提起诉讼。⑤ 这些都足以证明行政法律关系之讨论已非停留于抽象理论之层次，而是已有具体明确的法源，可资依凭。⑥

---

① ［日］室井力主编：《日本现代行政法》，吴微译，中国政法大学出版社1995年版，第12页。

② ［德］平特纳：《德国普通行政法》，朱林译，中国政法大学出版社1999年版，第86页。

③ 参见［德］哈特穆特·毛雷尔：《行政法学总论》，高家伟译，法律出版社2000年版，译者注解，第166页。

④ 陈敏：《行政法总论》，台湾三民书局1999年版，第191页。

⑤ ［德］平特纳：《德国普通行政法》，朱林译，中国政法大学出版社1999年版，第86页。

⑥ 翁岳生编：《行政法》，中国法制出版社2002年版，第259页。

日本与我国台湾地区深受德国行政法学的影响，向来重视行政法律关系理论的研究。而且，我国台湾地区"行政程序法"（1999年）和1998年完成修正的"行政诉讼法"还专门使用了"公法上法律关系"的概念。不过，按照主张公法私法二元论的传统学说，行政法律关系即公法关系，主要限于一种"权力关系"（作为一种学说其源头是德国支配关系学说），可称为权力型的公法关系（权力的支配关系）。① 现在，该说受到诸多质疑与批判。如日本学者室井力认为，随着宪法体制的转轨，现代行政在其目的、手段（形式）和内容（对象）上都趋于极其复杂化，许多非权力行政现象对现代社会的国民及居民的各种权利自由及要求都有密切的关系，不能因它是非权力行政而放松或放弃法的统制。② 成田赖明也指出，现代行政已经不限于权力性行政活动，非权力性行政活动正在逐渐增加，若依然将法技术性意义上的公法手段及形式作为行政法学的研究对象，便难免导致放弃对行政活动的重要组成部分予以研究的结果。③ 因此，现代学说一般将行政法律关系分为权力关系和非权力关系，其中，有关权力行政的法律关系是权力关系，有关非权力行政的法律关系是非权力关系。两者都属于行政法律关系的范畴。④

二、行政法律关系理论在英美法系之特色

在英美法系国家，法律关系理论不甚发达，法学家们甚至避免使用"法律关系"一词。后来一批著名的分析法学家，如边沁（J.Bentham）、

---

① ［日］和田英夫：《现代行政法》，倪健民、潘世圣译，中国广播电视出版社1993年版，第53页。

② ［日］室井力主编：《日本现代行政法》，吴微译，中国政法大学出版社1995年版，第33页。

③ ［日］成田赖明：《非权力行政的法律问题》，载《公法研究》第28号，转引自杨建顺：《日本行政法通论》，中国法制出版社1998年版，第181页。

④ 参见［日］室井力主编：《日本现代行政法》，吴微译，中国政法大学出版社1995年版，第34页；［日］和田英夫：《现代行政法》，第53页；杨建顺：《日本行政法通论》，第171页。

奥斯丁（J.Austin）、温迪施切特（B.Windscheid）、萨尔蒙德（J.W.Salmond）、霍菲尔德（W.N.Hohfeld）等，注重对法学基本概念和范畴的研究，在探讨法律权利的内容时，也间接论及法律关系问题。特别是霍菲尔德不仅分析了法律关系这一概念，而且对复杂的法律关系现象进行了分析。这种分析集中在对权利义务关系的分析上。他认为，人们过去往往将所有的法律关系都简单地归结为权利义务关系，其实，广义的权利义务概念是极其复杂的。研究基本法律概念的方法最好是对相互"关联"（correlative）和相互"对立"（opposite）的概念进行逻辑分析。就广义的权利义务概念而论，它分别包括四对共八个相互关联和相互对立的基本概念："狭义的权利——义务关系"（right-duty relation），意即"我主张，你必须"；"特权——无权关系"（privilege-no-right relation），意即"我可以，你不可以"；"权力——责任关系"（power-liability relation），意即"我能够，你必须接受"；"豁免——无能力关系"（immunity-disability relation），意即"我可以免除，你不能"。通过对这四对关系中的八个基本法律概念的分析表明，法律关系并不都是一样的权利义务关系，而是涉及八个法律概念之间的复杂的关系。① 霍菲尔德的理论在现代西方法学界曾经得到了高度的评价，被视为法律概念分析的经典学说。尽管如此，我们从霍氏的学说中也能够看到英美法系国家的法律关系理论的局限性。就其理论而言，它过分强调对法律概念的逻辑和语辞学分析，忽视了对法律关系的社会内容及其与其他社会现象的联系的研究。"这种理论，与其说具有法学意义，倒不如说更具有逻辑学和语辞学意义。"②

　　受法学一般理论研究的影响，在英美法系国家，学者们对行政法律关系问题并未给予过多的关注。当然，这与英美行政法的特点也有很大的关联。在英美法系国家，公法、私法之间没有严格的区分，也不存在独立的行政法院，所有的案件都由普通法院管辖，适用同样的法律规则，

① 参见沈宗灵：《现代西方法理学》，北京大学出版社1992年版，第146—150页。
② 王勇飞、张贵成主编：《中国法理学研究综述与评价》，中国政法大学出版社1995年版，第493页。

实务上对行政法律关系与其他法律关系划分的必要性显得并不十分突出。"在英美行政机关和公民之间的关系，只是法律有特别规定时才适用特别的法律，否则适用和公民之间关系同样的法律。"① 因此，英美行政法无须像德法等大陆法系国家那样，专门研究支配行政机关和公民之间的法律关系，以区别于一般私人之间的法律关系即私法关系。故而，英美国家的学者们主要注力于程序问题的研究，行政法律关系理论不甚发达自然也在情理之中。

不过，也有学者涉及行政法律关系论题，如施瓦茨认为，行政法律关系和私人相互之间的法律关系不一样，私人相互之间的法律关系是地位相等的当事人之间的法律关系，行政法律关系主要是行政机关和私人之间的法律关系。行政机关具有主权者所享有的权力、威望和财力，与私人处于不平等的地位，行政法的目的就是要矫正这种不平等。为了达到这一目的，在有些情况下，行政程序是一个手段，法院在达到行政法的目的中发挥着最重要的作用，行政机关在法院面前处于平等。②

三、行政法律关系理论在原苏联和我国之地位

研究法律关系理论，不能不提及原苏联法学。这是因为，"法律关系是苏联法学的基本范畴"，"在其整个法学理论体系中占有独有的地位，至少目前还没有一个国家的法学家能像苏联法学家那样重视法律关系的研究，并且将此推至法学的一般理论的高度。"③ 原苏联的法学家一方面批判地继承了西方法学的合理成分，根据法律权利和义务的性质与联系来界定法律关系；另一方面，他们又以马克思主义的基本原理为指导，从更为广泛的范围和法学理论体系的高度来研究法律关系，使法律关系理论一开始就作为法学的基本理论问题而存在。经过几代法学家的努力，

---

① 王名扬：《英国行政法》，中国政法大学出版社1987年版，第273页。
② 王名扬：《美国行政法》，中国法制出版社1995年版，第44页。
③ 王勇飞、张贵成主编：《中国法理学研究综述与评价》，中国政法大学出版社1995年版，第493、495页。

在原苏联法学上形成了一般法学意义上的法律关系理论体系，且法律关系理论不再局限于民法学或法理学领域，而在法学的其他主要部门（如宪法学、行政法学、刑法学、诉讼法学）中也受到了广泛的重视。正是在这种研究的推动下，行政法学也开展了行政法律关系的专门研究。① 在当今的俄罗斯法学中，法律关系依旧被认为是"一个中心的法律范畴"。② 新中国早期法学研究几乎全盘移植了原苏联的模式，法律关系理论也基本上是接纳了原苏联同期法律关系的观点。但是，晚近我国法学对法律关系的研究"已突破了传统法律关系理论的局限，取得了一些可喜的成果"，③ 并开展了部门法律关系的深入研究。行政法律关系作为行政法这一部门法上的法律关系，历来为我国行政法学者重视。可以说，自我国行政法学研究起步之日，学者们便开始了对行政法律关系的研究。早在1983年由王珉灿主编的第一本高校试用教材《行政法概要》，就提出了行政法律关系这一概念，其后直到现在，行政法律关系一直都被作为行政法学的重要组成部分加以专门介绍。

第二节　行政法律关系的存废

一、行政法律关系的地位之争

行政法律关系，简言之即依行政法律规范而成立的权利义务关系（行政法上主体相互之间）的总称。行政法律关系论（或者说学说），由德国学者首倡，试图将其作为行政法学体系的理论支点，以解释行政法

---

① 参见［苏］瓦西林科夫主编：《苏维埃行政法总论》，姜明安、武树臣译，北京大学出版社1985年版，第23页；［苏］B.M.马诺辛主编：《苏维埃行政法》，黄道秀译，群众出版社1983年版，第59页。

② ［俄］B.B.拉扎列夫主编：《法与国家的一般理论》，王哲、王成英、刘远生、李尚公译，法律出版社1999年版，第167页。

③ 张文显：《法学基本范畴研究》，中国政法大学出版社1993年版，第160页。

现象。因而，理论界就引发了关于行政法学的理论支撑点究竟为何的争论，从而也相应地涉及行政法律关系在行政法学中的地位问题。

就德国和日本行政法学理论发展的终极核心问题而论，均在寻求构成行政法学体系的核心（或基础）概念。① 总体来说，传统行政法学以行政行为形式（方式）论为其理论支点，且仍旧占有今日德国通说的地位，德国较有说服力的学说（目前仍属少数说）则多主张以行政行为形式论与行政法律关系论共同组成行政法学的支点（二支理论），只有很少学者主张单纯以行政法律关系为唯一的支点（一支理论）；而日本当前的主流学说则系以行政过程论作为此一支点（如日本盐野宏教授即以行政过程构造行政法学体系②），从而否定行政法律关系在行政法学中的地位。

在国内，很少有人从行政法学的理论支点角度来探讨行政法律关系在行政法学中的地位。但对行政法律关系在行政法（学）中有无意义以及有无探讨的必要，多有争论。行政法律关系是大多数行政法学著作和教科书所确定的基本概念范畴，一直作为行政法学的重要组成部分被加以介绍和研究。但也有学者对此持反对意见，认为在行政法学应否弃行政法律关系的概念，更无必要在行政法学教科书中列为专章。其反对理由在于：行政法学研究不应沿用其他学科的方法，法律关系是法学其他学科采用的方法。行政法学的研究对象有其特殊性，因而应当采用特殊的方法。法律关系一般是以双方当事人地位的平等为前提条件，因而要研究双方各自的权利义务。但行政关系是不平等的关系，这一特点决定了行政法学只应研究行政机关一方，至于相对人一方，在行政活动的内容和特征中都已将其包含。各国行政法学中亦很少有论及行政法律关系的，因而，行政法学的特殊性决定了不应将所谓的行政法律关系作为其

---

① 参见赖恒盈：《行政法律关系论之研究——行政法学方法论评析》，台湾元照出版有限公司 2003 年版，第 92—93 页。

② 参见［日］盐野宏：《行政法》，杨建顺译，法律出版社 1999 年版，第 63 页为

内容，事实上也无此必要。① 在否定行政法律关系的前提下，以何种思路取而代之呢？在讨论中，具体表现出三种不同的观点：一是主张从行政权、行政职权入手来安排行政法学体系;② 二是以行政行为为核心安排行政法学体系，即对传统行政法学的回归；三是通过法律制度来确定行政主体和行政相对人的权利义务，而不必通过行政法律关系来安排。③

二、对待行政法律关系的态度——可否弃之

对国内一些学者有否定行政法律关系的观点，我们以为并不可取。这些学者只是简单地看到了行政法律关系概念在行政法学中应用的局限性，却未能客观系统地看待行政法律关系的地位。行政法律关系的存在，不仅具有行政法学上的理论意义而且具有行政法上的实践意义。当然，对传统的行政法律关系概念，需要我们重新加以改造，以使其适应行政法及其理论的发展要求。

对于国内学者的上述三种不同主张，我们以为都难以解释现代行政法的全部现象。如果以行政权或行政职权为核心概念来安排行政法体系，那么，非权力行政、合作行政、服务行政、给付行政等将被排斥于外，从而与现代行政和行政法的发展相背离。如果将行政行为作为行政法的核心概念，同样面临着难以克服的矛盾：作为法律所规范的行政行为，皆以定型化的形态而出现，如行政处罚、行政强制、行政征收等。但是，定型化与非定型化只是相对的，有时实难将某种行政行为方式具体归入某一类型，如强制征收是应归入行政强制还是应归于行政征收，因为它实则具有两类行政行为方式的特性。又如，行政计划是多种行政手段的综合，是不能将之归入某一类型行政行为中。而且，随着现代民主行政

---

① 参见张尚鷟主编：《走出低谷的中国行政法学——中国行政法学综述与评价》，中国政法大学出版社 1991 年版，第 22 页。

② 如王连昌主编的《行政法学》（高等政法院校规划教材，中国政法大学出版社1994 年版）。

③ 在如何安排本书（2004 年版）的框架体系讨论中，就有学者分别主张这两种观点。

的发展，种种契约、同意、协商、妥协、谈判、磋商等非正式的行政手段使用得越来越广泛，它所产生的法律效果既有可能是最终的也有可能是阶段性的。因而，基于一种定型化（或范式化）的行政行为分析，有其天然的局限性。如果以法律制度来安排行政法上的权利义务，则更为不妥：一是权利义务只能在法律关系中加以阐释，离开了法律关系则权利义务就失去了其依托；二是由于非定型化行政行为的出现以及行政行为方式的可选择性，法律规范难以通过定型化的制度加以严格的规定。另外，即使如日本学者所主张的行政过程论也有其不足，因为过程也只能是行政主体与行政相对人关系中的过程，行政过程所体现的只是法律关系链中的一个环节。相反，行政法律关系却可以解释它们所解释不了的现象。

所有这些，更凸显研究行政法律关系的重要与必要。

行政法律关系在行政法学中的理论意义，不仅表现在它具有建构行政法学体系理论支点①的作用，用来解释行政法现象诸如行政相对人的权利义务等，而且还表现在行政法之所以为行政法（而非其他部门法）的理论缘由。法律是社会关系的调整器。不同的部门法调整着不同的社会关系，社会关系受一定的法律调整之后，必然形成相应的法律关系。行政法律关系便是其中的一种。行政法律关系，"是对行政法上各种权利义务及其运行方式、过程的高度抽象，是对行政法质的规定性的揭示。"②正因如此，行政法律关系在行政法理论研究中具有重要地位。它可以用来揭示行政法不同于其他部门法的质的规定性，帮助我们识别行政法现象与其他法律现象。

行政法律关系还具有其实践意义，在操作技术和制度上具有实用性。从行政法治的实践看，行政法律关系与行政法的立法、执行和遵守诸环

---

① 借鉴德国的二支理论，将它作为理论支点之一予以对待，也许具有其正当性。对此，本部分不予详加探讨。
② 袁曙宏、方世荣、黎军：《行政法律关系研究》，中国法制出版社1999年版，第1页。

节亦联系紧密。行政法律关系的预设模式由立法机关通过立法加以规定；而行政法的执行和遵守又可能导致行政主体与行政相对人之间行政法律关系的产生。因此，行政法律关系是行政法律规范调整过程中一个非常重要的环节，是行政法律规范调整一定社会关系在行政法的实施阶段的结果。它对于指导立法机关正确设定行政法上的权利义务以及人们正确行使行政法上的权利和履行行政法上的义务，都有着重要的作用。不仅如此，在我国行政救济与民事救济的途径、手段和法律适用皆有不同，不同的法律关系决定不同案件的性质并启动不同的救济程序和适用不同的法律规则。因而，行政法律关系理论有利于识别行政案件与民事案件，对行政复议和行政审判实践具有重要的应用价值。在行政复议和行政审判实践中，需要通过行政法律关系理论具体确定案件的当事人和理清审理的思路。因为，行政案件的当事人就是行政法律关系的主体。在案件的处理中，要确定其当事人（复议案件中的申请人、被申请人和第三人，诉讼案件中的原告、被告和第三人，赔偿案件中的请求人与赔偿义务机关），首先就要分析相互之间是否存在某种行政法律关系，然后才能解决当事人的适格问题。只有在双方主体相互之间构成了行政法律关系的情况下，才能将其确定为案件当事人，否则就会发生错误确定当事人的现象。更为重要的是，法律关系的性质决定所适用的法律规范的性质，即在行政法律关系中应适用行政法律规范，而在民事法律关系中则应当适用民事法律规范。这就更是需要借助于行政法律关系理论从纷繁复杂的法律纠纷中理清不同属性的权利义务关系，从而对一个案件特别是复杂的案件予以准确的定性，正确地适用法律，并对案件作出公正的裁判。因此，区分不同性质的法律关系，对法律的正确适用、案件的正确审理具有重要意义。

行政法学的理论和实践需要我们加强对行政法律关系问题的研究，特别是要密切联系我国行政法学的特色，及时总结我国行政法学对行政法律关系研究的成果，吸收国内外既有的和最新的研究成果，创立一种科学、全面并能够解释全部行政法现象的行政法律关系理论。

第三节　行政法律关系的概念

一、现有行政法律关系的理论界定

尽管我国行政法学者从一开始就十分重视对行政法律关系的研究，但是，对这一问题的认识，理论界一直存有分歧。早在1983年由王珉灿主编的第一本高校试用教材《行政法概要》，就提出了行政法律关系这一概念，但在对行政法律关系的认识上，却将其等同于"行政法的调整对象"。① 这种将"行政法律关系"简单地等同于"行政法调整的社会关系"或"行政法的调整对象"的观点是不适当的。其后，随着行政法学研究的深入，这种观点也逐渐得到了行政法学界较为一致的否定。尽管如此，但在理论上，究竟应该怎样界定行政法律关系的内涵和外延，依旧角度有别，范围不一。

从对行政法律关系界定的不同角度来看，主要表现为如下几类。

1. 法律规范调整说。该说主要从行政法律关系区别于行政法调整的社会关系的角度，认为行政法调整的社会关系即行政关系，是一种事实关系而非法律关系，只有这种关系被行政法律规范调整时，才能成为行政法律关系。如认为，"行政法律关系是行政法规范调整行政关系的结果。"②

2. 权利义务关系说。该说主要从行政法律关系所具有的内容的角度，认为行政法律关系作为一种以权利义务为内容的法律关系，其本质内核就是一种权利义务关系。如认为，"行政法律关系就是指为行政法所调整和规定的、具有行政法上权利与义务内容的各种社会关系。"③

---

① 王珉灿主编：《行政法概要》，法律出版社1983年版，第2—3页。
② 张尚鷟：《行政法学》，北京大学出版社1991年版，第18页。
③ 皮纯协、张成福主编：《行政法学》，中国人民大学出版社2002年版，第6页。

3. 行政过程形成说。该说主要从行政法律关系形成阶段的角度，认为行政法律关系形成于行政管理主体行使行政职权进行行政管理的过程中，是国家行政机关在行政管理过程中形成的，由行政法调整的各种关系。①

从界定的范围来看，主要有以下几种学说或观点。

1. 行政管理关系说。该说以"行政管理过程"或"实施国家行政权"为基点来界定行政法律关系的范围，认为作为行政法调整对象的这类特定的社会关系，行政法律关系"是行政法所规定的，在行政机关管理活动过程中各方当事人之间的权利义务关系。"②

2. 行政与监督行政关系说。该说以"行政权的实施与监督"为基点来界定行政法律关系的范围，将作为行政法调整对象的这类特定的社会关系概括为两类，即行政关系和监督行政关系，认为"行政法，既调整行政关系，又调整监督行政关系，是调整这两类关系的法律规范和原则的总称。"其中，"行政关系，经法律的调整，具有权利义务的内容，即上升为行政法律关系。"监督行政关系受行政法的调整后形成的法律关系则称为"监督行政法律关系"。③

3. 行政权创设或配置、行使与监督行政关系说。该说以"行政权的创设或配置、行使与监督"为基点来界定行政法律关系的范围，将作为行政法调整对象的这类特定的社会关系概括为三类，即"行政权力的创设、行使以及对其监督过程中发生的各种社会关系"，并将这些社会关系统称为"行政关系"，认为行政法对这类行政关系予以调整而形成的权利义务关系就是"行政法律关系"。④ 这三类关系分别为行政权力配置关系、行政职权行使关系和监督行政关系。

---

① 参见许崇德、皮纯协主编：《新中国行政法学研究综述》，法律出版社 1991 年版，第 54 页。

② 侯洵直主编：《中国行政法》，河南人民出版社 1987 年版，第 5、6 页。

③ 罗豪才主编：《行政法学》，中国政法大学出版社 1996 年版，第 9、17 页。

④ 王连昌主编：《行政法学》，中国政法大学出版社 1997 年修订版，第 3、26 页。

由于学者们对行政法所调整的特定社会关系的理解不一致，进而对行政法将这类特定社会关系予以调整后形成的特定法律关系即行政法律关系的范围也界定不同。其主要的分歧在于行政法调整的特定社会关系是否包括"行政权力配置关系"和"监督行政关系"。我们认为，在行政权力的创设或配置过程中形成的国家权力机关与行政主体之间的关系实际上是一种立法权与行政权之间的关系，即公共利益与公共利益之间的关系，从本质上说是一种宪政关系，应当由宪法来调整，所形成的法律关系属于宪法关系。在有关国家机关对行政权力的行使进行监督时形成的"监督行政关系"中，有部分关系如国家权力机关与行政主体之间形成的监督与被监督的关系也是一种宪政关系，应当由宪法来调整。但还有部分关系是因行政活动而引起的救济关系，如行政复议关系、行政诉讼关系等，则可以视为因行政活动而产生的行政关系在行政救济领域的延伸，因此这类关系应当由行政法来调整，所形成的法律关系也属于行政法律关系。总之，对作为行政法调整对象的特定社会关系既不能限定在过于狭窄的范围，也不宜作过度宽泛的理解。它应当包括因行政活动而形成或引发的各种社会关系。这类社会关系经行政法调整形成的权利义务关系便是行政法律关系。

二、行政法律关系的概念解读

行政法之所以区别于其他部门法，其主要原因在于其所调整的对象，而这一对象即为行政主体在从事行政活动中与行政相对人结成的关系（行政关系）。活动是关系的中介，离开了行政活动就无所谓行政法律关系。因而，我们以为，应对传统的行政法律关系概念略加改造：一是将"因行政权行使"扩充至行政活动（包括权力活动与非权力活动）；二是将行政管理中的法律关系拓展到监督或救济关系（既包括事中关系也包括因之而产生的事后关系）。①

---

① 换言之，行政法律关系是有关行政的法律关系和与行政有关的法律关系的统一体。因为行政法就是有关行政以及与行政有关的法律规范的总称。参见杨解君：《行政法》，中国方正出版社 2002 年版，第 5 页。

鉴于上述分析与考虑，我们对行政法律关系作出界定：所谓行政法律关系，是指受行政法律规范调控的因行政活动（权力活动与非权力活动）而形成或产生（引发）的各种权利义务关系。这种法律关系既应包括在行政活动过程中形成的行政主体与行政相对人之间的行政法上的权利义务关系，也应包括因行政活动而产生或引发的救济或监督关系。这一概念可以从以下几个方面作出解释。

1. 行政法律关系是受法律调整或约束的一种社会关系。任何社会关系如果不受法律调控，只能表现为一种事实或者其他社会关系（如受道德规范调整的关系）。由于行政法律关系是一种法律关系，因此，它必然要受到一定法律规范的调整和约束，否则就不可能构成行政法律关系。在这里，法律规范的调控，既应包括将已有的行政关系纳入法律规范的调整范围，也应包括通过法律规则促进新的行政关系的形成（即创设新的法律关系）。

2. 行政法律关系是因行政活动产生或引发的各种社会关系。任何法律关系都本源于实际存在的社会关系，一定的实际社会关系是一宗法律关系原初的属性。不同的法律关系的本源或原初属性都是不同的，因而它决定了法律关系的性质和类别。行政法律关系作为一类特殊的法律关系，则是本源于行政活动中产生或引发的各种社会关系。国家在实现行政职能中必然产生大量的社会关系，这些关系就是原初的行政法律关系。由于这些社会关系都是因行政活动而产生或引发的，因此离开行政活动，就不可能构成作为行政法律关系之原初属性的社会关系，从而也就不会有行政法律关系的存在。正是作为行政法律关系之原初属性的这类特殊社会关系决定着行政法律关系的存在，以及不同于其他法律关系的特殊性质。

当然，行政活动既可直接产生或形成某种社会关系，也可引发某种社会关系，它们都能构成行政法律关系。前者如行政处罚法律关系，后者如行政诉讼法律关系。行政诉讼法律关系实际上是行政法律关系在行政诉讼法领域中的一种延伸，但其实质还是包含于行政法律关系中。

3. 行政法律关系是一种行政法上的权利义务关系因行政活动中产生的

各种社会关系受行政法规范调整便形成行政法律关系。但在行政法规范对这些关系调整之前，它们作为一种事实存在，处于不规范、不统一、不稳定的自发状态。一旦行政法规范对这些关系作出规定和调整之后，关系的双方当事人便有了明确的权利和义务。因此，行政法律关系是一种肯定、明确的权利义务关系。同时，由于行政法律关系是受到行政法规范调整后所形成的权利义务关系，因而只能是一种行政法上的权利义务关系。

此外，行政法规范对这种权利义务的规定只是创制了一种抽象的行为模式，仅有这种抽象的行为模式或权利义务的规定尚未完成行政法规范"调整"的任务，即并未形成一种行政法律关系。而只有当这种抽象的行为模式在出现了一定的法律事实之时具体化为特定主体之间的权利和义务，才构成行政法律关系。因此，行政法律关系还应当是一种具体的、实实在在的权利义务关系。或者说，只有权利义务主体均为特定的，这种权利义务关系才能是行政法律关系。例如行政机关制定规范性文件的行为，其结果只是产生相应的行为规范，即此时不构成行政法律关系，只有出现相应的法律事实而在特定主体之间形成的一种具体权利义务关系才是行政法律关系。

第四节　行政法律关系的分类

一、行政法律关系的现有分类

分类是科学研究的基本方法之一。当我们所面对的事物纷繁杂乱时，常常借助于分类的方法来认识、把握。行政法律关系就是这样一个领域。面对复杂而广泛存在的行政法律关系，我们只有借助类型的划分来对其条分缕析。由于人们的认识标准不同，因而有不同的概括和区分，现有理论上的划分主要有：

第一，以双方当事人联系的性质为标准的划分。从以往的教科书来看，大多数学者对行政法律关系的分类是以此为标准而进行的。一般将行政法律关系分为：其一，行政主体之间的关系。其二，行政主体与行政内部人员之间的关系。其三，行政主体与其他国家机关之间的关系。其四，行政主体与企业、事业单位、社会组织和团体之间的关系。其五，行政主体与公民之间的关系。其六，行政主体与外国组织及外国人之间的关系。

第二，以内部行政和外部行政为基点，相应地将行政法律关系划分为内部行政法律关系与外部行政法律关系。所谓内部行政法律关系，系指双方当事人均属国家行政系统的行政法律关系，这种关系反映了国家的管理。所谓外部行政法律关系，则指一方当事人（行政相对一方）不属于国家行政系统的行政法律关系，这种关系体现了国家对社会的管理。

第三，有学者按不同的角度将行政法律关系分为：其一，以行政法律关系主体的联系性为标准将行政法律关系分为垂直关系、平行关系和斜线关系，其中垂直关系的目的是最普遍和常见的。其二，以行政法律关系的目的为标准，将行政法律关系分为"积极关系"和"消极关系"。所谓"积极关系"，是指行政机关为实现某种国家任务，兴办或改进某种事业而与有关方面发生的关系；所谓"消极关系"，是指行政机关为保障法律与秩序，消除行政违法行为而与有关方面或有关个人发生的关系。其三，以行政法律关系的内容为标准，将行政法律关系分为财产性质的关系和非财产性质的关系。其四，以行政法律关系存续期的长短为标准，可以将行政法律关系分为经常性关系和偶然性关系。其五，以行政法律关系受之调整的法律规范为标准，可以将行政法律关系分为"实体关系"和"诉讼关系"。

第四，以行政法律关系的内容方式不同为标准，将行政法律关系分为：命令与服从关系、服务与被服务关系、监督与被监督关系和仲裁关系。[1]

除上述若干种观点外，还有学者将行政法关系区分为行政法律关系

---

[1]　见许崇德、皮纯协主编：《新中国行政法学综述》，法律出版社 1991 年版，第60—62 页。

与监督行政法律关系的基础上，将行政法律关系划分为两类：内部行政法律关系与外部行政法律关系，行政实体法律关系与行政程序法律关系。① 日本学者一般将行政法律关系分为权力关系与非权力关系，在传统的行政法学中还将行政权（公权力）的行使关系划分为一般权力关系与特别权力关系。② 我国台湾学者对行政法律关系的划分也是多种多样的，如王洁卿先生将公权力行使以及相关的法律关系归为：支配关系与管理关系，公法上之债权关系，公法上之物权关系，公法行为而发生私法效果之关系，私人以公法上之权利主体而发生之关系，公法与私法混合性质之关系，行政行为而非独立发生效果之关系，公法上契约关系等。③

二、行政法律关系的主要种类

对行政法律关系作出不同的种类划分，有助于我们了解行政法律关系的多样性和复杂性，并从不同角度全面认识行政法律关系的特征。可以说，行政法律关系的上述若干分类各有不同的角度，也都有各自的价值，对于我们多方面地认识行政法律关系均具有一定的意义。但是，分类的标准不同，其意义的大小也不相同，因此分类也不宜过多过杂。这里拟从理论与实践意义更大化的角度，对行政法律关系作出如下几种主要的分类。

（一）权力关系与非权力关系

这两种相对应的法律关系是以行政活动的权力性与非权力性为标准所作的划分。行政活动可分为权力行政与非权力行政。所谓权力行政是行政主体对行政相对人使用权力手段，即在法律上站在优越地位施行行政活动；而所谓权力行政是行政主体对行政相对人使用非权力手段，即在法律上站在对等地位施行行政活动。与权力行政和非权力行政法关系，

---

① 罗豪才主编：《行政法学》，中国政法大学出版社 1996 年版，第 18—19 页。
② ［日］室井力主编：《日本现代行政法》，吴微译，中国政法大学出版社 1995 年版，第 34—39 页。
③ 王洁卿：《行政救济实用》，台湾正中书局 1976 年版，第 34—40 页。

行政法律关系相应地也表现为权力关系与非权力关系。在行政领域中的法律关系中，有关权力行政的法律关系是权力关系，有关非权力行政的法律关系是非权力关系。

另外，在德国和日本，传统学说往往将权力关系分为一般权力关系和特别权力关系。一般权力关系是指自然人服从国家或公共团体的一般统治权由此而形成的一般统治关系，即行政法上的一般权力关系；特别权力关系，即非依据一般统治关系而产生的权力关系。它是根据特别的法律原因而发生的特别权利义务关系，表现为一方有命令强制的权利而他方有服从义务的支配性法律关系。特别权力关系论是19世纪末德意志立宪君主国的理论产物，现在德国、日本对特别权力关系论有强烈的批判，认为应解体特别权力关系而将其作为一般权力关系看待（德国法院已否定特别权力关系论），法治原则同样应适用于该类关系（详见后文中关于特别权力关系的探讨）。

（二）对内行政法律关系与对外行政法律关系

根据行政权力的作用范围不同，可以将行政法律关系分为对内行政法律关系与对外行政法律关系。

对内行政法律关系，只发生在行政组织体及其行政公务人员系统内部，是指行政权力作用于行政系统之内而在该系统内发生的各种行政法律关系。它具体包括上下级行政机关之间、行政机关外部组织与其内部机构之间、行政机关各内部机构之间、行政机关与其所属公务人员之间、法律法规授权的组织与其公务人员之间、委托行政机关与受委托组织之间发生的种种行政法律关系。如行政机关与其公务人员之间的人事管理关系、执法责任制中行政机关与其内部机构及其人员之间相互制约关系等等。对外行政法律关系，是指行政权力作用于行政系统之外而在行政主体与行政受体之间形成的行政法律关系。它主要包括行政机关或法律、法规授权的组织与公民、法人或者其他组织之间发生的行政法律关系。在对外行政法律关系中，一般说来，双方当事人并不具有行政隶属关系。在实践中，又是两类行政法律关系同时并存而不能作单一理解。例如，警察有赌博行为的，其所属的公安机关既会依法给予行政处罚也可能基于行政隶属关系而给予行政处分，从而就形成了两类不同的行政法律关系。

对内行政法律关系与对外行政法律关系在发生纠纷时也有着不同的处理途径和方法。在对内行政法律关系中，行政主体拥有解决内部行政法律关系纠纷的排他性权力，即对内行政法律关系引起的纠纷一般由行政系内部解决而不诉诸司法机关。而在对外行政法律关系中，不仅行政主体一方当事人依法拥有解决行政法律关系纠纷案件的裁判权力，而且行政相对人也可依法诉诸司法机关以行政诉讼的方式予以处理。因此，正确地区分内外两种不同的行政法律关系，具有重要的意义。

（三）行政实体法律关系与行政程序法律关系

根据行政活动受调整的行政法规范是实体法规范还是程序法规范的不同，可将行政法律关系分为行政实体法律关系与行政程序法律关系。

1. 行政实体法律关系。任何行政活动既包括行政实体方面也包括行政程序方面，是这两个方面的统一，因此它既应受行政实体法规范的调整又应受到行政程序法规范的调整。因其受到行政实体法规范的调整而在行政主体与行政相对人之间所形成的实体上的权利义务关系，就是行政实体法律关系。这种行政法律关系实质是一种决定主体之间具有本质属性的事实、状态和结果的权利义务关系。这种权利义务决定了主体的存在，是一种目的性或结果性权利义务关系。如国家税务机关与纳税人之间的征税权利和纳税义务关系就是这种具有本质属性的实体法律关系。

2. 行政程序法律关系。行政活动同时还要受到行政程序法规范的调整，由此在行政主体与行政相对人之间形成的程序上的权利义务关系，称为行政程序法律关系。这种行政法律关系实质是保障实体性权利义务关系得以形成和正常运行的权利义务关系，是一种手段性或过程性权利义务关系。如国家税务机关为了保障征税权的正常使用而具有的调查权、执行权，纳税人则具有接受调查、提供证据的义务。同时，对于纳税人来讲，为了保证自己履行的是合法正当的纳税义务，纳税人有要求税务机关说明理由、举行听证活动的权利。

实际上,行政实体法律关系与行政程序法律关系是不可分的。因为,行政法规范是行政实体法规范与行政程序法规范的综合,行政行为是实体行政与程序行政的统一,相应地任何一种行政法律关系也都是行政实体法律关系与行政程序法律关系的结合与统一。因此,这两者的区分实际上只具有相对的意义。

(四)原生行政法律关系与派生行政法律关系

根据行政法律关系形成的原因不同,可以将行政法律关系分为原生行政法律关系与派生行政法律关系。

1. 原生行政法律关系。原生行政法律关系,是指因行政权力行使而直接形成的行政法律关系。这种行政法律关系是直接因行政主体行使行政权力而与行政相对人之间形成的一种双方法律关系,因而是一种最为典型的行政法律关系,也是最为广泛的行政法律关系。在这种行政法律关系中,既有行政实体法律关系,又包含了行政程序法律关系。当然,这种法律关系又可具体化为各种行政法律关系,如行政处罚关系、行政许可关系等。

2. 派生行政法律关系。派生行政法律关系,是指因行政权力行使而引发的行政法律关系。这种行政法律关系实际上是由原生行政法律关系派生出来的一种事后救济或保障性法律关系,主要包括行政复议关系与行政诉讼关系。

行政复议关系是指上级行政主体对下级行政主体与行政相对人之间因行政权力行使发生的行政争议予以处理而形成的行政法律关系。这种法律关系尽管是一种派生的行政法律关系,且是一种三方性的法律关系,但它体现的仍然主要是种行政权力行使关系,因而称其为行政法律关系一般是没有问题的。但是对于行政诉讼关系而言,它并不是行政权力行使关系,而是因行政权力行使而引发的司法关系。因此一般并不将其归于行政法律关系之中。但我们认为,行政诉讼关系是因行政相对人不服行政主体的行政行为并提起诉讼而发生的,与行政权力行使具有十分紧密的关联性,如果没有前面的一般行政法律关系,是不可能有行政诉讼关系存在的,因此行政诉讼关系实质是对行政活动的事后救济关系,是行政法律关系在诉讼领域的延伸，仍然可以将它作为行政法律关系的范畴来对待，只不过是种派生的行政法律关系而已。

（五）单一行政法律关系与多重行政法律关系

以行政法律关系结构或构成要素的复杂程度不同，可以将行政法律关系划分为单一行政法律关系与多重行政法律关系。

同其他法律关系一样，任何行政法律关系的结构或构成都包含主体（当事人）、客体和内容（权利义务）三个方面的要素，但是这些构成要素的复杂程度并不相同，往往呈现出不同的结构状况。单一行政法律关系，即符合基本构成要素的一个行政法律关系，通常为关系主体双方各自都只有一个当事人、权利义务只有一对、客体单一。如税务征收关系，作为征税机关的行政主体行使征税权力，作为纳税人的行政相对人履行纳税的义务等，这种关系结构简单。

多重行政法律关系，即法律关系的各个构成要素特别是主体和内容是一种复杂多样的结构形式。多重行政法律关系主要存在着以下几种不同的形态。

1. 主体多重。即某一行政法律关系的主体双方中至少有一方是两个以上，即一方是两个以上或双方都是两个以上而形成的行政法律关系。这种主体的复合，既表现为作为一方当事人的行政主体的多重性，如两个行政主体共同对两个以上的公民的共有财产予以没收引起的没收行政法律关系，也表现为作为另一方当事人的行政相对人的多重性，如一行政主体对两个以上的公民的共有财产予以没收引起的没收行政法律关系，还可能表现为行政主体与行政相对人都为两个以上的复杂情形。认识这种复合行政法律关系，有助于我们了解多个主体之间的共同权利、义务或责任。

2. 内容多重。即主体双方之间的法律关系是多种行政法上权利义务的组合，如公民出生这一法律事实，将使公民与行政主体之间同时形成多重行政法律关系，具体包括出生登记、户口登记及人身权中的公民姓名权受保护的权利义务关系。认识这种复合行政法律关系，有助于我们了解单个主体之间的多重复杂的权利、义务或责任。

3. 主体与内容的多重交叉。主体与内容的多重交叉是指行政法律关系的主体双方中至少一方是两个以上，即主体是多重的，且这些多个复合主体（非单一主体与单一主体）之间的行政法权利义务也是多重的。如公民甲（侵害人）实施了殴打公民乙（被侵害人）的治安违法行为，公民乙请求公安机关处理，公安机关对公民甲作出治安行政处罚，由此就形成主体与内容交叉复合的行政法律关系。其中，主体一方为公安机关，主体另一方是侵害人公民甲和被侵害人公民乙这种复合行政相对人。公安机关与他们同时形成的行政法律关系有两种，即与公民甲形成的是处罚与被处罚的权利义务关系，与公民乙形成的是保护与被保护的权利义务关系。认识这种多重行政法律关系，有助于我们了解多个主体之间的多重权利、义务及责任。有时还存在行政法律关系与民事法律关系等多种不同性质的法律关系的交叉。

第五节　行政法律关系的主体

一、行政法律关系主体的概念

主体是法律关系的根本要素。通常人们把法律关系的主体解释为法律关系的参加者，即"法律关系中权利的享受者和义务的承担者，或享有权利并承担义务的人或组织"。[①] 行政法律关系的主体亦即行政法律关系中享受权利并承担义务的人或组织。

（一）主体与当事人

在我国，依学者之间的通说，行政法律关系的主体即行政法律关系的当事人，是行政法律关系中享受权利并承担义务的人或组织。其他国家和地区的行政法学者一般也是做类似的界定。如日本学者室井力写道：

---

① 张文显：《法学基本范畴研究》，中国政法大学出版社 1993 年版，第 169 页。

"行政法律关系中的权利义务的主体称为行政法律关系的当事人"。① 原苏联学者 B.M.马诺辛认为，"行政法律关系的主体是依照行政立法的规定可以或能够在国家管理范围内享有权利和负有义务并参与具体行政法关系的人和组织。"② 我国台湾行政法学中常见的"行政法律关系之当事人"指的也是行政法律关系主体。③

但是，也有学者主张应当将行政法律关系中的主体与当事人区别开来，尤其是作为一方当事人的国家行政机关与作为主体的国家不能相等同。这是因为，国家行政机关在行政法律关系中，不具有独立之人格，不能为权利义务的真正主体，它们仅仅是国家的代表，代表国家行使行政权，只能立于当事人之地位。因此，在行政法律关系中，作为主体的国家和作为当事人的国家行政机关，有加以严格区分之必要。④ 我们认为，这种观点深刻地认识到行政权力的主体与其代表者的差异，是很有价值的。然而，行政法律关系的主体并不能够等同于行政权力的主体。行政权力的主体，是就行政权力之归属及享有者而言的。一切国家权力源于人民，归属于国家，仅仅国家才能享有，故行政权力的主体必为国家，行政机关只能是其代表者，并非行政权力的真正主体。而行政法律关系的主体，乃基于行政法的规定涉及有关权利义务的关系人，是行政法律关系的具体参加者。显然，国家作为一个抽象的政治实体，并不能直接参加到具体的行政法律关系之中，仍然需要行政机关作为其代表参与行政法律关系，从而成为行政法律关系的主体。可见，凡依法具体享有行政法上权利，承担行政法上义务的一切当事人，皆为行政法律关系

① [日] 室井力主编：《日本现代行政法》，吴微译，中国政法大学出版社 1995 年版，第 41 页。

② [苏] B.M.马诺辛主编：《苏维埃行政法》，黄道秀译，群众出版社 1983 年版，第 62 页。

③ 参见苏嘉宏、洪荣彬：《行政法概要》，台湾永然文化出版有限公司 1999 年版，第 100 页；张家洋、陈志华：《行政法基本理论》，空中大学出版社 1995 年版，第 204 页。

④ 支馥生主编：《行政法教程》，武汉大学出版社 1991 年版，第 41 页。

的主体。国家行政机关虽然不是行政权力的真正主体，但却是代表国家行使行政权的主体，即具体参与行政法律关系的当事人，故应归属于行政法律关系的主体。所以，我们不能将行政法律关系的主体与行政权力的主体相混同。

（二）主体与客体

在我国，目前通说的观点亦认为，行政法律关系的主体是行政法律关系的双方当事人，包括行政主体和行政相对人。但"传统做法把行政体（行政法律关系主体）看成行政主体，其相对人即私人称为行政客体"。[①] 这种将权利主体与义务主体完全对立起来的观点是不正确的。在现代法治国家，任何国家权力的享有和行使都必须依法进行，国家行政机关仅在法律范围内行使一定的权利，且要负担法律规定的义务；人民亦不仅仅负担义务，也具有若干法定的权利，且其仅在法律规定范围内才负有服从国家行政机关命令强制的义务。质言之，国家行政机关与公民都是法律上的权利义务主体。正如台湾学者林纪东所言："旧日学说……谓仅国家及公共团体，为行政法关系之主体，人民为行政法关系之客体，此种见解，殊属错误。……在现代国家，国家公共团体及人民，均为法律上权利义务主体，而非国家及公共团体为其主体，人民为其客体，此应先予辨明者也。"[②]

由于法律主权理论的确立，故"公民客体论"的观点现已为行政法学者放弃。但是，还有一部分人却主张"主客体互换论"，即认为，"在行政法当事人中，随着各种不同的行政法关系的产生，当事人地位的改变，一种行政法关系的主体，在另一种行政法关系中则变为客体。"[③] 我国台湾地区亦有相当部分学者认为，行政法律关系的当事人，可就其在

---

① ［日］室井力主编：《日本现代行政法》，吴微译，中国政法大学出版社1995年版，第41页。

② 林纪东：《行政法》，台湾三民书局1990年版，第103—104页。

③ 应松年、朱维究主编：《行政法与行政诉讼法教程》，中国政法大学出版社1985年版，第17页。

法律关系上所处地位的不同，区分为主体和客体双方。其中在法律关系上居于主动地位，依法行使权利支配相对当事人者，为行政法律关系的主体，反之，居于被动地位，受对方支配履行义务者，为行政法律关系的客体，亦称受动主体。但主体与客体的地位并非完全固定，可随法律关系内容的转变而异。①

我们认为，"主客体互换论"实质上是"公民客体论"的转化形式，其根本缺陷除了将权利主体与义务主体完全对立了起来之外，还将行政法律关系的主体、客体要素与行政权力的主体、客体要素，尤其是将行政法律关系的客体与行政权力的客体相混淆。诚然，行政权力的要素包括了行政权力的主体与客体，没有一定的客体就不可能构成行政权力。且行政权力的行使主体是行政主体，而行政权力的作用对象即行政相对人是行政权力的客体。但不能以此认为行政相对人就不是行政法律关系的主体，他们与行政主体一起共同构成行政法律关系的主体，在行政法律关系中同样是权利义务的承受者，是独立的一方主体。上述观点之所以将行政相对人作为行政法律关系的客体，实际上是因为他们将行政权力的客体误解为行政法律关系的客体，进而将行政法律关系的当事人区分为主体和客体。如有学者认为，"行政法关系之客体，则指行政法关系当事人之另一方，即主体之对造而言。"②

事实上，行政法律关系的客体与行政法律关系主体一样，也是行政法律关系的独立构成要素之一。③它是指行政法律关系主体的权利义务指向的标的或对象，亦即联系主体之间权利义务的媒介。行政法律关系的客体是行政法律关系内容的表现形式，没有它，内容就无法体现，从而影响行政法律关系的成立。行政法律关系的客体通常又称"权利客

---

① 参见管欧：《中国行政法总论》，蓝星打字排版有限公司 1981 年版，第 79—80 页；张家洋、陈志华：《行政法基本理论》，空中大学出版社 1995 年版，第 205 页。

② 张载宇：《行政法要论》，汉林出版社 1977 年版，第 71 页。

③ 通说认为，行政法律关系的构成包含主体（当事人）、客体和内容（权利义务）三个方面的要素。

体"，而任何权利都指向的是一定的利益。① 因而其客体实质就是一种利益。利益即能满足人们需要的客观事物，包括物质利益和精神利益两类。物质利益是指能满足人们物质需要的实际存在的物体，如水、土地、大气、矿产、房屋等。精神利益是指能满足人们精神需要的无形的客观事物，如人格、文艺创作成果和娱乐等。这些都可以成为行政法律关系的客体。

应当指出的是，人们多将行为亦作为法律关系的客体看待，但该种观点并不确切。行为本身并不是利益，而只是利益的表现形式如教育行为、服兵役行为和娱乐行为等，或实现利益的活动如科学研究和工程建设等。因此，行为本身并不是法律关系的客体，当然也不是行政法律关系的客体。

二、行政法律关系主体的特征

与其他性质的法律关系相比，行政法律关系的主体具有如下特征。

（一）主体的恒定性与不可转化性

行政法律关系基于行政活动而形成，没有行政活动，也就无所谓行政法律关系。而只有行政主体即国家行政机关和法律、法规授权的组织才能代表国家行使行政权力，从事行政管理活动。因此，行政法律关系总是行政主体同行政相对人之间形成的法律关系，关系双方中必有一方主体是行政主体，不以行政主体为一方当事人的法律关系不可能是行政法律关系。这就是行政法律关系主体的恒定性，是行政法律关系区别于其他法律关系的特点之一。

同时，在行政法律关系主体双方中，行政主体与行政相对人是不能相互转化或互换位置的。在民事法律关系中，民事主体双方可以互换，在民事诉讼关系中双方也可以互为原被告。但在行政法律关系中，行政主体不能由另一方当事人替代，各自的地位和法律角色是确定的；在行

---

① 参见周佑勇：《行政法原论》，中国方正出版社 2002 年修订版，第 21 页。

政诉讼关系中，原告只能是行政相对人，被告只能是行政主体，他们也不能互为原被告。

（二）主体资格的受限制性

在行政法律关系中，无论是行政主体还是行政相对人都要受到一定资格和条件的限制。特别是行政主体，作为行政权力的享有者与行使者，必须具备法定的资格条件。根据我国的实际情况，在我国只有行政机关和法律、法规授权的组织才能作为行政主体，其他任何组织或者个人都不能构成行政主体。而且，行政机关和法律、法规授权的组织可以作为行政主体，并不意味着它们可以作为任何一种行政法律关系的行政主体，它们必须受法律授权范围的限制。

行政相对人在资格上，总体而论没有像行政主体那样的资格和条件的限制。任何公民、法人和其他组织都是有可能构成与行政主体相对的另一方行政法律关系主体的。但是相对于民事法律关系主体而言，参与行政法律关系的公民、法人和其他组织所要求的条件要严格一些。除了一般的年龄和精神上的要求外，还有特别行政法律关系所要求的特别的权利能力和行为能力。许多特殊的行政法律关系要求其主体有特定的政治条件、智力条件。如公民加入国家公务员队伍，成为内部行政法律关系主体的条件是其必须是具有我国国籍的公民，并且具备一定的文化程度和身体条件等。

（三）主体地位"平等下的不对等性"

关于行政法律关系中双方当事人的法律地位问题，一直是我国行政法学界存在争议的问题。许多行政法学者主张行政法律关系主体双方地位具有不平等性，其中行使行政权的行政主体始终处于主导地位。[①] 这种"不平等性"主要表现在三个方面：（1）行政法律关系的产生、变更和消灭大多取决于行政主体的单方意思表示，不需要双方当事人意思表示一致；（2）为了保证行政法律关系的实现，行政主体可以依法对行政相对

---

① 参见皮纯协主编：《中国行政法教程》，中国政法大学出版社1988年版，第25页；姜明安主编：《行政法与行政诉讼》，中国卓越出版社1990年版，第45页。

人采取强制措施，而行政相对人则无此权利；（3）行政主体在行政法律关系中还享有行政优益权或行政特权。这种"主体地位不平等性"的观点从一开始就受到质疑。如有学者认为，这种观点不仅混淆了行政法律关系与行政关系的区别，权利义务不对等与法律地位不平等的区别，也混淆了行政法律关系与民事法律关系的实质区别，同时还不利于行政机关及其工作人员树立公仆意识和全心全意为人民服务的思想，不利于正确建立和认识行政法所具有的民主、法治和平等的理论基础，不利于行政法制建设的健康发展。① 也许正是基于这种质疑，我国大多数学者认为行政法律关系主体双方的地位不能用"不平等性"来表达而应当用"不对等性"或"单方面性"来表述。②

但是，主张这种"不对等性"或"单方面性"观点的学者多数还是认为这种"不对等性"即行政主体在行政法律关系中处于主导地位，行政相对人则处于从属或服从地位，其具体表现与前述"不平等性"表现出来的三个方面几乎完全相同。③ 可见，这种"不对等性"或"单方面性"的观点与主张"不平等性"的观点并没有实质上的区别，只是换了一种表述而已。

究竟如何看待行政法律关系中的这种不对等性呢？我们认为，行政法律关系主体地位的"不对等性"既不能简单地被解释为行政主体的命令和行政相对人的服从，解释为行政主体的主导、支配地位和行政相对人的被动和被支配地位，也不能简单地被理解为行政主体一方只行使权利而作为另一方当事人的行政相对人只履行义务这种权利义务不对应的情况。一方面，在现代民主法治国家，行政法律关系的这种"不对等性"

---

① 参见向群雄、徐银华：《"行政法律关系主体法律地位不平等性"质疑》，《中南政法学院学报》1992 年第 3 期。

② 参见许崇德、皮纯协主编：《新中国行政法学研究综述》，法律出版社 1991 年版，第 59 页。

③ 参见张尚鹫主编：《行政法学》，北京大学出版社 1991 年版，第 25 页；罗豪才主编：《行政法学》，中国政法大学出版社 1996 年版，第 15—16 页；王连昌主编：《行政法学》，中国政法大学出版社 1997 年版，第 27 页。

是被建立在以民主制为基础，规范在法制框架之中，以双方都是平等的人格主体、双方对法律的平等遵守和适用为前提的。另一方面，行政法律关系主体双方互有权利义务，不允许存在一方只行使权利而另一方只履行义务的情况。只不过，"主体双方虽对应地相互既享有权利又履行义务，但各自权利义务的质量却不对等"。① 其具体表现为：（1）主体双方各自权利义务的性质不完全相同。行政主体行使的是国家行政职权，履行的是行政职责，而行政相对人行使和履行的是普通的权利与义务。（2）主体双方各自权利义务的数量不能相等，且一方所具有的权利义务是另一方不可能具有的。如在行政法律关系中，行政主体一方所具有的强制、处罚权是作为另一方的行政相对人所不具有的，而行政相对人一方有权对行政主体一方提起行政复议或行政诉讼，行政主体一方则不能对行政相对人一方提起行政复议或行政诉讼。这种"不对等性"的存在，主要是因为，在行政法律关系中，行政主体作为公共利益的代表，以国家的名义参与法律关系，且其活动是为了实现公共利益，因此，法律往往要赋予其与行政相对人不同性质和数量的权利义务。同时，由于在行政关系中，行政主体居于优势地位而行政相对人属于弱者，因而为了保证双方的真正平等，法律在分配或确定行政主体的权力时也应为其设定与其权力相称的义务（且这种义务更多地表现为程序上的义务）；为了保护处于弱者地位的行政相对人，法律应赋予其更多的且为行政主体不具有的权利，其中主要表现为程序上的权利和救济权利。②

可见，行政法律关系中的这种"不对等性"，实际上是为了实现双方在法律上的实质平等而对双方权利义务进行的不对等分配，是一种"平等下的不对等"。这正是行政法律关系与民事法律关系的重大区别之所

---

① 参见罗豪才、方世荣：《论发展变化中的中国行政法律关系》，《法学评论》1998年第4期；袁曙宏等：《行政法律关系研究》，中国政法大学出版社1999年版，第21页。

② 参见杨解君：《中国行政法的变革之道——契约理念的确立及其展开》，清华大学出版社2011年版，第173页。

在。在民事法律关系中，各方民事主体的权利义务在性质上是一样的，且一方具有的各种权利和义务，另一方同样也具有，因而民事法律关系只能是对等的，即一种"平等下的对等"。当然，现代行政是民主行政、服务行政、合作行政。同时，社会关系的多样化，也要求政府在行政管理中必须采取多样性的方式。政府与公民完全可以共同塑造一种切合自身的"现实"：如果是行政层级内部的上下级关系，则可以较多地适用于命令支配方式；如果是相互合作和自主治理的关系，则可以采用平等对话的契约方式。而"契约双方只有地位平等、身份独立，才会有平等和自由的缔约，才会有平等协商的结果。"① 因此，我们认为上述那种"平等下的不对等"也仅仅适用于一般的行政法律关系中，在现代行政与契约精神相结合的要求下，因行政契约、指导、服务、合作等而形成的行政法律关系将越来越多地体现出一种"平等下的对等"。

三、行政法律关系主体的种类

关于行政法律关系主体的种类，理论上一般采取列举的方式，认为行政法律关系的主体应包括几类：国家；国家行政机关及其机构；其他国家机关及其机构；经法定程序授权或委托行使行政职能的其他组织或公民个人；企业、事业单位；社会团体或其他组织；公民；在我国境内的外国组织、外国人和无国籍人。② 我国台湾地区学者往往也采取列举的方式，认为行政法律关系的当事人包括：国家、地方自治团体（或公共团体）、职业团体、其他国家公权之行使者、自然人和私人团体。③ 这种

① 杨解君：《中国行政法的变革之道——契约理念的确立及其展开》，清华大学出版社 2011 年版，第 150 页。
② 参见杨海坤主编：《跨入 21 世纪的中国行政法学》，中国人事出版社 2000 年版，第 148 页。
③ 参见张载宇：《行政法要论》，汉林出版社 1977 年版，第 71—72 页；林纪东：《行政法》，台湾三民书局 1990 年版，第 104 页；苏嘉宏、洪荣彬：《行政法概要》，台湾永然文化出版有限公司 1999 年版，第 100—101 页；张家洋、陈志华：《行政法基本理论》，空中大学出版社 1995 年版，第 214—216 页。

列举的方式比较明确具体，但它只列举了行政法律关系主体的数目，未对各主体的资格和地位加以区分，因而列举虽众，却未必全面。例如，同为一行政机关，在行政法律关系中却有不同的身份和属性，当其在行使行政权，管理行政事务时是行政主体，而当它作为被管理者的身份出现时，它是行政相对人。所以，为了确定上述不同主体在行政法上的主体资格，可以根据它们在行政法律关系中所处的地位划分为三大类：行政主体、行政相对人和行政第三人。

（一）行政主体

行政主体，是指具有行政权能，并能以自己名义运用行政权力，独立承担相应法律效果的国家或社会组织。在我国，具有行政主体资格的社会组织包括国家行政机关和法律、法规授权的组织。其中，国家行政机关是最普遍、最重要的一种行政主体，但是国家行政机关亦并非唯一的行政主体。国家行政机关以外的其他社会组织在得到法律、法规授权的情况下，也能成为行政主体。同时，国家行政机关也并不始终是行政主体，只有在行使行政权，管理行政事务时它才是行政主体。当它作为被管理者的身份出现时，它是行政相对人。正是由于这种原因，行政法学才使用了"行政主体"这一概念。一方面，用以全面概括行政机关和被授权的组织这两类行政主体；另一方面，用以确定行政机关在行政法上的主体资格，以进一步确定行政行为的效力和行政复议被申请人、行政诉讼被告及行政赔偿义务机关的资格。

在我国，国家公务员是代表行政主体执行公务的内部工作人员，与行政主体具有不可分割的联系，但并不能以自己的名义，而只能以所在行政主体的名义实施行政行为，也不独立承担由此产生的法律效果，而是由其所在行政主体承担法律效果。因此，国家公务员并不是行政主体，而是行政主体的一个构成部分，隶属于行政主体。此外，在行政活动中，国家行政机关有时会把其自己拥有的某项行政管理权依法委托给某个社会组织去行使。但是受委托组织只能以委托行政机关的名义实施行政权，由此产生的法律效果自然归属于原委托行政机关，因此，受委托组织也不具有独立的主体资格，不是行政主体。

（二）行政相对人

行政相对人，是指行政法律关系中处于被管理地位的一方当事人，即与行政主体相对应的，受行政权力作用或行政行为约束的另一方主体。行政相对人包括内部行政相对人和外部行政相对人。内部行政相对人即与行政主体具有隶属关系，代表行政主体执行公务的国家公务员。外部行政相对人是指与行政主体具有一般行政管理关系而不具有隶属关系的自然人（公民）、法人和其他组织。

自然人，是指基于生理规律出生的人，包括公民、外国人和无国籍人。其中，公民是指具有一国国籍的自然人，广义上使用的公民通常也涵盖外国人和无国籍人，即与自然人的意义相同。公民是最主要、最经常也是最广泛的行政相对人，但公民成为法定的行政相对人亦应具备一定的资格，即行政法对其规定的权利能力和行为能力。权利能力，是指依法享有权利和承担义务的资格。在一般的行政法律关系中，每个公民从出生时起至死亡时止，均具有权利能力。但在某些特定的行政法律关系中，公民的权利能力具有一些特殊要求。如作为税收法律关系主体的公民必须是有应税收入或财产的公民。行为能力，是指能够以自己的行为行使权利和承担义务的资格。就一般的情况而言，根据公民的年龄、智力状况等因素，公民的行为能力包括完全行为能力、限制行为能力和无行为能力。凡年满18周岁以上且精神正常的公民，以及年满16周岁不满18周岁并以自己的劳动收入为主要生活来源的公民，具有完全的行为能力；年满10周岁以上的未成年人和不能完全辨认自己行为的精神病人，具有限制的行为能力；不满10周岁的未成年人和完全不能辨认自己行为的精神病人，则无行为能力。当然，在某些特定的行政法律关系中，公民的行为能力也具有一些特殊要求。如年满18周岁以上不满45周岁且身体健康的公民才能承担服兵役的义务。

法人，是指具有权利能力和行为能力，依法独立享有权利和承担义务的组织。法人的成立必须具备四种条件：（1）依法成立。（2）有必要的财产或者经费。（3）有自己的名称、组织机构和场所。（4）履行法定程序。法人既包括营利性的法人，如企业法人（包括公司、投资基金等）、营利性的事业法人（包括从事营利性经营活动的文化、教育、科学研究与开发、卫生、新闻、体育等事业的单位），也包括非营利性的法人，如国家机关法人、非营利性的事业单位法人和社会团体法人（包括从事学术研究、慈善、宗教等活动的各类法人）。其他社会组织，是指不具有法人资格，但依法成立，有一定组织机构和财产，能以自己的名义享有权利和承担义务的组织。其包括非法人企业（如个人独资企业、合伙企业、不具备法人条件的联营企业、不具备法人条件的中外合作经营企业等）、经法人授权并办理登记的法人分支机构（如法人设立的办事处、代表处、经营部、分公司等）、破产法人的清算组织、设立法人的筹备组织等。法人和其他社会组织成为法定的行政相对人，也必须具有权利能力和行为能力。法人和其他社会组织的权利能力与行为能力是一致的，都始于成立，终于解散。

（三）行政第三人

行政法律关系一般只有双方当事人即以行政主体为一方当事人，以行政相对人为另一方当事人，但有时还会存在第三人，即与行政行为仅具有间接利害关系的公民、法人或其他组织。在德国、日本等国家，往往将这类与行政行为有间接利害关系的公民、法人或其他组织称为"第三人"，或者称为"有利害关系者"。如《联邦德国行政程序法》（1998年5月1日颁布文本）第13条第2款规定："程序结果对第三人有影响的，应其请求亦应通知其为参与人"①；《日本行政程序法》规定：对于不利益处分的听证，听证主持人在认为必要时，"对当事人以外之人，依该不利益处分所依据之法令认为与该不利益处分有利害关系者，得要求其参加该听证程序或许可其参加该听证之相关程序。"② 另外，在美国，将这类主体称为"间接利害关系人"。王名扬先生指出：在当代，美国行政法趋向于让更多的、实质利益受到行政行为不利影响的公众参与行政

---

① ［德］平特纳：《德国普通行政法》，朱林译，中国政法大学出版社1999年版，第219页。

② 应松年主编：《外国行政程序法汇编》，中国法制出版社1999年版，第446页。

程序，有权参与行政裁决正式听证的人，不限于对行政决定具有直接利害关系的明显的当事人，也包括间接利害关系人。① 可见，在国外的立法实践中，已明确把这类主体从行政相对人的范畴中摆脱出来，使之成为一个独立的概念，法律称其为"第三人""有利害关系者"或者"间接利害关系人"，这是十分可取和值得借鉴的。但是，究竟称这类主体为"第三人"还是"有利害关系者"，抑或"间接利害关系人"呢？

笔者认为，"有利害关系者"的称谓不能体现这类主体的实质特征。因为行政相对人，甚至行政主体都与行政行为有利害关系，"利害关系者"不能用来特指这类主体。"间接利害关系人"虽然体现了这类主体的实质特征，但又难以体现其形式特征，因此也不甚恰当。而"第三人"的称谓则是比较合适的。一方面，它比较规范，在法学理论（特别是在诉讼法学理论）研究中，已经被学者普遍接受并且广泛使用；另一方面，它能够体现这类主体的实质特征和形式特征，使其区别于行政相对人。另外，为了说明其是行政实体法上的一个概念，也为了使其区别于诉讼第三人，我们不妨称为行政法律关系中的第三人，简称"行政第三人"。具体而言，所谓行政第三人是指与已作出的行政行为有间接利害关系的、受行政权间接作用或约束的、行政法律关系中潜在的或暗示的公民、法人或者其他组织。②

行政第三人与行政相对人两者都受行政权作用或行政行为约束，而且两者都与行政主体形成了行政法上的权利义务关系。但是它们的区别也是显而易见的。首先，从实质特征看，行政第三人与行政行为有间接的利害关系。即与行政行为的结果有利害关系，同时受行政权的间接作用或行政行为的间接约束；而行政相对人与行政行为有直接的利害关系，受行政权的直接作用或行政行为的直接约束。其次，从形式特征看，行政第三人是暗示的或潜在的行政法律关系主体，不能从行政决定书上直

① 参见王名扬：《美国行政法》，中国法制出版社1994年版，第425页。

② 周佑勇、何渊：《论行政第三人》，《湘潭工学院学报》（社会科学版）2001年第2期。

接看出来，而行政相对人是明显的行政法律关系主体，从行政决定书上可直接找到。

区分行政第三人与行政相对人，具有重要意义。首先，有利于查明行政行为的效力和后果。行政行为不仅直接约束以明示形态存在的行政相对人，而且，可能间接约束受到其客观结果影响的、以暗示形式存在的行政第三人。其次，有利于明确规定作出违法行政行为的行政主体的法律责任。由于行政行为效力的广泛性，作出违法行政行为的行政主体不仅要对以明示形态存在的行政相对人承担法律责任，而且也要对以暗示形态存在的行政第三人承担法律责任。最后，有利于在立法上规范他们各自的行为，在执法和司法上也能正确确认他们的行为是否符合法律要求，以便更好地保护他们的合法权益。

第六节 行政法律关系的内容

一、行政法律关系的内容概述

行政法律关系的内容是行政法律关系的构成要素之一。它是指行政法律关系主体所享有的权利和承担的义务。行政主体和行政相对人都具有一定权利，承担一定义务。与其他性质的法律关系相比，行政法律关系在内容上具有如下特征。

（一）内容的法定性与不可分割性

行政法律关系在内容上的一个特点就是，一般来说主体之间不能相互约定权利义务，也不能自由选择权利义务，而是由行政法规范预先规定它们的权利、义务，即内容的法定性（不过，契约关系例外）。例如，在税收法律关系中，纳税人应纳的税种、税率以及税收机关均由有关税法事先确定，纳税人不能自由选择税收机关，所付税种、税率也不能与税收机关协商，双方只能依法办事。再如，公民申请许可证时，他也只能接受法定的条件并向法定的主管机关申请，而主管机关也只能严格按照法定条件审查批准。这明显区别于民事法律关系内容的任意性，即双方当事人可以自由约定双方的权利义务。

同时，行政法律关系的内容还具有不可分割性，即行政法律关系主体的权利义务往往相互渗透、交叉重叠，很难截然分开，从一个侧面看是权利，从另一个侧面看又是义务。就行政主体的权利而言，它相对于行政相对人来说是权利（或职权），但相对于国家和社会来说却是义务（或职责），因而是权利和义务、职权和职责的统一体。例如，征税既是税务部门的权利，也是它的义务；维护治安既是公安机关的权利，也是其义务。就行政相对人权利而言，有些也是义务，如劳动权就既是公民的权利也是公民的义务；九年制义务教育范围内的受教育权也是公民的义务等。而在民事法律关系中，当事人的权利义务的界限则是十分清楚的，权利就是权利，义务就是义务。

（二）内容处分的有限性

由于行政法律关系内容上的法定性与不可分割性，决定其内容处分的有限性，也就是说，行政法律关系主体不能自由处分其权利义务。因为行政主体的权利又是一种义务，根据义务必须履行的法律原则，行政主体也就不能抛弃或转让其权利了，即不能自由处分其权利，否则就构成了行政主体的失职。就行政相对人而言，由于有些权利也是义务，因此行政相对人也不能抛弃或转让这些权利，否则就应承担相应的法律后果。当然，行政相对人的多数权利并不含有义务，如各种请求权，因而可以抛弃。然而，由于行政法上权利义务的法定性，可抛弃的权利也不能转让，否则也应承担相应的法律后果。

总之，行政法主体一般不得处分其权利，只有行政相对人能依法抛弃某些权利，但可抛弃的权利也不能转让，因此，行政法权利的处分是非常有限的。这就明显地不同于民事法律关系内容处分的自由性，因为在民法上，权利义务的界限往往十分清楚，义务应履行，但权利一般可放弃，自由处分。

二、行政主体的权利与义务

行政主体的权利与义务，通常又被称为"职权"和"职责"。行政主体的权利即行政职权；行政主体的义务即行政职责。

（一）行政职权

行政职权的具体内容因行政主体的不同而异。不同行政主体所享有的行政职权多少不等，内容有别，例如行政处罚权只限于特定行政主体享有。但总体说来，行政职权大致包括：制定规范权，即行政机关制定行政法规、行政规章和行政规范的权力，前者又称行政立法权；行政检查权，即行政主体依法对行政相对人履行法定义务的情况进行监督检查的权力，如交通运输安全、食品卫生、环境污染状况等检查处理权；行政处理权，即对行政相对人权利义务进行处理的权力，包括许可权、处分权、处罚权、奖励权等；行政强制权，即行政主体对行政相对人依法采取强制措施的权力，包括即时强制权和强制执行权；行政司法权（或行政裁判权），即行政主体对一定的行政纠纷和民事纠纷进行裁判处理的权力，包括行政复议权、行政调解权、行政仲裁权、行政裁决权等。此外，还有行政命令权、行政合同权、行政指导权，等等。

（二）行政职责

行政职责是指行政主体在行使职权时必须承担的法定义务。它是行政职权的"孪生兄弟"。行政职责随行政职权的产生、变更或消灭而相应变化，与行政职权密不可分。行政职责的核心是依法行政，包括合法行政和合理行政，其具体内容主要有：依法履行职务、不失职；严守法定权限、不越权；符合法定目的、不滥用职权；遵循法定程序、避免程序违法。

行政主体必须依法行使行政职权，履行行政职责。如果违法行使职权，不履行或拖延履行职责，都构成违法行为，必须承担相应的法律责任。

三、行政相对人的权利与义务

行政相对人的权利与义务，即公民、法人和其他组织在行政法上的权利和义务，与它们在其他部门法和宪法上的权利义务是不相同的。但又与宪法上基本权利与义务有密切的联系。就行政相对人的权利而言，可以说它们是宪法权利在行政法领域的具体化，且其内容随着宪政的发展经历了由程序权利向实体权利不断发展的过程。具体而言，行政相对人在行政法上的权利可概括为如下三方面。①

（一）行政参与权

行政参与权是指行政相对人可以依照法律规定，通过各种途径参与国家行政管理活动的权利。具体包括：（1）直接参与管理权，指符合公务员法定条件的公民通过合法途径，可依法定程序直接加入国家行政管理的行列。（2）了解权，即行政相对人可以在法律许可的范围内了解行政机关进行行政管理活动的依据、程序、内容方法等。（3）听证权，指具有利害关系的行政相对人参与行政程序，就相关问题发表意见、提供证据的权利，而行政机关负有听取意见、接纳证据的义务。（4）行政监督权，指行政相对人有权对行政机关及其公务员的活动提出批评、建议、控告和检举的权利。（5）行政协助权，即在法定条件下，行政相对人可以协助行政机关作某些管理活动。

（二）行政获益权

行政获益权是指行政相对人可以依据法律规定从行政主体或通过行政主体的管理活动获得利益。具体包括：（1）就业权，即公民获得工作的机会及按工作付出的劳动数量和质量取得报酬的权利。（2）享受养老、保险、救济金等社会福利的权利。（3）获得许可、奖励、减免税等其他利益的权利。（4）接受义务教育的权利。

---

① 参见周佑勇：《行政法原论》，中国方正出版社2002年版，第22—23页；周佑勇：《公民行政法权利之宪政思考》，《法制与社会发展》1998年第1期。

（三）行政保护权

行政保护权是指当行政相对人的合法权利受到侵犯时有权获得行政法上的保护。由于权利的侵犯通常来自两个方面，一是其他公民或组织的侵犯，二是国家行政主体的侵犯。因而行政保护权也包括两项内容：（1）当行政相对人的人身权和财产权受到其他公民或组织侵犯时，有权请求行政机关予以保护。（2）当行政相对人的人身权和财产权受到违法或不当的行政行为的侵犯时，有权申请行政复议或提起行政诉讼，且在权益受到行政行为的侵害造成损失时，有获得赔偿或补偿的权利。行政相对人的义务总的来说主要有：遵守行政法规范；服从行政管理；执行行政决定等。以上行政相对人的权利义务分别规定在众多的具体行政法规范之中。

四、行政第三人的权利与义务

行政第三人也具有行政法上的权利和义务。就行政第三人的权利义务而言，由于行政第三人和行政相对人都是与行政主体相对应的"公民、法人或其他组织"，因此它们在行政法上的权利义务基本上是一致的。只不过，在某一特定行政行为中的第三人与行政相对人，行使权利的目的往往相反。行政相对人行使其权利是为了获得某种利益，而行政第三人行使其权利则是为了否定行政相对人因行政主体的行政行为给其带来的利益，排除行政行为给自己带来的权益侵害，保护其合法权益。如许可申请权的行使，行政相对人是为了获得行政主体的许可，而行政第三人则可能是为了否定行政相对人已获得的行政许可，以保护其合法权益不受侵害。两者行使权利的目的具有互反性，是因为复效行政行为①对行政相对人具有授益性，对行政第三人具有损益性，这种牵连互反的复效性决定了二者行使权利目的的互反性。另外，两者在对某一特定行政行为

---

① 复效行政行为是指"使一方得到利益而使另一方遭到不利的行政行为"，即这种行为既具有授益效力又具有侵益效力。参见江必新：《行政诉讼问题研究》，中国人民公安大学出版社1989年版，第123页。

进行权利救济时的身份牵连也是互反的。如在行政复议中，行政第三人和行政相对人中的一方为申请人时，另一方就只可能为第三人；在行政诉讼中，一方为原告，则另一方就只可能为第三人。

第七节　行政法律关系的变动

一、行政法律关系变动的条件

行政法律关系不是静止不变的，是一个动态的过程，有其产生、变更和消灭的过程，此即行政法律关系的变动，又称运动或运行。但任何行政法律关系的发生、变更和消灭即行政法律关系的变动，必须具备一定的条件，其中最主要的条件：一是行政法规范的存在（或规定）；二是行政法律事实的出现。

如前所述，行政法律关系是由行政法规范调整和规定而形成的，没有行政法规范的存在就没有相应的行政法律关系。所以，行政法规范是行政法律关系形成的法律根据和前提条件。例如，由于税收行政法规范的存在，才有可能产生税收行政法律关系；如果没有 1989 年国务院发布的《社会团体登记管理条例》① 的规定，便不会有社团登记法律关系的产生。

但是，行政法规范所规定的只是一般的普遍性的或抽象的权利义务模式，并不是现实具体的行政法律关系，它只为该行政法律关系的产生、变更或消灭提供了可能。只有具体适用该权利义务规定的法律事实出现，这种可能性才能转变为现实性，使一般的抽象的权利义务模式变成具体的实际的法律关系，即特定当事人之间的权利义务关系才会随之发生、变更或消灭。譬如，法律规定有关行政部门有权命令拆除违章建筑。这是一种带有普通性的规定，所设定的只是抽象的行为模式。而只有当某

---

① 《社会团体登记管理条例》于 1998 年 10 月 25 日和 2016 年 2 月 6 日进行两次修改，现行有效。

一组织或个人实施了违章建筑的行为，且行政机关对该当事人发出了要求其拆除违章建筑的命令时，一般的抽象的权利义务模式才变成现实的具体行政法律关系，即引起具体行政法律关系的产生。一旦该当事人服从了行政机关的命令，拆除了违章建筑，这个具体的法律关系也随之消灭。假如被命令的当事人不执行拆除令，有关行政部门即可派人执行，并由此收取执行费，则为行政法律关系的变更。

总之，只有在行政法规范存在的前提下，出现了相应的法律事实，才能导致具体法律关系的产生、变更和消灭，所以行政法规范的存在是行政法律关系形成的法律依据和前提条件，法律事实的出现是行政法律关系变动的直接原因或具体条件和事实根据。

二、行政法律事实

既然行政法律事实是行政法律关系变动的直接原因，因此要认识行政法律关系的变动，就有必要对行政法律事实的含义和种类作进一步分析。

（一）行政法律事实的含义

具体而言，行政法律事实是指行政法规范所规定的，能够引起行政法律关系的产生、变更和消灭的具体条件和事实根据。它包含如下两层含义。

第一，它能够引起法律关系的产生、变更和消灭，即能够引起法律效果，具有法律意义。例如，同为自然现象，日出日落、四季更替等不能直接引起法律关系的变动，因而不是法律事实，但旱灾、水灾、地震等都是法律事实，它可以直接引起一系列法律关系的变动。

第二，它必须是行政法规范规定的。行政法律事实之所以能产生相应的法律效果，即能否引起行政法律关系的变动，能引起何种行政法律关系的变动，以及是引起行政法律关系的产生还是引起行政法律关系的变更或消灭，完全取决于行政法规范的预先规定。一般来说，行政法规范在逻辑结构上由"适用条件""行为模式"和"法律后果"三部分组成。① 行政法律实际上是行政法规范结构中的"适用条件"部分，因而

---

① 参见叶必丰、周佑勇：《行政规范研究》，法律出版社2002年版，第157页。

必须符合行政法规范"适用条件"中规定的情况，才能引起行政法律关系的产生、变更和消灭。例如，《企业名称登记管理规定》① 第 16 条规定："企业有特殊原因的，可以在开业登记前预先单独申请企业名称登记注册。预先单独申请企业名称登记注册时，应当提交企业组建负责人签署的申请书章程草案和主管部门或者审批机关的批准文件。"本条中的"企业有特殊原因"和"预先单独申请企业名称登记注册"，都是该规范结构中的"适用条件"部分。当"适用条件"中规定的情况即法律事实出现时，就能引起工商企业名称登记注册法律关系的产生。又如，《中华人民共和国传染病防治法实施办法》② 第六十三条规定："传染病管理监督员、传染病管理检查员执行任务时，有关单位和个人必须给予协助。"在本条中，"传染病管理监督员、传染病管理检查员执行任务"是该规范结构中的"适用条件"部分。当"适用条件"中规定的情况即法律事实出现时，就产生了传染病管理部门同有关单位和个人之间的行政法律关系。

（二）行政法律事实的种类

依法律事实是否以主体的意志为转移，通常将其分为法律事件和法律行为两类。

1. 法律事件。法律事件，是指能够引起行政法律关系产生、变更和消灭，而不以人的主观意志为转移的客观事件。一般认为，法律事件主要包括地震、台风和洪水等自然灾害和战争动乱、流行病暴发、人的出生或死亡等社会事件。例如，自然灾害可导致行政救助法律关系的产生；人的出生可引起户籍管理等行政法律关系产生；年龄的增长可引起身份证管理和人事管理等行政法律关系的变更；人的死亡能引起户籍管理和人事管理等行政法律关系的消灭和抚恤金管理等行政法律关系的产生。

2. 法律行为或事实行为。法律行为，是指能引起行政法律关系的产生、变更和消灭、行政法主体有意志的行为。它主要是行政主体的行为，

---

① 1991 年 5 月 6 日国务院批准，2012 年 11 月 9 日修订。

② 1991 年 10 月 4 日国务院批准，1991 年 12 月 6 日卫生部发布。

如行政征收、强制执行等；也可是行政相对人的行为如超速驾驶。当然，行政相对人的行为往往要和行政主体的行为一起，才能引起具体法律关系的变动，仅有行政相对人的行为不能直接引起法律关系的变动。如前述违章建筑案中，需行政相对人违章建筑的行为和行政机关的拆除命令行为一起才能引起相应法律关系的产生。再如，行政相对人向行政机关提出申请、申诉、检举、控告等行为必须有行政主体的受理等行为才能成立相应的行政法律关系。当然，虽然缺乏行政主体的行为不能引起作为的法律关系，但可以引起一种不作为的法律关系，因为行政相对人的行为往往会引起行政主体的一种作为义务，如果行政主体不作出相应行为，即属于一种行政不作为，① 仍在行政主体与行政相对人或国家之间形成一种行政法上的权利义务关系即行政法律关系。此外，法律行为可以是作为，如滥伐林木；也可是不作为，如逃避服兵役。它可以是合法行为，如行政主体合法造成公民损失的行为就能导致行政补偿法律关系的产生，公民的科学发明创造则能引起行政奖励法律关系的产生；也可以是非法行为，如行政主体违法造成公民损害的行为就能导致行政赔偿法律关系的产生，公民违章驾驶等非法行为则能引起行政处罚法律关系的产生。

人们一般认为，只有法律行为才能引起行政法律关系的产生、变更或消灭，但这种观点是有其局限性的。事实上，事实行为同样也导致行政法律关系的产生、变更或消灭。如非法拘禁、殴打、非法扣押财物等，同样将致某些行政法律关系、行政诉讼关系和行政赔偿关系的形成。

三、行政法律关系变动的形式

行政法律关系的运动或变动有产生、变更和消灭三种形式。

1. 行政法律关系的产生。行政法律关系的产生是指行政主体和行政

---

① 这种行政不作为既可以是一种应申请性行政不作为也可以是一种依职权性行政不作为，主要看引起作为义务的条件是"法定的申请"还是"法定的事实"。参见周佑勇：《行政不作为判解》，武汉大学出版社 2000 年版，第 61 页。

相对人之间实际形成特定的权利义务关系。它是使行政法规范中规定的一般的权利义务模式转变为现实的由特定行政法主体享有的权利和承担的义务。所以，行政法律关系的产生从另一角度看也是行政法律关系预定模式被适用的结果。换言之，"是行政法律关系模式在现实中的具体化、人格化"。① 例如兵役法规定，年满 18 周岁的公民具有服兵役的义务。这只是一种行政法律关系的预定模式。当某一公民年满 18 周岁时，则产生了兵役主管部门和该公民间的行政法律关系，使该公民具有服兵役的义务，使兵役主管部门享有对其予以征集的权利。

这里需要注意的是，行政法律关系的产生必须是原来没有的，因上述法律事实而产生的行政法律关系。如果原来就是一种行政法上的权利义务关系，因某种因素而变成另一种形态的行政法上的权利义务关系，则不是行政法律关系的发生，而是行政法律关系的变更。

2. 行政法律关系的变更。行政法律关系的变更是指行政法律关系在其存续期间，因一定原因而发生部分变化的情况。首先，它必须是在行政法律关系存续期间发生的变化即法律关系发生以后、消灭之前。如果行政法律关系尚未产生，或已经消灭，均不存在变更的问题。其次，这种变化只是行政法律关系的部分要素发生了改变。如果一种行政法律关系主体、内容及客体都有改变，则表明该行政法律关系已不复存在而形成了另一种新的行政法律关系。这是一种行政法律关系的消灭和另一种行政法律关系的产生，也非行政法律关系在原有基础上的变更。

至于行政法律关系的变更是指行政法律关系的哪些要素的变更，理论上则有不同的认识。一般认为，行政法律关系的变更即行政法律关系主体、客体或内容发生变更。② 也有学者强调这种变更主要是指主体的变

---

① 袁曙宏、方世荣、黎军：《行政法律关系研究》，中国法制出版社 1999 年版，第 193 页。

② 参见张尚鷟主编：《行政法学》，北京大学出版社 1999 年版，第 23 页；罗豪才主编：《行政法学》，中国政法大学出版社 1996 年版，第 15—16 页。

更和内容的变更。① 还有学者则认为这种变更只能是主体和客体的变更。② 我们认为，行政法律关系的变更可以来自以下三种情况。

（1）主体变更。主体是行政法律关系构成要素之一，主体的变更会导致原有法律关系的消灭，新的法律关系发生，亦即行政法律关系的继受发生或移转。因此，一般而言，行政法律关系主体以不得移转为原则。如行政参与权不得由他人行使。但是在例外情况下，主体变更并不影响与原行政法律关系的同一性，因而凡属不影响与原行政法律关系保持同一性的主体变更，均为行政法律关系的变更。例如，原行政法律关系中的行政主体与另一个行政主体发生了合并或自己发生分离，合并后的一个行政主体或分离后的多个行政主体继续行使或履行原行政法律关系中的权利和义务。再如行政法律关系中一行政主体被撤销，而由另一行政主体来接替其权利义务。就行政相对人的变更而言，一般只发生在金钱给付或财产价格为主要性质的行政法律关系中，如纳税义务可因继承而移转。

（2）客体变更。这是指客体发生了不影响与原行政法律关系保持同一性的某种变化。它通常只能是客体具有可替代性的变化，即一种客体可以取代另一种客体。如果客体不具有可替代性，则不能发生变化。如与特定人的人身密不可分的著作权、发明权、继承权等精神利益，由于与特定人的人身不能分离，因而不能由他人的他物替代，不能发生改变。能发生变更的客体一般是与特定人的人身没有联系的物质利益。如在行政罚款法律关系中，客体是被罚的款项，但在受罚人没有现存的款项时，可以一定数额和价值的实物代替，由行政主体将实物变卖后充作罚款。此时的客体已由罚款改变为实物。

---

① 参见胡建淼：《行政法学》，法律出版社 2002 年版，第 32 页；王连昌主编：《行政法学》，中国政法大学出版社 1997 年版，第 34 页；应松年主编：《行政法学新论》，中国方正出版社 2004 年版，第 72 页。

② 参见袁曙宏、方世荣、黎军：《行政法律关系研究》，中国法制出版社 1999 年版，第 217 页；方世荣主编：《行政法与行政诉讼法学》，中国政法大学出版社 2007 年版，第 319 页。

（3）内容变更。内容即行政法上的权利义务。内容的变更一般只限于内容指向对象的数量和行为的变更。前者如基本建设项目投资数额的增减、税收数额的增减等；后者如某公民有拆除违章建筑的义务，该公民不履行此项义务，主管行政机关采用代执行的强制措施，代为拆除，由义务人给付拆除费用，即该种行政法律关系的变更。这种变更中，双方主体不变，拆除义务的本质不变，仅是拆除行为发生变更。

3. 行政法律关系的消灭。行政法律关系的消灭是指原有行政法律关系因一定原因而不复存在，其本质上表现为原有行政法律关系主体之间权利义务的终结。它主要来自下列三个方面的情况。

（1）主体消灭而使行政法律关系归于消灭。这主要是指原主体消灭，没有或者不能有承接主体，而使权利义务随之消灭的情况。如果原主体消灭，有新的主体承接原主体的权利义务，则为行政法律关系的变更。例如，某公务员死亡或被开除、辞退或辞职，其身份上的权利不能为他人所承接，他与国家之间的行政职务关系就归于消灭。再如，受行政拘留的公民死亡，其他任何人都不能承接该公民受拘留的义务，此时双方的权利义务亦随主体的消灭而归于消灭。

（2）设定权利义务的法律规范或行政行为消灭而使行政法律关系归于消灭。设定权利义务的法律规范被修改或废除，必然会导致相应行政法律关系的消灭。设定权利义务的行政行为消灭即权利已实现和义务已履行，或行政行为被撤销、废止等，同样都会引起行政法律关系的消灭。例如，被处以罚款的公民，按规定缴纳了罚款后，原处罚关系消灭；某公安局对某人的罚款处罚被上级公安机关裁定撤销，也使处罚关系消灭。

（3）客体的消灭而使行政法律关系归于消灭。例如，某房管部门管段的房屋被火灾烧毁，因之再管理这些房屋而构成的行政法律关系就不可能存在。再如，作为客体的文物的灭失，使文物保护行政法律关系归于消灭。当然，客体的消灭也不一定必然导致行政法律关系的消灭。如果原客体消灭后，能以其他客体代替原客体，则原权利义务仍然可以实现而并没有消灭，行政法律关系只是有了一定的变更。

第八节　特定问题的探讨

一、关于特别权力关系

特别权力关系理论起源于德国，可追溯到中古时期领主与其家臣的关系，但正式成为概括的概念，系于 19 世纪末德国实行君主立宪的理论产物。当时，公法学者 Paul Laband 为说明公务员担任公职而对国君具有的忠诚与服从关系，首先明确使用了"特别权力关系"这一概念，并创设了特别权力关系理论的雏形。后由 Otto Mayer 将其扩张至其他领域，用以涵盖公务员关系、军人关系、学生与学校、人犯与监狱等营造物利用关系以及公法上之特别监督关系，从而建立完整的理论体系。依德、日及我国台湾地区传统行政法学说，特别权力关系是指为了达成特定的行政目的，国家非依据一般统治权，而系由于特别的法律原因，在特定的行政领域内所建立起来的一种特殊的公法上的权利义务关系。这种特别的法律原因主要有三种情形：一是由于法律的规定，例如依兵役法形成的兵役关系、依国营事业管理法形成的国营事业管理关系等；二是由于当事人意志的实现，例如因当事人担任公职意志、考入学校意志等的实现而成立国家对于公务员、学生之特别权力关系；三是由于特定事实的发生，例如对灾害采取紧急管制措施、对精神病人或酗酒者进行管束与治疗等。① 从 19 世纪末直到第二次世界大战，特别权力关系理论不仅一直盛行于德国等欧陆国家，而且被引进日本，产生了广大而深远的影

---

① 参见张载宇：《行政法要论》，汉林出版社 1977 年版，第 78 页；管欧：《中国行政法总论》，蓝星打字排版有限公司 1981 年版，第 98 页；苏嘉宏、洪荣彬：《行政法概要》，台湾永然文化出版有限公司 1999 年版，第 117—118 页；张家洋、陈志华：《行政法基本理论》，空中大学出版社 1995 年版，第 270—271 页。

响。① 虽然20世纪70年代德国行政法实务界开始部分废弃特别权力关系理论，但是这一曾经的权威学说直到今天依旧对大陆法系的行政法理论和实务具有相当的影响力。因此，有必要对特别权力关系理论的沿革和发展作一剖析。

(一) 形成

伴随着经济自由主义的发展和政治自由主义的影响，德国于19世纪初开始实行法治国家原则。而伴随着君主立宪体制和权力分立理论的发展，行政权受到立法权限制的基本框架已成型，法治原则在行政法领域中集中体现为依法行政原则。依法行政原则要求行政主体与公民之间的关系由法律规定，行政主体依法行使国家公权力，法无明文规定不得为，如此公民才可以预测行政机关的活动，并实现其权利保障。

但是，任何原则都有其例外，依法行政原则也是如此。在一些特殊类型的行政关系中，并无依法行政原则的适用空间。这种特殊类型的行政关系，大陆法系的行政法学界统称其为"特别权力关系"。特别权力关系以公民的某种特定的身份为前提，并以这种特定的身份为纽带，形成行政主体与某些公民之间的特殊联系。具体地说，这种特殊的关系可以分为三大类型：（1）法上之勤务关系，主要有公务员与国家、军人与国家之间的关系。（2）造物利用关系，主要有学生与学校、囚犯与监狱之间的关系。（3）公法上的特别监督关系，主要包括国家与公共团体、特许企业等之间的关系。②

这三种类型行政关系的共同特征有：

1. 无法律保留原则的适用。依特别权力关系学说，即使在无法律授权的情况下，公权力主体仍可以自己制定的行政规则来限制相对人的基本权利。这种限制措施最为明显的就表现在行政主体的惩戒权力上，行政主体可以直接依自己的规则对处于特别权力关系中的相对人施以惩戒。

---

① 参见翁岳生：《行政法与现代法治国家》，台湾祥新印刷有限公司1989年版，第132页；吴庚：《行政法之理论与实用》，台湾三民书局2001年版，第205页。

② 翁岳生编：《行政法学》，中国法制出版社2002年版，第272页。

2. 行政相对人义务的不确定性。在特别权力关系下，行政主体具有概括的命令权，只要是在为行政目的服务的范围内，尽可以为相对人设置相当的义务，而相对人只有忠实服从的义务。行政相对人义务不确定的原因在于：特别权力关系中，行政主体无须法律授权，可以基于自己的权力，自订特别的内部规则（如学校宿舍管理规则、校内刊物管理规则等），以约束义务人或限制相对人的基本权利。

3. 法律救济途径的缺乏。特别权力关系理论认为，公权力主体对其内部相对人的行为不同于对一般相对人的具体行政行为，亦不能因此提起任何外部救济。这种理论的主要目的在于保证和促进行政权的有效运作，避免行政权以外的其他权力（主要是司法权）介入此领域，以保持行政权的完整性。

4. 特殊的惩罚措施，即行政主体在特别权力关系范围内，可以在无个别或具体法律依据的情况下，对违反义务者加以惩罚。[1]

通过上述特征可以发现，虽然一般类型的行政法律关系表现为当事人之间的"不平等性"，即相对人对于公权力主体负有服从的义务，但特别权力关系下当事人间的"不平等性"较一般权力关系更为严重。

可以说，特别关系理论的产生具有其历史和现实的必然性。例如就法上之勤务关系而言，由于内部管理事项的范围极其广泛，这些事项想要全部导入法律保留原则是不切实际的。同时，若没有必要的行政纪律与服从，行政主体也很难进行有效的管理，从而不利于国家行政管理目标的实现。

（二）没落

特别权力关系自产生以来，直至第二次世界大战前，一直盛行于欧洲大陆。然而，第二次世界大战以后，该理论的合法性与正当性面临巨大的挑战，根本原因即在于"人权"理念在现代行政法中的凸显。

出于对第二次世界大战期间种种生灵涂炭、践踏人权行为的反省，战后政治思潮最显著的特点就是大力强调对公民基本权利的保障。人权

---

[1]　陈新民：《中国行政法学原理》，中国政法大学出版社 2002 年版，第 64 页。

观念的复兴直接引发了对特别权力关系的批评。基于人权的普遍保障原理，即使是军人、公务员这些公权力主体的内部相对人的基本权利，也不应当受到法律的区别对待。也就是说，法律保留原则也应当适用于公权力主体与其内部相对人的关系，不允许权力人以内部规则的方式来限制人权。在实务上，这种批评得到了回应和支持。德国在第二次世界大战后确立了军人权益的法律保留原则。德国《基本法》第17条即特别规定："军人之迁徙及意思表示等自由权利，除法律另有规定外，不得受到限制"。

除了人权的重视以外，"司法国"理论同样也在很大程度上形成了对特别权力关系理论的否定。所谓司法国的理论，是指一切行政权都必须臣服于司法权，法院享有完全的司法审查权，即便是对于处在传统特别权力关系下的行政决定，也不例外。司法国理论日后成为对传统行政法理论进行再思考的主导方向。

传统特别权力关系理论消亡的标志是1972年3月14日德国联邦宪法法院的"刑事执行判决"。该判决认为，监狱当局在未获得法律许可的情形下检查犯人的信件，是对犯人通信自由的侵犯。该案中，监狱主张依传统的特别权力关系理论，得以主管机关制定的《监狱管理规则》作为检查信件的依据。联邦宪法法院对此予以了否定，并判定此监狱规则违宪。该判决意味着法律开始进入传统的特别权力关系领域，而特别权力关系理论开始正式遭到废弃。

（三）修正

尽管传统的特别权力关系理论由于其局限逐渐被抛弃，但公权力主体与其内部相对人的关系毕竟不能完全等同。全面将司法审查权介入特别权力关系领域，仅具有理论上的可能性，而不具有实际的可操作性。例如学校和学生之间，如果承认学校对学生所作的成绩评定、宿舍管理乃至服装要求等，学生都可以不服而要求法院来救济的话，一方面对法院而言，必将会受理更多的案件并介入行政主体的专业判断，法院的资源很难胜任；另一方面对学校而言，也面临着其内部纪律可能崩溃的危险。

因此，完全的法律保留原则显然也不适宜这一领域，必须在传统的特别权力关系理论和完全的法律保留原则之间寻找一个平衡点，兼顾到人权保障和行政管理。新的替代性的理论的产生成为迫切的需要，乌勒教授的基础关系与管理关系理论应运而生。

乌勒教授将特别权力关系分为"基础关系"和"管理关系"。"基础关系"是指有关特别权力关系产生、变更及消灭的事项，如公务员资格的取得、丧失、降级、撤职等。乌勒教授认为，对于基础关系事项，应当视为行政决定，适用法律保留原则，权力人为相关行为必须有法律的明确授权。另外，司法也可以介入这些事项进行审查，相对人可以提起司法救济。"管理关系"是指为了达到行政目的由权力主体所为的一切内部管理措施，如前之所述学校对学生的成绩评定、宿舍管理等。这些措施应视为行政内部指示，而不应视为行政决定，因此，不可以提起司法救济，亦无须严格遵循法律保留原则。

乌勒教授的理论兼顾了人权保障与行政管理这两大目的。在涉及对相对人权利影响较大的基础关系领域，可以获得法律保留和司法救济的机会，有利于基本人权的保障。而在对相对人权利影响较小的管理事项领域，不允许提起司法救济，也有利于行政管理的顺利有效运行。但这一理论也有其固有的瑕疵，主要是在界分"基础关系"和"管理关系"上存在很大困难。例如公务员的调职关系，当属管理关系，但公务员一旦调职，往往会对其产生巨大的影响（如搬家、子女教育的移转等），若将其作为管理关系排除司法救济，有违公平。

乌勒教授的理论受到了学术界高度重视，但由于其内在的缺陷一直没有在审判实务上被采纳。直至1972年上述之"刑事执行判决"抛弃传统特别权力关系理论后，德国联邦宪法法院才认可此种理论，并在此理论之基础上，进一步提出"重要性"理论。

"重要性"理论不注重从形式上界分"基础关系"与"管理关系"，而是强调从实质上分析某一特定的行政事项对相对人权利的影响程度。凡是涉及相对人基本权利的即视为"重要事项"，都必须由立法者以立法方式限制，不得由权力人自行决定，相对人亦可获得司法救济途径。从形式界定到实质区分，显然"重要性"理论是一重大的进步。①

（四）特别权力关系论在中国

他山之石可以攻玉，外国行政法的研究应该以完善我国行政法制实践作为最终落脚点。虽然我们的理论上没有确立所谓的特别权力关系论，但是现实中这些特殊的行政关系是如何建构的运行的呢？以下我们借助特别权力关系的类型框架结合我国的实证法规定逐点展开分析。

1. 国家公务员的法律地位。依《中华人民共和国公务员法》第十三条第（二）项、第（六）项的规定，公务员享有"非因法定事由和非经法定程序不被免职、降职、辞退或行政处分"和"提出申诉和控告"的权利，值得注意的是这里"控告"是指公务员在行政机关内部提出控告，并非向人民法院提起诉讼。另外，依新修订的《行政诉讼法》第十三条（原《行政诉讼法》第十二条）之规定，行政机关对其工作人员的奖惩、任免等决定，属于人民法院不受理的事项。《最高人民法院关于执行〈中华人民共和国行政诉讼法〉若干问题的解释》对此又作了扩张解释，其第四条规定："《行政诉讼法》第十二条第三项规定的'对行政机关工作人员的奖惩、任免等决定'，是指行政机关作出的涉及该行政机关公务员权利义务的决定。"由此可以看出，尽管根据《中华人民共和国公务员法》的规定，行政机关对其公务员作出免职、降职、辞退、行政处分等事项应遵循依法行政原则，但各相关法律文件都排除了公务员的诉讼救济途径。不仅如此，《最高人民法院关于执行〈中华人民共和国行政诉讼法〉若干问题的解释》还将"对行政机关工作人员的奖惩、任免等决定"，进一步扩张解释为"是指行政机关作出的涉及该行政机关公务员权利义务的决定"。这一解释，将行政机关对公务员的奖惩、任免决定之外的所有影响该公务员权利义务的决定都排除在行政诉讼范围之外。如此，则行政机关对其公务员采取的诸如扣发工资、内部摊派、住房分配、福利待遇、强制措施甚至其他非法限制人身自由或剥夺财物、权利及资格的行为。都只能寻求内部解决，而一旦得不到内部解决，则公务员的权

---

① 陈新民：《中国行政法学原理》，中国政法大学出版社 2002 年版，第 55 页。

益就会被侵害而得不到司法救济。① 这实质是受特别权力关系理论影响的一个典型实例，否则也不会有如此不重视公务员权利保障的解释。

2. 军人的法律地位。依《中国人民解放军纪律条令》第七十九条和第八十条规定了多种纪律处分。由于此《条令》并非法律，显然不符合法律保留原则。《条令》虽然有申诉和控告的制度，却同样没有提起诉讼的规定。此外，依新修订的《行政诉讼法》第十三条之规定（原《行政诉讼法》第十二条），国防与外交等国家行为，亦非行政诉讼的受案范围，从而也将军队内部诉讼途径的可行性排除。

3. 学生的法律地位。在中国，学校与学生间关系性质较为复杂，不易界定。但依行政法理论，得到法律、法规授权进行行政管理者，也为行政主体。依《教育法》第二十九条规定，学校拥有自主管理、对学生学籍管理和处分、颁发学业证书等权力。据此，学校对学生的管理应可以看作行政主体对其内部相对人的管理。在这一领域，学校享有很大的自主权，可以根据自己的内部规则对学生进行日常管理乃至纪律处分等重要事项的管理。因此，依法行政原则在此领域适用的空间不大。而在学生的诉讼救济途径方面，《行政诉讼法》未有涉及，《教育法》对此则采取了否定的立场。依《教育法》第四十三条第四项规定，"对学校给予的处分不服向有关部门提出申诉……"不能提起诉讼。在审判实务上，法院对于学生不服学校的管理事项而提起的诉讼一般也不予受理。当然也有个别判例有所突破。例如著名的"刘燕文诉北大案"，法院认为该案的起诉时效已过，判决刘燕文败诉。这是法院以程序来驳回原告的请求，显然已经承认本案具有实体上的可诉性，以及法院具有对大学学位授予的司法审查权。② 但在中国这样一个不以判例为法律渊源的国家，这种极个别判例的积极影响是有限的。它并不能改变学生对于学校管理事项方

---

① 参见杨解君：《走向法治的缺失言说——法理、行政法的思考》，法律出版社2001年版，第176页。

② 杨建顺：《行政诉讼与司法能动性——刘燕文诉北京大学的启示》，《法学前沿》（第四辑），法律出版社2001年版。

面的诉讼普遍缺乏法院支持这一现状。

通过上述分析可以看出，在这几种典型的特别行政关系中，依法行政原则一直尚未得到普遍的确认，或虽有法可依，但是由于诉讼救济途径的阙如，依法行政原则在事实上被"悬置"。可以说，尽管我们的理论中没有特别权力关系理论，但实践中却存在着事实的"特别权力关系"。造成这种现状的主要原因在于我国行政法制建设的落后以及对于人权保障的相对漠视。随着"国家尊重和保障人权"被写入我国宪法，人权的具体保障已经被提上日程，人权保障不断迈向纵深，这些皆要求我们对于特别行政关系下相对人的基本权利也应当给予必要的关注。历史证明，传统特别权力关系理论已经渐趋没落，不合时宜。如何从务实的角度借鉴大陆法系晚近的理论成果，建构符合中国国情的特别权力关系理论将是我国公法学者未来的一个努力方向。

（五）特别法律关系的提出

基于上述分析理由，笔者以为在中国有必要对传统的特别权力关系理论进行扬弃，提出建构一种不同于"特别权力关系"和"一般法律关系"的"特别法律关系论"，在"特别法律关系"不能允许有"特别权力"的存在，而应承认其存在着特殊的权利义务及救济途径。①

二、关于行政法律关系与民事或刑事法律关系的交叉

在前面关于行政法律关系的分类中已经述及，主体与内容的交叉复合行政法律关系，实际上是几个行政法律关系之间的相互交叉。此外，在现实社会中，常常还存在着行政法律关系与民事法律关系、刑事法律关系多种不同性质的法律关系相互交叉的情况。这就需要我们从理论上正确理清它们之间的联系与区别，从而在实践中能够以不同的方式来解决由此而形成的复杂法律问题。

---

① 参见杨解君：《特别法律关系论——特别权力关系论的扬弃》，《南京社会科学》2006 年第 7 期。

（一）行政法律关系与民事法律关系的交叉

就行政法律关系与民事法律关系的交叉而言，主要存在两种情况：一种是因果连接上的交叉，即行政法律关系与民事法律关系的形成互为原因和结果；另一种是主体身份合一上的交叉，即行政法律关系的主体同时又是民事法律关系的主体，该主体具有双重身份。① 行政法律关系与民事法律关系的交叉混合现象在实践中大量存在，需要我们作认真的识别和正确的处理。如在江西某公司诉湖南省商检局行政赔偿一案中，江西某公司（买方，简称"甲方"）与湖南某公司（卖方，简称"乙方"）签订了一份购销合同。合同约定，乙方组织的货物经商检部门检验合格后，由甲方收购并同时支付货款。在商检部门对乙方的货物作出了合格鉴定后，甲乙双方都履行了自己的义务。然而，当甲方将这批货物出口到日本后，经日本商检部门鉴定，为不合格商品而被日本方面拒绝接收这批商品，致甲方的直接经济损失为 780 万美元。甲方要求乙方赔偿损失，但乙方坚持认为自己已经按合同的要求取得湖南省商检局的货物合格证明，拒绝赔偿。于是，甲方又转而请求湖南省商检局行政赔偿。湖南省商检局认为，商品检验申请是由乙方提出的，本局从未与甲方发生过任何联系，甲方并不是本局鉴定行为的相对人，因此不具有赔偿请求人的主体资格。我们认为，在本案中，甲乙双方之间存在着一种民事法律关系。这一民事法律关系又是乙方与商检局之间发生行政法律关系的前提或法律事实。正因为如此，使得本案的行政法律关系与甲方有法律上的利害关系，使甲方成为行政法律关系的第三人，从而使甲具有诉讼原告和赔偿请求人的资格。实际上，许多案件中的法律关系并不纯粹是民事法律关系或行政法律关系，而往往是错综复杂地交错在一起的。这就要求我们在处理这些案件时必须正确把握不同性质的法律关系，并明确民事法律关系是行政法律关系的前提还是行政法律关系是民事法律关系的前提。只有这样，才能准确地适用法律。

---

① 参见袁曙宏、方世荣、黎军：《行政法律关系研究》，中国法制出版社 1999 年版，第 228、229 页。

（二）行政法律关系与刑事法律关系的交叉

就行政法律关系与刑事法律关系的交叉来看，也存在着"因果连接上的交叉"和"主体身份合一上的交叉"两种情况。① 所谓刑事法律关系，是指由刑法规范调整的，因以犯罪为核心的法定事实为依据而产生、变更、消灭的，国家与犯罪人之间的受制约的刑罚权与有限度的刑事责任的关系。② 刑事法律关系的实质是犯罪人因实施了犯罪行为而与国家所形成的权利义务关系。这里，是否构成犯罪行为就成为能否形成刑事法律关系的关键。而根据刑法的规定，有些犯罪属于空白刑法规定之犯罪，即刑法中没有明确规定该犯罪的构成要件，必须依赖行政法规范或行政机关法令来补充。例如，我国《刑法》第三百二十二条规定："违反国（边）境管理法规，偷越国（边）境，情节严重的，处一年以下有期徒刑、拘役或者管制，并处罚金……"这一条规定的"偷越国（边）境罪"，必须以当事人构成偷越国（边）境行为这一违反国（边）境管理法规的行政违法行为为前提。另外根据刑法的规定，还有些犯罪以行政机关的许可或核准为阻却违法事由。例如，我国《刑法》第一百七十九条规定："未经国家有关主管部门批准，擅自发行股票或者公司、企业债券，数额巨大、后果严重或者有其他严重情节的，处五年以下有期徒刑或者拘役，并处或者单处非法募集资金金额百分之一以上百分之五以下罚金。"这里规定的"未经国家有关主管部门批准"，说明行政机关的批准可阻却行为的违法性，反之才构成犯罪。以上犯罪之行政从属性或行政依赖性说明，要构成这类犯罪首先必须违反行政法规范，构成行政违法为。这实际上也就是说，某些犯罪所形成的刑事法律关系的成立，必须以行为人违反行政法规范而与行政主体之间形成行政法律关系为前提。这类犯罪通常被称为"行政犯罪"，即违反行政法规范，情节严重同

---

① 参见袁曙宏、方世荣、黎军：《行政法律关系研究》，中国政法大学出版社1999年版，第230、232页。

② 张小虎：《刑事法律关系的构造与价值》，中国方正出版社1999年版，第29页。

时又触犯国家刑律的行为。① 由于行政犯罪具有"行政"与"犯罪"方面的双重违法性，是行政违法行为与犯罪行为的交叉，所以使之在相应的行政法律关系与刑事法律关系之间形成交叉。

行政违法行为与犯罪行为、行政法律关系与刑事法律关系之间的交叉混合现象在实践中也是广泛存在的。例如，在行政管理的实践中，时有发生行政机关公务人员执行职务时违法限制行政相对人（即行政管理中与行政机关相对应的另一方当事人）人身自由等情况；这些行为从行政违法性看，应属于行政机关的违法具体行政行为，而从刑事违法性看，则实施者即公务员个人又符合刑法规定的非法拘禁罪的犯罪构成，应属非法拘禁的犯罪，由此引起行政违法与犯罪的交叉混合。然而，长期以来，由于我国行政法学与刑事法学往往只单纯地从一个角度来分别研究行政违法与刑事犯罪，或者行政法律关系与刑事法律关系，而都不注意研究它们的交叉关系，因此，对上类例子的处理，司法实践常有完全不同的结果：或将其认定为行政机关的违法具体行政行为（违法实施限制人身自由的强制措施），只由行政机关承担行政违法责任，行政机关中对故意关押负有主管和直接责任的公务人员，如作出决定的领导人员和实施人员并未被认定是犯罪（非法拘禁罪）；或仅仅认定为是公务人员个人的犯罪行为（非法拘禁罪），只由个人承担刑事责任，行政机关则不被追究行政违法的责任。这无疑在理论上是不科学的，也于实践上是十分有害的。② 因此，我们对于行政违法行为与犯罪行为、行政法律关系与刑事法律关系之间的交叉混合现象亦必须加强研究。这对于正确认识行为的不同性质并准确追究两者应负的法律责任，充分、有效地制裁这类违法犯罪行为，均具有重要意义。

---

① 周佑勇、刘艳红：《行政刑法性质的科学定位——从行政法与刑法的双重视野考察》（上），《法学评论》2002 年第 2 期。

② 参见方世荣：《论具体行政行为》，武汉大学出版社 1996 年版，第 115 页。

三、关于行政法律关系背后的 "潜关系"

在法律关系现实中，法律上的权利义务关系可能只是表面现象，实际发挥作用的则可能是它背后隐含的潜关系。如何分析和对待这一现象及其产生的影响问题，是我们不容回避的课题。①

隐藏于行政法律关系背后的 "潜关系"，简单地说，是因有法律亚文化的存在而形成的与法律亚文化密切联系的关系，或者说是法律亚文化调整行政关系的结果。这种关系的形成原因主要在于：其一，现实法律制度和体制的欠缺。在我国，法律的至上地位始终未能确立，法律没有得到一体遵行，人们会自觉或不自觉地寻求另外的途径来填补国家法律规则留下的规约真空或者修正国家法律。这就为法律亚文化及其关系的普遍形成提供了土壤和正当性的理由。同时，体制极为不健全，没有建立起各种保护屏障和隔离物，以抵制裙带关系、腐化堕落以及其他不良亚文化对法律实施造成的恶劣影响。其二，习惯以及社会需要所致。社会需要一定范围和程度的亚文化的存在，同时习惯或社会常识也使一部分亚文化及其关系的形成获得了正当的理由。其三，文化传统。我国是一个人情味浓厚的国家，社会是关系主义的社会。关系主义的话语和人际关系网络，渗透在社会的每一个层面，执法和司法领域的活动同样也在其射程之内，从而瓦解了国家法律的正常实施、打破了国家法律的垄断性和权威性。可以说，正是 "关系文化" 及其传统孕育了我国广泛的潜关系。其四，利益关系错动。转型时期利益关系错动，掌权者期望从履行公职中得到最大利益的回报，利益的追求以及政治利益、经济利益甚至情感利益等的综合，也是潜关系形成的重要原因。如权权交易关系（相互利用关系）、权钱交易关系、权色交易关系、权情交易关系等等，无不与一定的利益驱动具有内在的联系。

---

① 有关这一问题的详细探讨，参见杨解君：《走向法治的缺失言说——法理、行政法的思考》，法律出版社 2001 年版，第 17—34 页。

潜关系的存在，对正常的行政法律关系具有两方面的作用，一方面可以起到补充行政法律关系不足的作用或者与其共同产生积极的效果；另一方面又可能消化或吸收正常的法律关系从而对法律关系起到消极破坏作用。因此，我们在看到其消极影响时也不能忽视其产生积极作用的一面。就其消极影响或者说危害性而言，大体可以归入两个方面：一是破坏正常的法律关系和法律秩序；二是使腐败或违法正常化、制度化。因而，我们必须寻求对潜关系进行有效控制的途径和手段。

第五章

当代行政法的历史发展

王敬波　法学博士。曾经在法国巴黎第一大学、耶鲁大学做访问学者。现任中国政法大学法治政府研究院院长、教育法研究中心主任、教授、博士研究生导师。著有《高等教育领域里的行政法问题研究》《法治政府要论》《欧盟行政法研究》《城市管理与行政执法》等著作，主编：《国家赔偿法教程》《行政法与行政诉讼法》等教材，在《中国社会科学》《法学研究》《政法论坛》《行政法学研究》等杂志发表学术论文60余篇。主持国家社科基金重大项目、教育部、司法部、国家发改委、国务院办公厅、国务院法制办公室、北京市政府办公厅、北京市法制办公室等科研项目40多项。2011年入选教育部新世纪优秀人才。兼任中国行政法学会常务理事，北京市行政法学会副秘书长，审计署法律顾问，教育部行政执法体制改革咨询专家，北京市城市管理综合行政执法局、朝阳区政府、西城区政府、大兴区政府、苏州市政府、四平市政府法律顾问，北京市行政复议委员会委员、行政立法委员会委员等社会职务。

第一节 世界范围行政法的历史发展

现代意义上以规范和控制行政权力从而保障人权为价值目标的行政法，是17、18世纪资产阶级革命胜利后的产物，是在资产阶级经济制度、资产阶级启蒙思想、资产阶级宪政制度基础上形成和发展起来的。第二次世界大战以后，社会主义国家的行政法开始兴起。

一、大陆法系国家行政法的历史发展

以法国和德国为代表的大陆法系行政法治实践，为世界行政法治的发展做出了巨大贡献。大陆法系国家的行政法理论比较成熟、法制体系比较完善。其主要特点是公私法自成体系，通常有专门的行政法院管辖行政诉讼案件。

（一）法国行政法

法国行政法是在1789年法国大革命之后产生的，以《人权宣言》的发表为开端，结束了封建专制制度，建立起资产阶级民主共和国，创立了资产阶级法律体系，现代意义上的独立的行政法律体系，就是从此开始的。资产阶级革命的胜利，为法国行政法的产生奠定经济、政治和思想基础。根据孟德斯鸠在《论法的精神》一书中创立的"三权分立"学说，1790年8月16日至24日的制宪会议制定的一个基本法令的规定："司法职能和行政职能不同，现在和将来永远分离，法官不得以任何方式干扰行政机关的活动，也不能因其职务上的原因，将行政官员传唤到庭，违者以渎职罪论。"1796年9月4日的另一项法令重申了这一规定，"严格禁止法院审判任何行政活动"。上述两项法令禁止普通法院受理任何行政案件，为行政法院的建立提供了法律基础，也为法国行政法的产生奠定了宪法基础。法国行政法的一个鲜明特点是源于判例，而非法典化。法国行政法的形成是以法国行政法院的建立为必要条件的。拿破仑执政期间，法国于1799年成立了国家参事院，其职责包括立法和司法，受理公民对行政机关申诉的案件，向国家元首提出解决争议的建议。1872年5月24日的一项法律明确国家参事院成为真正的法院——法国最高行政法院，对行政案件的裁判享有决定权，行政审判取得独立的地位，而不再以国家元首的名义行事。同时，该法律规定成立权限争议法庭，裁决行政法院和普通法院之间的权限争议。1873年，法国权限争议法庭对"勃朗科案"的判决宣布：公共权力的行使不能在民法典中确立，不能用调节私人之间关系的原则来调整，而应根据公共服务的需要作出专门规定来调整。普通法院无权受理公务案件，行政案件的审判不能依据民法调整，而应依据行政法进行调整。该案件标志着法国行政法的诞生，是整个行政法体系的基石。1889年的"卡多案"的判决宣布："除非有与此相反的法律规定，行政法院在任何情况下都有权受理所有因不满行政机关的活动而提起的诉讼"。法国行政法院发展到和普通法院的司法权平行的地位，将行政法从其他法律中独立出来，成为不同于其他部门法，专门调整行政法律关系的、独立的法律体系。[①]

　　法国行政法是由行政法院通过个案审判而创造的诸多判例汇集而成，有关行政法的观念、原则和制度是通过行政法院的判例确立，因此考察法国行政法的历史发展过程应从法国行政法院的产生入手，同时注意其判例。法国行政法的主要特点有：（1）重要原则由判例产生，成文法起补充作用；（2）在行政系统内设立行政法院，与普通法院分立。为此又设立权限争议法庭，裁决普通法院和行政法院之间的管辖争议；（3）行政法体系完整，既包括内部行政法又包括外部行政法，既包括实体行政法又包括程序行政法；（4）从行政法的功能上看，有保障行政权和控制行政权的双重作用。

（二）德国行政法

　　1895年德国学者奥托·迈耶出版的《德国行政法》是德国行政法的奠基之作。在依法律行政的思想的主导下，第一次构建起相对完整的法治国家的行政法总论。

---

① 饶艾：《略论法国行政法的产生》，《中南政法学院学报》1993年第2期。

1909 年，德国著名公法学者 Richard Thoma 在图宾根大学作了题为"法治国思想与行政法学"的报告。该报告是目前德国可以找到的最早以此为题的论文。德国现代行政法在"法治国"的背景下蕴生，随着"法治国"的演进而发生重要衍变。① 德国行政法的发展基本经历了警察国家时代、自由法治国时代和社会法治国时代。在警察国家时代，行政法主要是秩序行政法，即以维护社会秩序为主要目标；在自由法治国时代，行政法的功能主要变为通过控制行政权、预防行政权滥用来达到保障人之自由的目标；在社会法治国时代，由于受社会民主主义思潮的影响，行政法除了传统的秩序行政法之外，还产生了大量的给付行政法，通过给付行政法的制定和实施，促使公共行政履行国家在宪法上对公民承担的生存照顾职能。给付行政表现为国家向公民提供福利的关系，行政法的任务不再是简单的控制行政权，不再将国家与公民置于对立地位，国家使用公法合同、行政指导等非强制性的方式，吸收公民参与行政活动，这体现了当代行政法发展的基本方向。

德国行政法的主要特点有：（1）成文法多于判例法。成文法在德国行政法中占重要地位，1960 年的《行政法院法》和 1976 年的《行政程序法》构成其完整的行政法基础。（2）程序法与实体法融合。德国行政程序法并非单纯包括行政程序内容，它同时包括了广泛的实体内容，如行政处分的构成要件、公法契约和国家责任等。（3）德国也设行政法院，但德国和法国不同，德国的行政法院是普通法院系统内的专门法院之一，是司法系统的组成部分。

二、英美法系国家行政法的历史发展

以英国和美国为代表的英美法系国家在法制体系上没有公私法的明确划分，法的表现形式主要是司法判例，诉讼案件由普通法院统一管辖，不存在为审理行政案件而专门设立的行政法院。

---

① 赵宏：《法治与行政——德国行政法在法治国背景下的展开》，《行政法学研究》2007 年第 2 期。

（一）英国行政法

英国没有明确的法律部门的划分，所以早期的英国没有明确的行政法概念。作为现代意义的行政法是 17 世纪下半叶开始出现的，它是资产阶级革命和改革的产物。英国行政法具有典型的英美行政法的特征：（1）一切法律争议（包括行政争议）均由普通法院系统解决，没有独立的行政法院系统。（2）普通法院在审理各种案件（包括行政案件）时，适用同一体系的法律规则，而不存在公法和私法两个法律体系。（3）英国行政法是典型的控权法。（4）行政法体系不完整，范围较窄，主要包括委任立法、行政程序、司法审查等制度，不重视行政组织法和实体行政法。（5）英国在法院以外，设行政裁判所，解决大量行政争议和与行政有关的民事纠纷。不服裁决的再向法院起诉。

（二）美国行政法

建国之初，美国政府尤其是联邦政府的职能极其有限，法院将普通法处理私人权利、财产、合同、侵权等私法原则沿用于处理政府与市场、社会之间的关系。19 世纪末到 20 世纪初期是美国历史上进步运动时期，美国内战和战后重建提高了联邦政府的地位和权力，面对自由市场成长起来的大型企业以及蔓延全国的社会问题，州政府的处理已经力不从心。在市场—地方政府双重失灵的困境下，建立联邦管制体系成为必然选择。美国行政法的产生是同政府积极干预经济相联系的。1887 年《州际商务法》创建的州际贸易委员会被公认为美国历史上第一个现代管制机关。历经老罗斯福、塔夫脱、威尔逊以及胡佛四位总统，至 19 世纪 20 年代，美国联邦行政管制体系初步形成；但是整体而言，人们对联邦政府的作用还是定位于"小政府，强市场"，以最低限度的政府管制维护自由市场的活力。以 1933 年《国家产业复兴法》为核心展开的新政，改变了行政机关消极应对、范围有限的管制方式，不仅扩大了行政管制的范围，而且变被动为积极主动的干预市场。国会于 1946 年制定的《联邦行政程序法》确立了新政模式下行政权的范围，是美国行政法上划时代的法律。该法以美国宪法中的正当法律程序为基础，建立了一套全面、基础的行政机关运行框架，奠定了美国行政法的发展脉络。①

美国行政法的特征：（1）联邦制下的法律体系。美国行政法由联邦法和州法构成，联邦法包括联邦宪法、法律、条约、总统命令和行政法规；州法律包括州宪法、法律和行政法规。（2）从法律渊源上看，既有判例法，又有制定法，二者的关系复杂，但从总体上来看，制定法的效力高于判例法。（3）美国联邦法院不仅可以审查行政机关的行为是否合法，还可以审查国会的立法是否合宪。这一点不同于英国，英国奉行议会至上的原则，法院无权审查议会的立法。（4）重视行政程序法尤其是行政公开程序制度。（5）美国设有行政法法官制度。行政法法官属于行政系统，解决大量行政争议和与行政相关的民事纠纷。不服裁决的再向法院起诉。

第二节　中国行政法的历史发展

法治政府的核心是以法律制度规范政府公共权力的行使。而政府的运行方式与一个国家的政治体制，尤其是执政党的治国模式有着密切的关系。可以 1949 年为界，分为新中国成立之前和新中国成立之后两个阶段。

一、新中国成立之前的行政法发展②

现代意义的行政法在中国产生于清末民国初期。清末开始筹备"行政审判院"的设立。经历了八国联军占领北京的国难之后，清廷于光绪二十七年（1901 年）八月二十日发布《变法自强谕》，该上谕既反映了统治者在内忧外患的压力下不得不变法图强的心态："须知国势至此，断

① 宋雅琴：《美国行政法的历史演进及其借鉴意义》，《经济社会体制比较》2009 年第 1 期。

② 张生：《中国近代行政法院之沿革》，《行政法学研究》2002 年第 4 期。

非苟且补苴所能挽回厄运。唯有变法自强，为国家安危之命脉，亦即中国民生之转机"；同时也向下属臣工示明了变法的方法："择西法之善者，不难舍己从人，救中法之弊者，统归实事求是。"① 以《变法自强上谕》为起点，至1906年清政府的变法演化成以"预备立宪"为目标的全方位的法律改革。清政府在变法之初即采纳了日本的二元司法体制②，首先于1906年将旧有的大理寺改组为大理院，掌理民事、刑事诉讼，并准备设立行政审判院专门负责行政诉讼。光绪三十二年（1906年）修订法律馆议订《大理院审判编制法》时，因为大理院由固有机关大理寺改组而来，其主要职掌大体明确，即掌理民事、刑事案件的审判权。光绪三十三年（1907年），清政府又颁行《法院编制法》，该法第二条规定："审判衙门掌审判民事、刑事诉讼案件，但关于军法或行政诉讼等另有法令规定者，不在此限。"根据《法院编制法》的二元司法体制，需要另行制定行政审判机关的组织法。清政府创设行政审判院，并且拟定了《行政审判院官制草案》，主要仿照日本《行政裁判法》（1890年颁行）拟订而成，该法共21条，其中有关行政审判以一审为限，行政审判院长官、评事之设置、评事之资格、评事之处务规则几与日本行政裁判法相雷同；只是该草案对行政诉讼范围采概括规定，与日本法（采列举规定）有所出入。1911年10月，由于辛亥革命的爆发，《行政审判院官制草案》未及颁布，行政审判院尚未设立，清政府已经覆亡。

　　1912年1月南京临时政府（1912年1—4月）初建之际，宋教仁负责起草《中华民国临时政府组织法草案》，该草案第十四条规定：人民得诉讼于司法，求其审判。对于行政官署违法损害权利之行为，则诉讼于平政院。宋氏拟订的《中华民国临时政府组织法草案》在审议过程中被

① 《变法自强谕》，《大清新法令·谕旨类》，第5页。

② 日本在1890年先后颁行了《裁判所构成法》和《行政裁判法》，前法规定民事、刑事案件审判机关，后法确定行政诉讼管辖机关。日本二元司法体制继受于欧洲大陆法系模式，特别是德国法；同时又有所改动，例如，德国联邦行政法院采三级三审制，而日本则采取诉愿前置主义，行政审判实行一审制。

参议院否定，但草案中设立平政院的构想，为后来的立法所采纳。

1912 年 3 月 11 日，南京政府临时大总统公布了《中华民国临时约法》，其第十条规定："人民对于官吏违法损害权利之行为，有陈诉于平政院之权"；其第四十九条规定："法院依法审判民事诉讼及刑事诉讼，但关于行政诉讼及其他特别诉讼，另以法律定之"。南京临时政府拟进一步制定平政院组织法，明确规定行政诉讼管辖机关。但由于政局的变化，有关平政院之专门法律未及制定，中央政府已由南京迁往北京。

民国北京政府（1912 年 3 月—1928 年 6 月）成立以后，于 1914 年 3 月 31 日公布《平政院组织令》，规定平政院之组织与职权，该组织令是中国近代第一部正式公布实施的行政审判机关组织法；1914 年 6 月平政院依照编制令创设于北京丰盛胡同。有法律史学者论曰："当时设平政院，以受理行政诉讼，与今之行政法院，名异而实同，其所以未仿英美等国由普通法院管辖者，在避免司法权侵犯行政权。"[1] 大体说明，平政院之性质与设立缘由。

1914 年 5 月 1 日，民国北京政府公布了《中华民国约法》。《中华民国约法》在政权组织方面对《中华民国临时约法》改动较大，却仍以根本法确认平政院的职权，该法第八条规定："人民有诉愿于行政官署，及陈诉于平政院之权。"1914 年 5 月以后，民国北京政府先后颁行《平政院裁决执行条例》《平政院处务规则》《诉愿法》《行政诉讼法》，创建了有关平政院组织与运作的完备法律制度。

1927 年 4 月，南京国民政府成立，依照孙中山"五权宪法理论"组织国家机关。中央政府分为立法、行政、司法、监察、考试五院，司法院为最高司法机关。1928 年 10 月，南京国民政府公布《国民政府组织法》，第三十三条规定："司法院为国民政府最高司法机关，掌理司法审判、司法行政、官吏惩戒及行政审判之职权。"明定司法院中，普通诉讼与行政诉讼并立的二元司法体制。1931 年 5 月，南京国民政府公布《训政时期约法》第二十二条规定："人民依法律有提起行政诉讼及诉愿之

---

① 李模等编：《中华民国史法律志》（初稿），编者刊行，1994 年版。

权。"再从人民基本权利的角度，确认了诉愿权和行政诉讼权。及至 1931 年 12 月，修正公布《国民政府组织法》。该法第三十六条规定："司法院设最高法院，行政法院及公务员惩戒委员会。"第一次在立法中使用了行政法院这一机构名称，同时表明行政法院遵循司法独立原则，以摆脱行政机关的控制。

1932 年 11 月，南京国民政府颁布《行政法院组织法》和《行政诉讼法》规定行政法院的组织与职权。至 1933 年 6 月，行政法院正式开始受理行政诉讼。根据南京国民政府时期的司法统计显示，1933 年至 1935 年 9 月两年间，行政法院共收到诉讼书 404 件，驳回 179 件，占起诉的 44%；行政法院正式受理行政诉讼 225 件，民告官胜诉者 43 件，占受理案件总数的 19%，占提起行政诉讼的 1%。① 而从 1933 年至 1946 年期间，行政法院受理案件最多的一年是 1936 年，该年度旧有积案 119 件，新受理案件 307 件，合计 426 件，年终审结 219 件。一般年度新受理案件为 100 余件，案件审结率仅在百分之五十几。②

二、新中国的行政法发展

新中国成立至今的法治道路，以 1978 年为界，划分为改革开放之前的法治道路和改革开放之后的法治道路。

（一）1949—1978 年初创和破坏阶段

新中国成立伊始，以 1949 年 9 月通过的《中国人民政治协商会议共同纲领》明确提出："废除国民党反动政府一切压迫人民的法律、法令和司法制度，制定保护人民的法律、法令，建立人民司法制度"为标志的新中国法制建设的破旧立新行动开始了。如果没有随后的政治运动，中国的行政法可能逐渐发展起来，以 1957 年的反右运动为界，可以分为两个阶段。

---

① 张庆军、孟国祥编：《民国司法黑幕》，江苏古籍出版社 1997 年版，第 36 页。
② 汪楫宝编：《民国司法志》，正中书局 1966 年版，第 97—98 页。

1. 1949—1957 年初创阶段

新中国成立初期，我国在总结革命根据地经验的基础上，开始制定行政法律制度。从 1949 年 10 月至 1956 年 12 月，国家共颁布行政管理方面的法律、法规 829 项。① 1954 年的《宪法》颁行，包括行政组织、行政行为、监督行政等方面的制度逐渐发展。1949 年 9 月 27 日第一届全国政治协商会议通过《中华人民共和国中央人民政府组织法》、1954 年 9 月 21 日第一届全国人民代表大会通过《中华人民共和国国务院组织法》。此外，还有中央人民政府组织部门的国家计委、国家体委、监察部、劳动部等都有组织条例。国务院秘书处、法制局、人事局、专家局等都有组织简则。有关地方政府的有《大行政区人民政府委员会组织通则》《省人民政府组织通则》《市人民政府组织通则》以及《地方各级人民代表大会和地方各级人民政府组织法》等。有关财政、金融、税收、公安、教育、科学、文化、民政等方面的行业管理的法律、法规不断健全。《宪法》第四十一条明确规定："中华人民共和国公民……对于任何国家机关和国家工作人员的违法失职行为，有向各级国家机关提出申诉、控告或者检举的权利……"由于国家机关工作人员侵犯公民权利而受到损失的人，有取得赔偿的权利。国务院设置监察部，履行检查国务院各部门、地方各级国家行政机关、国营企业及其工作人员是否正确执行国务院的决议、命令等监督职能。

从整体上看，新中国成立初期，国家对行政法制建设比较重视，制定了大量的法律、法规，行政法律制度不断完善，但是由于党政不分、司法救济缺乏等问题的存在，当时的行政法制实施效果并不明显。

2. 1957—1978 年破坏阶段

1957 年开始的反右派运动以及随后而来的"文化大革命"等政治运动严重破坏了国家法治建设。"文化大革命"的悲剧使中国人民深刻意识到："为了保障人民民主，必须加强法制。必须使民主制度化、法律化，

① 姜明安主编：《行政法与行政诉讼法》，北京大学出版社、高等教育出版社 2005 年版，第 81 页。

使这种制度和法律不因领导人的改变而改变，不因领导人的看法和注意力的改变而改变。"自 1978 年至今，中国的法治政府建设进入全新的阶段。

（二）1978 年至今重建和发展阶段

1. 法治政府的萌芽期（1978—1988 年）

1978 年召开的党的十一届三中全会，在引领我国开始走向改革开放和现代化建设伟大征程的同时，开启了我国法制建设的新纪元，标志着中国法治政府建设的萌芽。这种主张在 1982 年的宪法中得到体现："今后国家的根本任务是集中力量进行社会主义现代化建设"，中国将致力于"发展社会主义民主，健全社会主义法制"，"一切国家机关和武装力量、各政党和各社会团体、各企业事业组织都必须遵守宪法和法律"。① 虽然国家机关必须遵守宪法和法律的提法已经正式写入宪法，但是法学界认识到法制与法治的本质区别在于法制是静态的法律和制度总和，可能存在"人治下的法制"，而法治表达的是法律制度运行的状态、方式和过程，更具有强烈的反对个人专权独裁或少数人恣意妄为的功能，因此于20 世纪 70 年代末和 80 年代初，兴起了"人治"与"法治"的大讨论。这场大讨论最终推动了 1997 年党的十五大报告首次提出"实行依法治国，建设社会主义法治国家"的基本方略，并在 1999 年的第九届人大二次会议上写进了宪法修正案。

与此相对应，政府在主导经济体制改革的同时，也在逐渐找寻自己的定位。改革开放和吸引外资是当时经济发展的首要问题，因此，涉外投资和涉外贸易的立法是法制的重点工作。由于改革是向着自由贸易和放松管制的方向，中外合作、中外合资、外商独资等立法中也都体现了限制政府权力的特征。1988 年中共十三大报告明确提出："为了巩固机构改革的成果并使行政管理走向法制化的道路，必须加强行政立法，为行政活动提供基本的规范和程序，要完善行政组织

---

① 邓小平：《解放思想，实事求是，团结一致向前看》，《邓小平文选（1975—1982）》第二卷，人民出版社 1983 年版，第 146 页。

法、制定行政机关编制法，用法律手段和预算手段控制机构和人员编制，要制定行政诉讼法，加强对行政工作和行政人员的检察，追究一切行政人员的失职、渎职和一切违法违纪的行为。"尽管在党的报告中提出一系列行政法的制定，但是总体上政府的行政管理仍然以政策治理模式为主。

2. 法治政府的全面建设时期（1989—2003 年）

1989 年《行政诉讼法》的颁布，新中国才开始真正进入法治政府的阶段。1990 年实施的《行政诉讼法》和 1991 年实施的《行政复议条例》对于保证公民权利、规范行政行为、监督行政机关依法行政起到了重要作用，奠定了行政法治的基石。行政诉讼制度的建立直接推动政府依法行政原则的确立。最高人民法院任建新 1991 年 4 月 3 日在七届人大四次会议上所作的最高人民法院工作报告中提出"做好民事、行政审判和告诉申诉工作，保护公民、法人的合法权益，维护国家行政机关依法行政。"1992 年最高人民法院再次提出："通过对行政案件的审理和执行，既依法保护了公民、法人和其他组织的合法权益，又监督和支持了行政机关依法行政。"在行政诉讼的推动下，1993 年 3 月 15 日，时任国务院总理李鹏在第八届全国人民代表大会第一次会议上所作的《政府工作报告》提出："各级政府都要依法行政，严格依法办事。"同年 11 月 14 日中国共产党在《中共中央关于社会主义市场经济体制若干问题的决定》中强调"各级政府都要依法行政，依法办事"。①"依法行政正是行政诉讼制度建立起来以后才提出的，这是提出依法行政原则的法律条件。"②在一定程度上证明是《行政诉讼法》的颁行敦促官方关注政府依法行政问题，而非行政机关主动确立依法行政原则，政府在起步阶段表现被动。

---

① 中共文件的具体措辞是："加强和改善司法、行政执法和执法监督，维护社会稳定，保障经济发展和公民的合法权益。各级政府都要依法行政，依法办事。"
② 应松年：《依法行政论纲》，《中国法学》1997 年第 1 期。

这种情况从早期参加行政诉讼法制定的学者的回忆中可以得到证实。①

　　1993 年《国家公务员暂行条例》颁布，打破了公务员"能上不能下，能进不能出"的局面，确立了公务员的遴选、考核、奖惩、辞职、辞退等制度。1994 年《国家赔偿法》确立了国家赔偿制度，因国家权力的行使造成公民、法人和其他组织权利损害的，有权获得赔偿。1996 年《行政处罚法》规范了行政处罚行为，全面保障行政相对人权益。1999 年11 月，国务院发布了《关于全面推进依法行政的决定》，要求各级政府及其工作部门加强制度建设，严格行政执法，强化行政执法监督，不断提高依法办事的能力和水平。党的十六大把发展社会主义民主政治，建设社会主义政治文明，作为全面建设小康社会的重要目标之一，并明确提出要"加强对执法活动的监督，推进依法行政"。随着"依法治国"入宪，中国进入全面建设社会主义法治国家的新时代。2000 年通过的《立

---

① 中国政法大学江平教授在《立法"民告官"》中对当时制定行政诉讼法的一些历史进行了回忆。"1986 年，中国还没有明确提'市场经济'。但是，已经开始朝市场经济体制转变，因此，对政府权力作出限制就显得非常重要了。1987 年 4 月，全国人大法工委、最高法院、中央宣传部、司法部等单位，组织了纪念民法通则颁布一周年的座谈会。全国人大常委会秘书长、全国人大常委会法制工作委员会主任王汉斌参加。原来民法典起草领导人陶希晋，以及我们几位担任顾问、参与起草民法通则的教授也参加了。这次开会的目的显然不仅仅是纪念性的，也含有对未来中国民事立法和相关立法的展望。陶老的发言很引人注目。他说，新中国成立快 40 年了，我们还没有建立自己的法律体系。国民党时期是'六法'，我们应该是几法呢？他接着说，新中国应该建立自己的'新六法体系'，这就是宪法下面的刑法、刑事诉讼法、民法、民事诉讼法、行政法、行政诉讼法。现在，刑法、刑事诉讼法、民法（通则）、民事诉讼法都有了，缺的就是行政法和行政诉讼法。因此，今后要加紧行政法方面的立法工作。"王汉斌在总结发言时表示，要重视陶老提的建议，但是，我们对行政立法知之甚少，缺乏经验。他提出，成立一个行政立法研究组，由专家学者、法工委和实际部门（最高法院和法制局）参加，由陶老直接领导，具体工作以及经费等由法工委负责。我担任组长，当时的副组长是罗豪才与应松年教授，小组成员还有姜明安、朱维究、江必新，法工委的肖峋，还有国务院法制办等部门的同志，共十几人。后来决定将制定行政诉讼法作为第一项工作。

法法》，规范了立法活动，明确了立法活动的基本原则和程序等，对提高立法质量，完善立法水平，推进立法的民主化和科学化具有重要意义。2003 年是政府法制向法治政府的转型阶段，2003 年党的十七大提出"以人为本""科学发展""更加注重社会公平"等目标的确立标志着政府角色的进一步转型。中国加入世贸组织也推动中国政府向公开透明方向转变管理模式。通过《行政诉讼法》的颁行，政府依法行政的观念逐渐深入，但主要工作仍然以完善行政法律体系为重心。

3. 法治政府的推进阶段（2004—2012 年）

2004 年"国家尊重和保障人权"写进宪法。以人为本，尊重人权成为政府行政管理行为的原则之一。同年发布的国务院《全面推进依法行政实施纲要》更加明确地提出了"法治政府"的新概念，将"建成法治政府"作为全面推进依法行政的最终目标，并提出了十年的建设期。《实施纲要》指出了全面推进依法行政的重要性和紧迫性，确立了全面推进依法行政的指导思想和目标，提出了依法行政的基本原则、基本要求和主要内容。法治政府目标的提出，是我国落实依法治国方略、建设法治国家经过一段时间的探索、积累之后的必然要求，反映了执政党对法治规律的认识深化。2004 年颁布的《行政许可法》致力于促进政府职能转变和管理方式创新。2007 年，党的十七大报告把"法治政府建设取得新成效"纳入"实现全面建设小康社会奋斗目标的新要求"中，并提出了更加明确、具体的要求。从总体上讲，十七大报告在"实现全面建设小康社会奋斗目标的新要求"中提出了"扩大社会主义民主，更好保障人民权益和社会公平正义。公民政治参与有序扩大。依法治国基本方略深入落实，全社会法制观念进一步增强，法治政府建设取得新成效"等一系列目标。十七大报告提出了两个重点：一是全面落实依法治国的基本方针，二是加快建设社会主义法治国家。这里的一个"全面"、一个"加快"，为建设法治政府进一步指明了方向，明确了任务。

2007 年实施的《突发事件应对法》规范政府突发公共事件应对中行政权限的行使，强化了对公民权利和自由的保障。2008 年 5 月 1 日实施的《政府信息公开条例》要求政府公开信息，保障公民的知情权，标志着中国打造透明、公开的"阳光政府"取得实质性进展。2008年2月，党的十七届二中全会通过了《关于深化行政管理体制改革的意见》，再次强调要"加强依法行政和制度建设"，"坚持用制度管权、管事、管人，健全监督机制，强化责任追究，切实做到有权必有责、用权受监督、违法要追究。"并重点提出了规范行政决策行为，加强和改进政府立法工作，健全行政执法体制和程序，完善行政复议、行政赔偿和行政补偿制度，推行政府绩效管理和行政问责制度，健全对行政权力的监督制度，加强公务员队伍建设等具体要求。

2008年5月，为了保证全面推进依法行政、建设法治政府目标的实现，考虑到市县两级政府在我国政权体系中的重要地位，以及提高市县政府依法行政能力和水平的紧迫性，国务院发布了《关于加强市县政府依法行政的决定》，强调了大力提高市县行政机关工作人员依法行政的意识和能力，完善市县政府行政决策机制，建立健全规范性文件监督管理制度，严格行政执法，强化对行政行为的监督，增强社会自治功能等重要目标。

2010年10月，国务院在总结《全面推进依法行政实施纲要》贯彻效果的基础上，颁发了《关于加强法治政府建设的意见》。该《意见》分别就"提高行政机关工作人员特别是领导干部依法行政的意识和能力""加强和改进制度建设""坚持依法科学民主决策""严格规范公正文明执法""全面推进政务公开""强化行政监督和问责""依法化解社会矛盾纠纷""加强组织领导和督促检查"等方面，对接下来一段时期依法行政的任务和重点进行了部署。

4. 法治政府的深化阶段（2012年至今）

2012年党的十八大报告中明确提出：2020年依法治国基本方略全面落实，法治政府基本建成。十八届三中全会《中共中央关于全面深化改革若干重大问题的决定》提出："全面深化改革的总目标是完善和发展中国特色社会主义制度，推进国家治理体系和治理能力现代化"。推进国家治理体系和治理能力现代化，既是对我国现代化建设成功经验的理论总结，也是对现代化进程新的发展阶段所面临的各种严峻挑战的主动回应，法治政府是现代政府的基本特征，也是国家治理现代化的重要标准之一。2014 年十八届四中全会《中共中央关于全面推进依法治国若干重大问题的决定》要求加快建设职能科学、权责法定、执法严明、公开公正、廉洁高效、守法诚信的法治政府。2015 年中共中央、国务院印发了《法治政府建设实施纲要（2015—2020 年）》，并发出通知，要求各地区各部门结合实际认真贯彻执行。

自 1978 年至今，中国改革开放走过了三十多年波澜壮阔的历程。三十多年来，我国整个社会始终处于深刻转型和快速发展之中，经济上实现了从计划经济向社会主义市场经济的转型，政治上实现了从全能政府、管制政府向有限政府、服务政府、法治政府的转型。法治政府是一个国家法制建设的重点和难点，三十多年的历史表明，依法行政的观念已经深入人心，法治政府理论逐步深化，政府依法行政的能力和水平不断提高，监督行政日趋完备。

经过三十多年的努力，中国特色社会主义法律体系基本形成，其中行政法律体系浓墨重彩，一部部重要的行政法律就像一座座丰碑，印证着中国全面走向法治政府的努力。《行政处罚法》《行政许可法》《行政强制法》被称为"行政行为法三部曲"，将曾经混乱的行政处罚、行政许可、行政强制行为关进法制的笼子里。《立法法》明确了立法活动的基本原则和程序等，对提高立法质量和立法水平，推进立法的民主化和科学化具有重要意义。《行政诉讼法》《行政复议法》建立了行政争议的解决途径，对于保障公民权利、规范行政行为、监督行政机关依法行政起到重要作用。

改革开放以来，政府职能不断转变，初步理顺和规范了政府在经济调节、市场监管、社会管理和公共服务方面的职能。各级政府已经认识到，应当充分发挥市场自我调节，社会中介机构和行业组织依法自我管理，公民、法人和其他组织依法自主决定有关事项的作用，减少政府对经济和社会事务的不必要干预。各地政府着力构建权责明确、行为规范、监督有效、保障有力的行政执法体制，改变乱执法和消极执法等行政执法领域的痼疾。各级政府以"服务型政府"为目标，强化政府的公共服务职能和公共服务意识，简化公共服务程序，降低公共服务成本，改革行政管理方式。越来越多的地方和部门通过"一个窗口对外""行政服务中心""政务超市""办事大厅"等便民服务措施，更好地为基层和群众服务。

行政权力监督体系已经基本形成，人大及其常委会通过质询、法规、规章备案等形式监督行政机关；政协通过意见、建议等方式对政府的工作进行监督；监察、审计等监督机关的专门监督不断强化，各级行政机关能够自觉接受监察、审计等专门监督机关的监督。同时，行政系统内部也在不断完善监督机制，建立、健全了对规章和规范性文件的监督机制，行政复议的监督作用也越来越明显。司法机关通过行政诉讼强化对行政权力的监督，切实保障公民、法人和其他组织的合法权益，渐成常态，司法权威逐步形成。

三、社会变革与中国行政法治的发展

依法治国方略的产生源于中国社会整体对"文化大革命"和人治的教训的反思，中国选择法治政府的道路是客观现实的必然选择，其依法治国方略的确立是一脉相承的。促使中国政府逐步迈向法治政府的动力机制来自五个方面。

（一）市场经济体制是中国建设法治政府的经济基础

1978 年之后中国开始的市场经济体制和政治体制改革都在不同程度上促成了依法治国方略的选择，但是经济是最直接的诱因。"文化大革命"之后，中国的经济濒临崩溃，发展经济是国家第一要务。在计划经济下，经济发展主要依赖政府的计划和干预，行政权力高度集中。在市场经济下，政府必须释放空间给市场主体，而且在两种体制下，政府的定位、职责差异巨大。但是在改革开放初期，经济体制改革的道路也不是预先规划的，而是"摸着石头过河"摸索出来的，从"计划为主、市场调节为辅"到"有计划的商品经济"，再到"社会主义市场经济"。政府的职能也随着经济体制的逐步完善而不断调整，市场经济对政府转变治理理念和执法手段等提出更高的要求，政府的权限范围发生变化，改

变了计划经济下直接管理经济的做法，逐渐退出经济领域，而进入教育、医疗等社会服务领域；政府的行为方式逐渐由命令等强制性手段向强制与服务相结合的方向调整；政府的行为规范逐渐以法律法规为依据，而避免任意行为。

（二）公民权利意识觉醒是中国建设法治政府的社会基础

源于市场经济的成熟，伴随着国民个人财富的增长，个体经济权利意识首先萌发，进而引起人权意识与社会整体权利意识的觉醒。公民权利意识的觉醒引起公民权利空间和政府权力空间的变化，随着公民权利的扩大，政府的权力受到限制，政府必须改变管理模式，依法选择行为方式，从而避免公权力侵犯公民私权利。

（三）政治体制改革是中国建设法治政府的逻辑外延

政治体制改革具有高度敏感性，而改革开放至今的中国正处于各种社会矛盾多发的转型时期，为避免因政治体制改革引发社会的不稳定，从而促使决策更加谨慎，措施愈要稳妥。20世纪中国政治体制的指导思想是围绕党的领导和执政这一核心问题展开的，基本思路是要坚定地走民主法制化道路。正如江泽民在党的十六大报告中说的："发展社会主义民主政治，最根本的是要把坚持党的领导、人民当家作主和依法治国有机统一起来"。党的十五大报告对执政的解释是："共产党的执政就是领导和支持人民掌握管理国家的权力，实行民主选举、民主决策、民主管理和民主监督，保证人民依法享有广泛的权利和自由，尊重和保障人权。"那么在国家的权力中，无疑行政权力范围最为广泛，也是最容易侵犯人民权利的，因此，在推进政治体制改革中，促进政府治理模式的转变是前提和基础。因此，在提出依法治国后，党中央和国务院相继提出依法行政和建设法治政府，是依法治国方略的贯彻和落实。法治政府是建设法治国家最重要的环节，只有法治政府建立起来，建设法治国家的目标才有可能实现。

（四）加入WTO是中国建设法治政府的国际压力

WTO规则旨在建立公平、自由竞争的国际贸易机制，最大程度地消除各成员国之间的贸易壁垒。WTO 协议中对政府行为的要求体现在国民待遇原则、透明度原则、法律统一实施原则、行政公平原则、对行政的监督与救济原则，这些规则促进中国政府信息提高透明度，促进行政管理的法治化，减少法律冲突，强调政府行为的公平，规范执法方式和程序。同时，WTO 为成员国政府确定统一的行为原则，为中国政府行为提供国际参考样本。

市场经济和民主政治都要求中国政府从无所不能的绝对权力政府转变为权能有限的法治政府。在改革开放 30 年后，市场经济体制改革已经基本完成，但是政治体制改革的相对滞后不仅影响市场经济的最终确立，而且在一定程度上成为束缚法治发展的难题。

（五）国家治理现代化是建设法治政府的政治基础

《中共中央关于全面深化改革若干重大问题的决定》提出国家治理体系和治理能力现代化，是社会主义现代化理论与依法治国基本方略的有机结合，是在法治和现代化的双重意义上对国家治理活动及治理能力提出制度建设上的高要求和新期待，是《决定》全面深化改革思想的重要体现，也是《决定》提出一系列深化改革措施的指导思想和奋斗目标；"现代化"的国家治理体系说到底就是国家治理的法治体系，既包括了静态的以《宪法》为核心的中国特色社会主义法律体系，也包括了以"科学立法、严格执法、公正司法和全民守法"为基本要求的动态的社会主义法治体系。其中最重要的是依据宪法和法律对公共权力的科学合理配置体系。坚持依法治国、依法执政、依法行政共同推进，坚持法治国家、法治政府、法治社会一体建设。建设法治国家是建设法治政府和法治社会的前提和基础；建设法治社会是建设法治国家的条件，也是建设法治政府的目标；而法治政府是建设法治国家的关键，也为法治社会提供保障。法治政府建设成功与否是衡量法治国家建设成功与否的最重要的指标。

第三节　中国行政法律体系的完善

2011 年 3 月 10 日，全国人民代表大会常务委员会委员长吴邦国向十一届全国人民代表大会四次会议作全国人大常委会工作报告时宣布，一个立足中国国情和实际、适应改革开放和社会主义现代化建设需要、集中体现党和人民意志的，以宪法为统帅，以宪法相关法、民法商法等多个法律部门的法律为主干，由法律、行政法规、地方性法规与自治条例、单行条例等三个层次的法律规范构成的中国特色社会主义法律体系已经形成。在这个法律体系中，行政法律体系是重要组成部分。

一、行政立法发展脉络

我国行政立法的发展轨迹大致可以分为以下几个阶段。

（一）行政立法的萌芽（1949—1981 年）

在新中国初建时期，国家的立法任务集中在宪法以及组织法等宪法性文件的制定。1954 年《宪法》确立了高度集中的立法体制，规定："全国人民代表大会是行使国家立法权的唯一机关"。虽然宪法没有授予行政机关立法权，但是实践中维持国家运转的还是国务院及其所属部门颁布的规范性文件，行政立法事实上发挥着作用，尤其是新中国成立后的最初的五年中，国务院及地方各级政府发挥着立法者的作用。随后的"文化大革命"等政治运动停滞了国家的法制进程，直到 1978 年改革开放后，行政机关的立法才开始恢复。

（二）行政立法权的确立（1982—1986 年）

改革开放以及经济发展需要健全的法制保障，1982 年宪法赋予了国务院及其所属部门的立法权，规定国务院可以根据宪法、法律制定行政法规，各部委可以制定部门规章。《国务院组织法》也明确了国务院及其职能部门制定行政法规和部门规章的法定职责。①《地方各级人民代表大会和地方各级人民政府组织法》也规定"省、自治区、直辖市以及省、自治区的人民政府所在地的市和经国务院批准的较大市的人民政府，还可以根据法律和国务院的行政法规，制定规章。"宪法和组织法的规定，为行政立法权奠定宪法基础，行政立法权在法律体系中确立下来。改革开放和经济发展带来社会的巨大变革，行政立法高效、专业的优势在立法体制中凸显出来，大量适应经济社会发展需要的行政法规、规章被制定出来。同时，为适应快速发展的经济体制改革进程，1984年，全国人大开启授权立法的先例，全国人大常委会授权国务院拟定有关税收条例。1985年，全国人大授权国务院制定有关经济体制改革和对外开放的暂行规定或者条例。

（三）行政立法程序的法制化（1987—1999年）

在行政立法权确定之后，行政立法程序的规范受到关注，1987年国务院制定了《行政法规制定程序暂行条例》，规定了行政立法的原则，从规划和起草、审定和发布等环节规定行政立法的程序，行政立法程序初步实现法制化。此后十多年，行政诉讼法、行政复议法、行政处罚法等大量的行政法律出台，与之相配套的行政立法也蓬勃发展起来。尤其是依法行政原则的确立，要保证"有法可依、有法必依、执法必严、违法必究"，行政立法速度加快、数量激增。同时，出现了一大批规范行政权力运行的行政法规、规章等。地方发展的需要也在一定程度上推动地方立法权限的扩大，1992年、1994年、1996年分别授予深圳、厦门、汕头、珠海市政府制定在各自经济特区范围内实施的规章的权力。1995年修订的《地方各级人民代表大会和地方各级人民政府组织法》扩大地方行政立法权限，同时规定了备案等立法监督制度。

（四）行政立法体制的形成（2000年至今）

2000年制定的《立法法》是我国第一部专门规定立法活动的法律，

---

① 《国务院组织法》第三条。

明确规定了立法体制、立法主体权限、立法原则、立法程序、立法监督等方面的内容。2001 年国务院制定了《行政法规制定程序条例》《规章制定程序条例》《法规规章备案条例》，上述条例意味着行政立法程序的全面法制化和立法监督体制的完善。2015 年修订的《立法法》进一步完善立法体制，更好地发挥人大及其常委会在立法中的作用，扩大地方立法权，畅通民主立法的渠道，着力提高立法质量。

二、行政法律体系概况

经过三十年的法制建设，我国的社会主义法律体系已经基本形成以《宪法》为核心，法律为主干，包括行政法规、部门规章、地方政府规章、自治条例、单行条例等规范性文件在内的由七个法律部门、三个层次的法律规范组成的统一整体。① 其中，以行政法规、规章为主体构成的行政立法已经成为中国特色社会主义法律体系的重要组成部分。

（一）主要行政法律基本完成

全国人大及其常委会制定十多部基本行政法律，分别是《国务院组织法》《地方各级人民代表和地方各级人民政府组织法》《行政诉讼法》《国家赔偿法》《行政处罚法》《行政监察法》《行政复议法》《立法法》《行政许可法》《公务员法》《突发事件应对法》《行政强制法》。这些法律构成了中国行政法律体系的基本架构，在促进政府依法行政、建设法治政府方面起到重要的推动作用。这些法律中确立的重要的法律原则和制度对整个国家民主法治建设起到奠基作用。

（二）行政立法数量增长迅速

经过改革开放 30 年来的努力，我国制定了大量法律、法规和规章。这些法律、法规和规章，反映了改革开放的进程，固化了改革开放的成果，对于保障和推进改革开放与社会主义现代化建设的顺利、健康发展，发挥了积极的作用。从数量上看，1978 年制定的行政法规只有 8 件，至

---

① 2008 年 3 月 8 日，全国人大常委会委员长吴邦国在十一届全国人大一次会议第二次全体会议上的讲话。

2010 年行政法规制定总数达到 971 件，现行有效的 600 多件，增长 120 多倍，年递增 375%。

（三）行政立法调整范围不断扩大

在改革初期，政府立法根据经济体制改革和对外开放的要求，把经济立法作为工作重点，其中大部分与改革、开放、搞活有密切关系，经济法规规章所占权重很大。伴随经济体制的逐步转轨，政府依法行政日益被提上议事日程，规范和制约行政行为的法律法规开始受到立法者的重视。近年来，政府立法方向在继续加强经济调节、市场监管方面立法的同时，重点突出有关社会管理、公共服务方面的立法，在改善民生、加强社会建设，节约能源资源、保护生态环境，完善监督制约机制、保障公民合法权益等方面，不断加大立法力度。

三、行政立法发展特点

（一）行政立法价值：从单一管理向多元目标

在早期行政立法中，更多强调的是通过法律手段保证政府对社会的管理，而随着依法行政原则的确立，尤其是法治政府目标确立后，行政立法将保障公民、法人和其他组织的合法权益和约束政府权力、规范政府运行放在更重要的位置。在早期的行政立法中，行政机关多通过设置审批权、处罚权等方式管理社会，大多的法律条文是为行政管理相对人和社会公众设置的，而较少条款规范行政权力的运用。法律责任部分更是主要为行政相对人设置，行政机关通过设置名目繁多的处罚形式限制或者剥夺行政相对人的权利，较少涉及行政机关的责任。近年来，随着依法行政理念的推进以及《行政处罚法》《行政许可法》等行政行为法对行政立法权限的规范，行政立法中更关注行政权限的边界，管理方式不再是简单化的处罚、审批等强制性手段，而更加重视法律、法规的保障和激励功能，行为方式也更加注重行政指导、行政奖励、行政救助等非强制性行为。

（二）行政立法技术：从简单粗放向科学精细

改革开放之初，立法任务重，社会变化快，因此，在行政法律制定上提出"宜粗不宜细"的立法思路。在很大程度上是形势的需要，也是限于当时的认识程度。而注重立法的速度和框架，不过分拘泥于立法的细节，客观上也有很多益处，使我们立法的步子跨得很大，法制建设取得非凡成就，用20年左右的时间，实现了国家和社会生活的各个方面基本有法可依的目标。但也应当看到，立法宜粗不宜细只是特定历史时期立法工作的权宜之计，而不是科学的立法思想。法律过于原则、含糊，给法律适用带来"可操作性"差的问题，在社会主义法律体系初步形成的今天，我们的立法就不仅应当注重速度和数量，更应当注重质量。

随着立法经验的日益成熟、立法水平的不断提高，我国政府法制机构在提出法律议案和地方性法规草案，制定行政法规、规章以及规范性文件等制度建设方面，逐步注重遵循和反映经济与社会发展的基本规律。国家根据经济社会发展需要，按照条件成熟、突出重点、统筹兼顾的原则，科学合理制定政府立法工作计划。国务院法制机构早在1987年就制定了"七五"期间的立法规划，并从那时起便开始制定每年的年度计划来安排立法项目。

行政立法技术日益成熟，不仅强调法律、法规、规章的内容要具体、明确，而且从形式上强调法律条文内在逻辑的严密性、语言的规范性、简洁性和准确性，从而增强法律规范的可操作性。政府逐步认识到对立法过程成本、实施后的执法成本和社会成本进行研究的重要性与必要性，日益重视立法的经济效用性。为此，政府法制机构一直在积极探索政府立法项目的专家咨询论证制度，尤其是立法项目的"成本—效益"分析论证制度。

（三）行政立法程序：从行政独断到公众参与

伴随法治化进程的加快，我国政府立法也逐步纳入规范化、制度化的轨道。1987年，国务院办公厅就发布了《关于改进行政法规发布工作的通知》，明确规定凡国务院发布行政法规，由总理签署发布令；经国务院批准、部门发布的行政规章，由部门主要领导人签署发布令。2000年3月15日九届全国人大第三次会议通过的《立法法》，是规范我国立法活动的基本法律，对政府立法活动作了原则规定。国务院根据《立法法》

于 2001 年 11 月 16 日制定的《行政法规制定程序条例》和《规章制定程序条例》，专门就行政法规、国务院部门规章和地方政府规章的制定程序进一步作了具体规定。这些法律、行政法规的出台旨在明确授予政府的立法权限，规范政府的立法程序，从而保障政府立法活动在法治的轨道上有序运行。

改革开放 30 年来，政府立法工作的透明度和公众参与程度均得到了大幅提高。为了提高政府立法工作的公众参与度，国务院及其各部门和有立法权的地方政府法制机构在起草、审查行政法规草案或者规章草案过程中，逐步建立起了专家论证、公众参与的工作机制、程序和方法，尤其对于重大或者关系人民群众切身利益的草案，普遍采取了听证会、论证会、座谈会或者向社会公布草案等方式向社会听取意见，广泛征求各方面的意见，对听取和采纳意见情况的说明制度。通过这样一系列的制度探索与创新，公众参与政府立法的渠道日益拓宽，政府立法的民主性日益提高。

（四）立法冲突解决：从基本空白到渐趋完备

随着立法成果的增多，法律之间的矛盾和冲突也不断增多，尤其是部门冲突、中央和地方的利益冲突在立法中表现非常明显，迫切需要法律冲突解决机制的建立和完善。

1. 建立备案体系

为了维护社会主义法制的统一，1987 年 3 月 7 日，国务院办公厅发布《关于地方政府规章和国务院各部门规章备案工作的通知》，从此我国建立了规章备案制度。根据《中华人民共和国宪法》第一百条和《中华人民共和国地方各级人民代表大会和地方各级人民政府组织法》第七条、第四十三条的规定，1987 年 5 月 25 日，全国人大常委会办公厅、国务院办公厅发布《关于地方性法规备案工作的通知》，由此建立了地方性法规备案制度。1990 年 2 月 18 日，在总结法规规章备案工作实践经验的基础上，国务院发布《法规规章备案规定》，同年 4 月 29 日国务院办公厅发布《关于贯彻实施〈法规规章备案规定〉的通知》，对法规规章备案的范围、审查的内容和程序作了明确规定，进一步完善了法规规章备案制度。

2015 年修订的《中华人民共和国立法法》第五章对法律备案的制度作了全面的规定,① 行政法规、地方性法规、自治条例和单行条例、规章应当在公布后的 30 日内依照规定报有关机关备案,从而对备案工作提出了更高要求。我国加入世界贸易组织后,客观上要求我们必须进一步完善备案审查制度。国务院于 2001 年 12 月 14 日公布修改后的《法规规章备案条例》,对原备案制度进行了较大修改、调整和充实,形成了比较完备的法规规章备案监督法律制度。

目前,当年制定的法规规章已经基本做到了全部报备。国务院法制办已经建成了法规规章备案数据和资料库。31 个省(区、市)都已建立规范性文件备案制度,几乎全部省级政府都专门制定了政府规章;90%以上的设区的市级政府和 80%以上的县级政府建立了规范性文件备案审查制度。绝大多数地方已经形成了省、市、县、乡"四级政府、三级备案"的体制框架,实现了县级以上地方各级政府对其所属工作部门和下级政府的规范性文件实施有效监督。

2. 清理行政法规、规章

新中国至今已经多次集中清理法规规章,② 其中针对行政法规进行了两次较大规模的全面清理和六次专门清理。第一次大规模的法规清理工作从 1983 年开始,各地区、各部门对 1949 年至 1984 年发布的 3298 多项行政法规和法规性文件、20000 多项部门规章、20000 多项地方性法规和规章,以及各种技术规程等,进行了一次全面清理。通过这次全面清理工作,共清理出新中国成立以来公开发表且继续有效的法规 661 件,对其余的 2637 件法规,分别做了处理,有的改为一般文件,有的予以废止,有的做了重大修改。这次清理工作,是在我国社会主义现代化建设进入新时期和加强社会主义法制的新形势下进行的,是新中国成立以来比较全面、比较彻底的一次清理工作,为日后的立法和执法活动创造了有利条件。

---

① 《中华人民共和国立法法》第九十八条。

② 吴兢:《十次集中清理法规规章》,《人民日报》2007 年 3 月 28 日。

国务院办公厅于 2000 年 1 月 15 日发布了《国务院办公厅关于开展现行行政法规清理工作的通知》。根据《通知》的部署和要求，2001 年国务院法制办公室对截至 2000 年底现行的 756 件行政法规进行了清理。经过 1 年多的反复协商和研究，2001 年 10 月 6 日国务院公布了《国务院关于废止 2000 年底以前发布的部分行政法规的决定》，决定对主要内容与新的法律或者已经修改的法律、党和国家新的方针政策或者已经调整的方针政策不相适应的以及已被新的法律或者行政法规所代替的 71 件行政法规，予以废止；对适用期已过或者调整对象已经消失，实际上已经失效的 80 件行政法规，宣布失效；对 1994 年至 2000 年底公布的法律、行政法规已经明令废止的 70 件行政法规，又作了统一公布。

2007 年 2 月 25 日，为了维护法制的统一和政令畅通，切实维护广大人民群众的合法权益，更好适应加快建设法治政府、全面推进依法行政的需要，国务院办公厅印发《国务院办公厅关于开展行政法规规章清理工作的通知》，决定对现行行政法规、规章进行一次全面清理。行政法规的全面清理由国务院法制办负责承办，规章的清理由各省、自治区、直辖市和较大市的人民政府、国务院各部门负责承办。经过 10 个月的努力工作，行政法规的清理工作圆满完成。2008 年 1 月 15 日颁布了《国务院关于废止部分行政法规的决定》，对主要内容被新的法律或者行政法规所代替的 49 件行政法规，予以废止；对适用期已过或者调整对象已经消失，实际上已经失效的 43 件行政法规，宣布失效。废止和宣布失效的行政法规共 92 件，占清理总数的 14%。

目前，各地方、各部门的规章清理工作已经常态化，取得较大进展。

四、行政立法与行政法律体系的发展趋势

我国行政法制在立法方面虽然取得了不少成就，但是，仍存在诸多问题，比较突出的问题存在于四个方面：（1）行政立法在定位和目标上存在缺陷。由于受传统观念的行政管理模式和计划经济体制的影响，过去制定的行政法规、规章及其他规范性文件过多强调对公众的管理，注重政府权力的设置，对公众权利的保障规定较少。（2）我国现行行政法

律、法规不成统一的体系。行政法规、规章的制定权限划分不明确、不具体，甚至出现行政法规与法律相互冲突、地方规章同部门规章不一致等现象。（3）行政立法资源利用效率低下。行政立法质量不高，管理规范相互矛盾，现实操作性差，导致极大的行政立法资源浪费。（4）行政立法监督薄弱。权力机关对行政立法的监督权不明确，行政主体自身的监督多是形式上的审查，并不是实质上的审查，而司法机关的监督权仍然有限，限于选择性适用行政法规和规章，对不合宪或不合法的行政法规和规章拒绝采用并进行附带审查。加强司法监督也是提高行政立法效果的途径之一。

第四节　中国行政管理体制的改革

长期以来，中国政府一直保持全能政府的形象，广泛介入社会生活，尤其是计划经济体制需要政府全面干预经济发展。随着市场经济的逐步完成，行政管理体制改革的重要性日益突出，加快行政管理体制改革，着力转变职能、理顺关系、优化结构、提高效能，形成权责一致、分工合理、决策科学、执行顺畅、监督有力的行政管理体制，实现行政运行机制和政府管理方式向规范有序、公开透明、便民高效的根本转变。伴随着行政管理体制改革，中国行政法也发生深刻的变化。主要表现为两个代表性制度变革，一个是通过简政放权等形式，减少政府对微观经济和社会的不当干预，将政府职能完全调整到经济调节、市场监管、社会管理和公共服务上来，并逐步完善行政组织法制，实现政府职能的法治化。另一个是通过相对集中行使权力等方式，按照精简、统一、效能等原则，优化行政执法权力配置，提高行政执法效率，强化法律实施。

一、行政审批制度改革与简政放权

行政审批制度是计划经济体制下政府管理经济的方式之一。随着市场经济制度的逐步建立，行政审批制度的弊端更加凸显。这主要表现在：

行政审批设定权不明确，有些乡政府、县政府在设，有些行政机关内设机构也在设；设定行政审批的事项不规范，一讲行政管理，就要审批；实施行政审批环节过多、手续繁琐、时限过长、"暗箱操作"；重审批、轻监管或者只审批、不监管的现象比较普遍，市场进入很难，而一旦进入却又缺乏监管；有些行政机关把行政审批作为权力"寻租"的一个手段，助长了腐败现象的蔓延；行政机关实施行政审批，往往只有权力、没有责任，缺乏公开、有效的监督制约机制。①

　　改革开放以来，这种管理模式与市场经济的矛盾逐渐凸显，1987 年 3 月 30 日，国务院下发《关于放宽固定资产投资审批权限和简化审批手续的通知》指出：在固定资产投资管理中，审批权限过于集中，手续也很繁琐，出了问题难以分清责任。从根本上解决这些问题，要靠经济、政策体制的改革。当前，要在加强宏观管理、严格控制固定资产投资规模的前提下，进一步简政放权、放宽审批权限，简化审批手续。② 与此同时，处于改革开放前沿的地方政府也开始企业登记方面的审批改革。例如，1993 年 3 月，深圳出台了《深圳市企业登记管理规则》，在企业注册领域，采用"核准制"取代"审批制"，企业注册事项（包括经营范围、经营方式、设立新项目等）由企业自己选择，注册机关按照合法性（符合国家法律政策要求）和有效性（符合产业政策、资源配置高效）予以法律上的确认，从而达到还权于企业，落实企业经营自主权。③

　　1993 年 11 月 14 日，党的十四届三中全会通过了《中共中央关于建立社会主义市场经济体制若干问题的决定》，明确提出了深化投资体制改

---

① 杨景宇：《关于〈中华人民共和国行政许可法（草案）〉的说明——2002 年 8 月 23 日在第九届全国人民代表大会常务委员会第二十九次会议上》，《全国人民代表大会常务委员会公报》2003 年第 5 期。

② 参见《国务院关于放宽固定资产投资审批权限和简化审批手续的通知》（1997 年 3 月 30 日）。

③ 李游：《从"审批制"走向"核准制"——深圳经济特区企业注册制度改革的理论和实践》，《特区经济》1993 年第 5 期。

革,用项目登记备案制代替行政审批制。① 为实现市场的基础配置作用,一些地方开始进行全面的行政审批制度改革。1998 年初,深圳市颁发了《深圳市政府审批制度改革实施方案》,全面进行审批制度改革。广东省政府也对省政府 70 个部门的审批和核准事项进行了全面的清理和改革。其具体做法包括:首先,改革原则是在依法保留对必要的涉及社会安全、公共财政、环境保护等重要事项的审批的同时,充分发挥市场在资源配置中的基础性作用,凡是能由市场调节的、能由中介机构提供服务的、能由企业自主决定的事项,政府都坚决退出;其次,清理政府现有的审批职能,重新确定审批事项。深圳市政府的审批和核准事项由原来的1091 项减至 628 项,减少了 463 项,减幅达 42.2%。广东省政府各部门的审批事项也由原来的 1392 项减至 514 项,取消了 878 项,减幅达 63%;再次,规范政府的审批权,改进审批方式。根据审批目的,严格规定审批内容,明确审批条件,统一审批标准,减少审批环节,简化审批手续。例如深圳市在改革过程中,就推行了部门联合审批或定期会审制(即将多个部门分散审批改为联合审批或将多个部门审批归口到一、两个部门集中审批)以及窗口式办文制度(即对审批事项多的部门实行窗口式办文,规范部门内部的审批流程);最后,加强了对审批行为的监督和审批的后续监管,将政府管理的重点从日常审批转向依法监管,确保审批事项的实施与执行。② 此外,北京、上海、浙江、山东、江苏、福建、辽宁、黑龙江等地也有相关的改革。

2000 年之后,随着市场经济的渐趋成熟,行政审批制度改革已经刻不容缓。2000 年 10 月,党的十五届五中全会从行政管理体制改革的角度,明确提出:按照发展社会主义市场经济的要求,进一步转变政府职能,实现政企分开。政府要集中精力搞好宏观经济调控和创造良好的市

---

① 《中共中央关于建立社会主义市场经济体制若干问题的决定》(中国共产党第十四届中央委员会第三次全体会议 1993 年 11 月 14 日通过)。

② 唐晓阳:《改革行政审批制度 规范政府审批行为——广东省和深圳市改革行政审批制度的启示》,《广东行政学院学报》2000 年第 3 期。

场环境，不直接干预企业经营活动，减少对经济事务的行政性审批。推进投融资体制改革。继续改革和精简政府机构，建立廉洁高效、运转协调、行为规范的行政管理体制。① 2000 年 12 月，江泽民在中央纪委第五次全体会议上强调，改革行政审批制度势在必行。②

2001 年 9 月，党的十五届六中全会明确提出建立结构合理、配置科学、程序严密、制约有效的权力运行机制，保证权力沿着制度化和法制化的轨道运行，是防止以权谋私的根本举措。改革行政审批制度，规范行政审批行为。③ 同年，国务院成立了由国务院副总理李岚清任组长，国务院秘书长王忠禹、监察部部长何勇任副组长的国务院行政审批制度改革工作领导小组，负责指导和协调全国行政审批制度改革工作；研究提出国务院各部门需要取消和保留的行政审批项目并拟定有关规定；督促国务院各部门做好行政审批项目的清理和处理工作以及研究处理与行政审批制度改革有关的其他重要问题。④

随后，国务院批转了《关于行政审批制度改革工作实施意见的通知》，正式部署开展行政审批制度改革工作。《通知》指出了行政审批制度改革的指导思想和总体要求；确立行政审批制度改革应遵循的原则并安排了实施的步骤和提示了需要注意的问题。该通知对全国行政审批制度改革起到重要的指引作用。其中明确提出的"妨碍市场开放和公平竞争以及实际上难以发挥有效作用的行政审批，坚决予以取消；凡是通过市场机制能够解决的，应当由市场机制去解决；通过市场机制难以解决，但通过公正、规范的中介组织、行业自律能够解决的，应当通过中介组

---

① 《中共中央关于制定国民经济和社会发展第十个五年计划的建议》（2000 年 10 月 11 日中国共产党第十五届中央委员会第五次全体会议通过）。

② 夏长勇：《行政审批制度改革力度仍要加大国务院行政审批制度改革工作领导小组副组长兼办公室主任何勇答记者问》，《人民日报》2003 年 1 月 9 日。

③ 《中共中央关于加强和改进党的作风建设的决定》（2001 年 9 月 26 日中国共产党第十五届中央委员会第六次全体会议通过）。

④ 《国务院办公厅关于成立国务院行政审批制度改革工作领导小组的通知》（国办发〔2001〕71 号）。

织和行业自律去解决。法律、行政法规、地方性法规和依照法定职权、程序制定的规章可以设定行政审批。鉴于目前有关立法还不够完善，国务院各部门可根据国务院的决定、命令和要求设定行政审批，并以部门文件形式予以公布；其他机关、文件设定的行政审批应当取消。"这些关于行政审批设定的方针在其后制定的《行政许可法》中关于许可设定的规定均有所体现。《通知》强调的："赋予行政机关行政审批权，要按照公开、公平、公正的原则，明确行政审批的条件、程序，并建立便于公民、法人和其他组织监督的制度。行政审批的内容、对象、条件、程序必须公开；未经公开的，不得作为行政审批的依据。行使行政审批权的行政机关应当建立健全有关制度，依法加强对被许可人是否按照取得行政许可时确定的条件、程序从事有关活动的监督检查。按照'谁审批、谁负责'的原则，在赋予行政机关行政审批权时，要规定其相应的责任。行政机关实施行政审批，应当依法对审批对象实施有效监督，并承担相应责任。"① 这些公开、公平、责任原则在《行政许可法》中都有规定。可以说，该通知已经孕育了行政许可法的立法宗旨和精神。

为巩固行政审批制度改革的成果，九届全国人大常委会将行政许可法列入立法规划，确定由国务院提出法律草案。2002 年 6 月 19 日国务院第 60 次常务会议讨论通过《行政许可法（草案）》，并于 2002 年 8 月 23 日提交第九届全国人大常务委员会第二十九次会议审议。② 2003 年 8 月 27 日，第十届全国人民代表大会常务委员会第四次会议通过了《行政许可法》，自 2004 年 7 月 1 日起施行。

虽然经过数次行政审批制度改革，行政管理领域审批泛滥的态势有所好转，但是成效并不明显，很多行政机关通过混淆行政许可与非行政

① 《国务院批转关于行政审批制度改革工作实施意见的通知》（国发〔2001〕33 号）。

② 杨景宇：《关于〈中华人民共和国行政许可法（草案）〉的说明——2002 年 8 月 23 日在第九届全国人民代表大会常务委员会第二十九次会议上》，《全国人民代表大会常务委员会公报》2003 年第 5 期。

许可的审批等多种形式，试图规避《行政许可法》的规范。行政审批回潮现象在所有行政管理领域不同程度地存在。2012 年，新一届国务院组成以来，把加快转变政府职能、简政放权作为开门第一件大事，把深化行政审批制度改革作为重要抓手和突破口。党的十八届三中全会《关于全面深化改革的若干重大问题的决定》明确提出，经济体制改革是全面深化改革的重点，核心问题是处理好政府和市场的关系，使市场在资源配置中起决定性作用和更好发挥政府作用。推进简政放权，取消和下放行政审批事项，强化事中事后监管，推进服务型政府建设，其实质就是切实转变政府职能，将不该由政府管理的转移出去，把该由政府承担的事务管理起来，这是深化行政体制改革的基础和根本。

自 2012 年以来，国务院持续推进简政放权，深化行政审批制度改革，最大限度减少中央政府对微观事务的管理，市场机制能有效调节的经济活动，一律取消审批，对保留的行政审批事项要规范管理、提高效率；直接面向基层、量大面广、由地方管理更方便有效的经济社会事项，一律下放地方和基层管理。行政审批制度改革深入推进，先后取消和下放多批数百项行政审批等事项。修订了政府核准的投资项目目录，改革工商登记制度，减少、整合财政专项转移支付项目，减少行政事业性收费，清理并取消资质资格许可事项和评比达标表彰项目。全面摸清并公布了国务院部门正在实施的行政审批事项，开展了非行政许可审批事项清理工作。在大力简政放权的同时，将政府管理由事前审批更多地转为事中事后监管，切实加大监管力度。国务院先后出台了促进市场公平竞争维护市场正常秩序的若干意见，颁布了《企业信息公示暂行条例》《社会信用体系建设规划纲要（2014—2020 年）》，推动建设统一开放、竞争有序、诚信守法、监管有力的市场监管体系。

二、相对集中行政处罚权与综合执法

（一）城管领域相对集中行政处罚权的改革

20 世纪 80 年代初期，为了加强城市管理，各级地方政府组建城管监察大队，从事城管行政执法工作。后经国务院同意，由建设部统一管理全国城管监察队伍。① 城建管理监察队伍的工作范围原则上与各地政府对城市建设主管部门及规划、市政、园林、市容环卫等专业行政主管部门规定的职责范围一致。② 1992 年建设部颁布《城建监察规定》，城建监察队伍在形式上实现统一，初步形成城管行政执法体系。执法主体的分散性引发多头执法，权责不清等问题。各地进行了不同形式的探索。一些地方政府由分散执法转变为联合执法，组建联防队等联合执法队伍。也有城市探索集中执法。1992 年，北京市开始研究建立巡警队伍，经过在海淀、崇文两区的试点，于 1993 年市人大常委会颁布《北京市人民警察巡察条例》，把巡警试点扩大到全市，授权巡警队伍行使公安、工商、市容、园林、市政、交通、环保、卫生、建委、文化等行政执法部门的 27 项行政执法权。巡警模式是集中执法的初步探索，但是难以维持，一方面，由于授权巡警多项执法权后，相关执法部门依旧行使有关执法职能，执法责任仍不明确，推诿扯皮的现象仍然存在；另一方面，由于公安机关的主要职责是维护社会治安，巡警作为公安机关所属的一支队伍，在首都社会治安综合治理任务非常繁重的情况下，其城市管理综合执法职能的履行往往被放在次要位置。

随着社会对于"八个大盖帽管不了一顶破草帽"的质疑，城市管理领域相对集中行使行政处罚权的模式应运而生。根据《行政处罚法》第十六条"国务院或者经国务院授权的省、自治区、直辖市人民政府可以决定一个行政机关行使有关行政机关的行政处罚权"，是对传统上条块分割的行业管理格局的打破，城管领域的执法体制改革因此展开。1996 年11 月，国务院批准北京市宣武区成为全国第一个试点地区。1997 年，北京市宣武区城市管理监察大队宣告成立，开始相对集中行使行政处罚权。把原有多个部门行使的行政处罚权集中交由一个部门行使，目的是解决多头执法、执法交叉和效率低下等问题。1998 年，北京市将集中行使行

---

① 1989 年国家建设部发布《建设部关于加强城建管理监察工作的通知》，明确"各省、自治区建委归口管理全省区城建管理监察工作。"

② 1990 年建设部发布《关于进一步加强城建监察大队工作的通知》。

政处罚权试点工作扩大到城八区。2000 年 9 月 8 日，国务院办公厅下发《关于继续做好相对集中行政处罚权试点工作的通知》（国办发［2000］63 号），对加强试点工作与行政管理体制改革相结合等内容作了具体规定，进一步明确了试点工作的方向。从 1996 年至 2002 年，全国有北京、天津、重庆 3 个直辖市和 23 个省、自治区的 79 个市进行了相对集中行政处罚权的试点。2002 年 8 月 22 日国务院颁布了《关于进一步推进相对集中行政处罚权工作的决定》（国发［2002］17 号）明确："国务院授权省、自治区、直辖市人民政府可以决定在本行政区域内有计划、有步骤地开展相对集中行政处罚权工作。"通知还规定："各省级人民政府法制工作机构，要按照规定继续加强对相对集中行政处罚权工作的协调监督；国务院法制办要加强对各省、自治区、直辖市开展相对集中行政处罚权工作的指导和监督，进一步加强和完善相对集中行政处罚权制度建设，积极推行政管理体制改革。"国发［2002］17 号文件的下发，标志着试点工作的结束，各地进入全面推进阶段。省、自治区、直辖市人民政府可以决定在本行政区域内开展相对集中行政处罚权工作，不再使用试点字样；以前国务院批准试点的地方，将相对集中行政处罚权正式作为地方政府依法开展的一项常规工作。国务院办公厅 2002 年 10 月 11 日转发了《中央编办关于清理整顿行政执法队伍实行综合行政执法试点工作意见》（国办［2002］56 号），明确要求按照《国务院关于进一步推进相对集中行政处罚权工作的决定》（国发［2002］17 号）的有关规定，做好综合行政执法试点与相对集中行政处罚权有关工作的相互衔接，确保各项行政执法工作的正常开展。2003 年 2 月 21 日中央编办和国务院法制办联合下发《关于推进相对集中行政处罚权和综合行政执法试点工作有关问题的通知》（中央编办发［2003］4 号），就推进相对集中行政处罚权和综合行政执法试点这两项工作进行区分，就二者的衔接协调和贯彻落实进行部署。

从 1997 年至今，经过三十年的发展，目前全国大约有一千二百多个城市开展城管综合执法改革，有些地方已经普遍实施。① 城管机关已经成为地方政府不可或缺的重要力量。但是城管制度面临的体制不顺、机制不畅等问题日益突出。

2012 年，党的十八届三中全会作出的《中共中央关于全面深化改革若干重大问题的决定》提出，要深化行政执法体制改革，整合执法主体，相对集中执法权，推进综合执法，着力解决权责交叉、多头执法问题，建立权责统一、权威高效的行政执法体制；减少行政执法层级，加强食品药品、安全生产、环境保护、劳动保障等重点领域基层执法力量。理顺城管执法体制，提高执法和服务水平。2014 年，党的十八届四中全会《中共中央关于全面推进依法治国若干重大问题的决定》提出：深化行政执法体制改革。根据不同层级政府的事权和职能，按照减少层次、整合队伍、提高效率的原则，合理配置执法力量。推进综合执法，大幅减少市县两级政府执法队伍种类，重点在食品药品安全、工商质检、公共卫生、安全生产、文化旅游、资源环境、农林水利、交通运输、城乡建设、海洋渔业等领域内推行综合执法，有条件的领域可以推行跨部门综合执法。完善市县两级政府行政执法管理，加强统一领导和协调。理顺行政强制执行体制。理顺城管执法体制，加强城市管理综合执法机构建设，提高执法和服务水平。从中央三中全会和四中全会的《决定》可以看出，深化行政执法体制改革作为我国行政体制改革的发展方向已经确立下来②。从纵向上，

---

① 例如安徽省截至 2012 年已经有 16 个市、58 个县开展城管综合执法，覆盖面分别占全省市县总数的 100% 和 95%。参见杜敏、安群、陶有军：《城市管理综合行政执法体制、机制创新的法理学思考——以安徽省城市管理行政执法为例》，《安徽警官职业学院学报》2012 年第 4 期。

② 关于行政执法的概念，大致有三种定义，一是将行政执法等同于行政机关实施法律、法规、规章等活动的总称。二是将行政执法等同于具体行政行为，包括行政许可、行政处罚、行政强制等，将行政规划、行政立法、行政决策等排除在外。三是将行政执法限于行政处罚、行政强制等行政机关监督行政相对人权利行使和义务履行情况并对违法行为予以行政制裁的损益行政行为。参见周继东：《深化行政执法体制改革的几点思考》，《行政法学研究》2014 年第 1 期。本书在使用行政执法概念时，其范围接近第二种定义的具体行政行为。

理顺不同层级政府的事权和职能，减少执法层次；从横向上，推进综合执法和跨部门执法，整合队伍，减少执法队伍种类。2015 年中共中央、国务院发布《关于深入推进城市执法体制改革改进城市管理工作的指导意见》提出：以"四个全面"战略布局为引领，牢固树立创新、协调、绿色、开放、共享的发展理念，以城市管理现代化为指向，以理顺体制机制为途径，将城市管理执法体制改革作为推进城市发展方式转变的重要手段，与简政放权、放管结合、转变政府职能、规范行政权力运行等有机结合，构建权责明晰、服务为先、管理优化、执法规范、安全有序的城市管理体制，推动城市管理走向城市治理，促进城市运行高效有序，实现城市让生活更美好。

（二）街镇综合执法体制的探索

虽然城管相对集中行政处罚权的体制改革在一定程度上解决了条条管理、部门权责交叉、推诿塞责等问题，但是基层执法力量的不足，不能满足实际监管需要，日常监管不到位，执法沉不到底，管不到边等问题在城市管理中普遍存在。街道（乡、镇）作为区政府派出机关和基层人民政府，承担着大量的属地管理责任，但现行的法律却没有给街镇赋予相应的处罚权力，有责无权的现状，使得街镇无法发挥其应有的作用，难以落实属地管理责任。目前已经出现街道办事处、镇政府为主体的基层政府综合执法的趋势，例如，北京石景山自 2014 年开始探索综合城管模式，在区级成立综合执法委员会的基础上，街道成立了综合执法指挥中心，城管、公安、食药、安监、环保、工商、交通、消防等部门常驻街道，实行统一办公、统一管理、统一装备、统一执法、统一考核。① 山东开展的大城管执法体制改革，其中胶州市政府 2013 年在全市推行镇（街道）综合执法试点工作，综合执法改革将采取"6+1"模式，将多个市直单位在城镇管理、土地管理、环境保护、安全生产、食品安全、治安管理等 7 个领域的 130 多项行政执法权限下放到试点街道办事处实施。各试点镇（街道）随后开始组建综合行政执法中队，当地城管、国土、

---

① 《北京市石景山区：综合城管破解城市病》，《北京日报》2014 年 6 月 11 日。

环保、安监、食药监管、公安、文化执法、畜牧兽医等部门，均需向试点镇（街道）派驻执法人员，派驻人员编制保留在原单位，属借调。但因试点地区多有城管中队基础，所以在人数上以原有城管队员为主。综合执法中队由所在镇（街道）统一领导，行动由其统一部署，并承担执法责任。以阜安街道办事处为例，改革后，原有的阜安城管执法中队加挂了阜安综合执法中队的牌子，阜安街道办事处副主任兼任新成立的综合执法中队队长，原城管执法中队队长兼任综合执法中队副队长。除了横向与多职能部门联合执法外，胶州市的大城管格局还延伸到了社区甚至村庄，目前已在市区所有社区建设了城管工作站。① 进行类似改革的还有深圳市、② 南京玄武区。③ 为解决街道办事处的执法主体资格，一些地方开始进行地方立法的探索。例如，天津 2014 年颁布《天津市街道综合执法暂行办法》2014 年 10 月 1 日实施。其中第五条规定："街道办事处作为区县人民政府的派出机关，根据本办法行使街道综合管理相关的法律、法规、规章规定的行政处罚权，承担相应的法律责任。街道办事处设立街道综合执法机构，具体负责执法工作。"上述地方政府的改革探索意味着，相对集中行政处罚权从多个部门向一个部门综合开始进入向一级政府综合的阶段，以街、镇机关为行政主体的综合执法模式初现端倪。

---

① 青岛胶州试点"大城管"职能增加"管得更多"，http://sd.sdnews.com.cn/yw/201405/t20140512_1608579.htm，最后访问时间 2015/2/25。

② 《深圳市人民政府关于全面推进街道综合执法工作的决定》（2006 年 12 月 31 日深府〔2006〕268 号），最后访问时间 2015/2/25。

③ 关于印发《关于在各街道办事处组建综合行政执法中心工作方案》的通知（玄政〔2013〕413 号），2013 年 10 月 28 日。http://www.nanjing.gov.cn/njszf/qzf/xwq/201311/t20131119_2069922.html，最后访问时间 2015/2/25。